ソーシャルペダゴジーから考える
施設養育の新たな挑戦
Residential Child Care in Practice

マーク・スミス／レオン・フルチャー／ピーター・ドラン
著

楢原真也
監訳

益田啓裕／永野 咲／德永祥子／丹羽健太郎
訳

明石書店

RESIDENTIAL CHILD CARE IN PRACTICE
by Mark Smith, Leon Fulcher, Peter Doran
Copyright © The Policy Press 2013

Japanese translation published by arrangement with The Policy Press
through The English Agency (Japan) Ltd.

謝　辞

　草稿の段階で本書にコメントを寄せてくれた、
シリーズの編集者でもあるデイブ・クリメンスに感謝を述べたい。

序　文

　今日、施設での集団養育に関する本の出版には、相当な勇気が求められる。レジデンシャルケア〔施設養育〕が、測定可能なプログラム結果を重視し、近年のエビデンスに基づいた臨床的な転換を迎えているなかで、それとは異なる立場を描きだすには、ある種の"現実主義者による理想主義"が必要になる。レジデンシャルケアは、OECD（経済協力開発機構）諸国のなかで非難に曝されている。私たちが共に暮らしている最も傷ついた子ども・若者のために存在するこのケアは、「コストがかかる」「効果的ではない」と叫ばれている。そして、良き家庭というほぼ一般化した価値観のもとでは、違反的環境とも見なされている。レジデンシャルケアに含まれるものおよびレジデンシャルケア自体に対して向けられた批判は、全てが妥当ではないといい難い。「多くのレジデンシャルケアが全く若者やその家族の助けにならない」というのはその通りであり、「事態を悪くしてしまう場合もある」というのもその通りだろう。「支援計画のなかに家族の価値を重視する基本概念がどこにも見当たらない」というのもその通りである。遥か昔から多くの若者たちが施設の環境下で育ってきたが、施設の規則は抑圧的であるとされ、順応・服従・統制の実態が否定的に論じられてきた。しかし、これらはレジデンシャルケアの物語のほんの一部であり、もっと興味深い話や希望に満ちた話が語られることはめったにない。

　施設での集団養育には、深く浸透した文化が少なくとも３つ存在し、それが子ども・若者の福祉とウェルビーイングと発達の保障を困難にしている。その伝統のひとつは、「レジデンシャルケアは最後の砦としてのみ用いられるべきである」と私たちが信じこむようになったことと関連している。この信仰のもとでは、家族という環境で与えられるものと比較して、レジデンシャルケアの不利な点のみが語られる（アタッチメントの問題、集団養育に関連した課題、施設独自の文化など）。さらに、レジデンシャルケアに関する説得力を欠いたデータは、家族と暮らせない子どもたちは、"家

庭的"環境で成功をつかむ機会を与えられるべきである、と主張する。家庭的環境とはフォスターケアを意味し、近年では多くの地域で注目を増してきた親族養育も含まれている。これらの一般化された原則には、もちろん大いに価値があり、実際に家庭的環境への委託は多くの若者に計り知れない利益をもたらしている。しかしながら、全てにおいてそうであるように、普遍的適用を想定した一般原則は、それが解決してくれることと同じくらいの困難も生みだすことになる。このような原則は、経済的な対価とケアの質のバランスを求める厳しい政策を背景にしており、その実行によって生まれるのはせいぜい平凡な（ときに悲劇に近い）喜劇である。措置変更があたりまえの実践が正しいと誰が言い切れよう。子どもたちのなかには最終的に10回や15回、さらにそれ以上の"家庭的"環境を経験する者がおり、数えきれないほどの転校、同年代集団からの移動、"エビデンスに基づいた心理療法"までがそれに加わる。

　現在主流となった、レジデンシャルケアを回避しようとする政策は、ふたつの影響を及ぼした。1点目の影響としては、最終的に施設にやって来る子ども・若者は、生まれた家庭のもとで起こったであろう本来の問題を筆頭に、すでに複数の喪失、失敗、見捨てられを経験しているという点である。その結果生じる、彼らの不信感や懐疑的な態度、究極的にはレジデンシャルケアで提供されるあらゆるものに対する反発には、きわめて妥当な理由がある。もう一方で2点目の影響として、子どもが暮らし、成長し、アイデンティティを形成するには容易ならざる場所であるという、私たちがよく知るレジデンシャルケアの実態が存在する。子どもたちは、自分自身の生活が非常に不安定な上に、同じように複数回の措置を経験した6人かそれ以上の同年齢児と一緒に生活することを求められ、1週間で15人ほどの養育者からケアを受けることになる。ときに不十分な物理的環境、自分の存在を拒否する隣人、一般的な家庭的環境で暮らす若者よりも高い達成を求められる状況で、自身の居場所を見出していかなくてはならない。レジデンシャルケアで暮らす若者たちは、いくつもの精神疾患や知的障害やアタッチメント障害などの用語で記述されながらも、こうした状況で生きていくことを求められる。

誰かが当然のように考えるかもしれない。「これら全てを達成するためには、行動の統制力や関係性の構築やアタッチメントに関連した、優れたソーシャルスキル、高い自己肯定感、高水準の自己管理能力、優秀な学業成績などが必要になるだろう」と。しかし、レジデンシャルケアで暮らす子どもたちを見れば、これらの領域は不得意であることにすぐに気づく。彼らはこれまでの生育歴のなかで、対人関係の破綻、満たされない愛着、ソーシャルスキルの深刻な欠如、低い自己肯定感、学校での多くの失敗、人権や人間としての価値や社会的包摂を求める力の乏しさ、などを抱えてきている。言い換えると、レジデンシャルケアへの措置は、若者にこれらのものが与えられなかったときに生じるのである。広く普及している「レジデンシャルケアは最後の砦」とする考え方は、むしろこの負の循環をより強め、加速させていく。

ユースワーカーとして施設養育の仕事に 20 年以上携わるなかで、いっそう勢いを増していく私たちの仕事への拒絶は、預言の自己成就だとの結論に至った。私たちが、「レジデンシャルケアに問題あり」と考えて構築を進めれば、困難も激しくなっていくのである。多くの地域において、レジデンシャルケアを取り巻く状況はこれを裏づけている。これは、自己満足的な人材育成、治療モデルへの傾倒、さらには子ども・若者が直面する困難とレジリエンスの双方を理解し彼らやその家族から学ぶという専門性の放棄、と関連している。

こうしたことの現れのひとつが、職員の質である。

世界中の多くの地域で、レジデンシャルケアの人的資源は有名かつ容認し難い特徴を有している。法的には誰もが（本当の意味で誰もが）施設で働くことができる。たとえば、カナダ、アメリカ、オーストラリアにおいて、レジデンシャルケアで働くための入職前の資格は全く法制化されていないか、もしくは規制条件が存在しない。情熱（法律上はこれは必要でさえないが）を持った人は、現行の法制化・規制化された制度のもとでは、適切な資格があると見なされている。しかし、彼らが毎日働く場で暮らす子ども・若者は、過酷なトラウマを経験し、複雑に絡みあったメンタルヘルスと特有な困難、不明確な個人史といった経歴を抱えている。この単純な

事実は、玩具で練習しただけの者やずっと心臓に関心を持っていただけの者が心臓外科医として働くようなものである。小学校で算数を習っただけの会計士や、制服が似合うだけの警察官を信用しろと言っているに等しい。

施設職員は、一般的なありようとは異なる複雑な環境で暮らす子ども・若者を支援することが求められる。しかし、こうした職員の資格に対する配慮は著しく欠如しており、ふたつの問題を生んだ。1点目は、きわめて明らかな事実であるが、子どもの求めるものに対して、彼らの要求を叶えられるだけの力が職員に不足している点である。

2点目は、おそらくは長い歴史の積み重ねであろうが、支援を提供する事業者に、支援内容が任せきりになっている点である。そして、実際にその実行を押しつけられる最前線の職員は、その内容に疑問を呈するだけの力が備わっておらず、自分の雇用を守るために指示に従うことを優先する。なぜなら彼らは、自分に本当は資格がないことを知っているからである*。それゆえ、これまでに取りあげたレジデンシャルケアでの支援の質に関する多くの話題や比喩は驚くことではなく、ほとんどの施設の実践と重なっている。

これは、レジデンシャルケアに深く根ざし、今後も加速していくふたつ目の文化とつながっている。それは、生活のなかで日々起こっていることを定義する、上位の"治療的"言語とアプローチの存在である。「行動の修正」「修正的体験」「自己責任」といった名の下に、レジデンシャルケアにおける全ての支援は、傷ついた子どもに対して、外在化しているアイデンティティや言動を"修正"し内在化させるという、欠陥に重きを置いたかかわりを行っている。歴史的には、これらの介入は、「若者は〜すべきである」という個人的な価値観に基づいた施設長や主任の経験による認識や、非行少年と見なされがちな若者に対する国家権力によるアプローチによって場当たり的に行われていた。公平に述べるなら、"治療"へと促す要因はこれまでの経過のなかで変容しており、今日では治療的なかかわりは、手当たり次第に引用されるエビデンスほど行き当たりばったりなわけではない。エビデンスへの信奉には、良い面と悪い面がある。良い面としては、職務の遂行にあたって、研究結果に忠実で方法論が明確なアプロー

チに基づいて説明責任が着実に果たされるようになった。その結果、多く
の現場では力と統制をむやみに押しつけることは少なくなった。悪い面と
しては、若者の人間性に関連したもので、彼らの独自性や多様性といった、
個性的なアイデンティティもまた排除されることになった。子ども・若者
の毎日の生活に関心を向けるのではなく、彼らがきちんとやるべきことを
遵守しているか、ケアプランによる要求に従っているか、期待することを
守って“良くなっているか”に焦点を当てる方向に向かっている。実際の
ところ、子どもたちが肯定的な成長や発達を遂げていようといなかろうと
どちらでもよく、介入と密接に関連するアセスメントツールが肯定的な結
果を示すことこそが大切なのである。

　エビデンスに基づいた実践とそれに対応するアセスメントツールへの傾
倒はふたつの大きな結果となって表れた。1点目は、子ども・若者の最も
身近で生活を共にする職員の経験は、言葉にするのが難しいゆえに、そう
した職員の立場がさらに弱まったことである。関係性の質や、時間や空間
を共有するなかで経験するたいていは微妙な変化 —— 若者が身につける、
抵抗したり反対したり異議を唱える力 —— などは測定されることはない。
それどころか、エビデンスに基づいた治療の枠組みのなかでは、こうした
微細な変化は無価値で無意味なものと見なされるのである。測定の対象と
なるのはアセスメントツールを通した若者の反応であり、介入による達成
が示すのはアセスメントツールが測定した範囲に過ぎない。したがって、
要求された形式に基づく測定報告が増加するとともに、最前線の職員の役
割が減少していったのである。生活を共にするという全体性は断片化され、
特定の部分だけが選択されることになった。ある部分は無関係なものとし
て捨てられ、ある部分は治療の成功を示す中核的な要因として注意深く記
録された。

　2点目は、定期的に測定可能な変化を報告しなくてはいけない状況は、
変化に乏しいデータとなりがちな毎日の生活の組み立て方に影響を及ぼし
た。測定ツールの出現は、日々の多様な経験を、「変化はこうあるべき」
というあらかじめ決められた測定可能なカテゴリーに分類することを求め
たのである。さらに、反抗的（批評的な眼差しを持っている）、言うことを

聞かない（自己主張ができる）、ルールに従わない（社会革新的である）、風変わり（独自性がある）、といった若者を求めるエビデンスベースト・アプローチが存在しないのは瞠目に値する。私がこれまでに学んだことのひとつは、レジデンシャルケアのもとで暮らす子ども・若者の多くは、保守的な体制順応者や価値の高いエビデンスに依拠した治療指針では測りきれない潜在可能性を秘めているということだからである。

　最後に、レジデンシャルケアの3つ目の文化的なパターンを論じたい。それは、若者の声の排除、彼らの家族や地域の周辺化、科学的な実証研究に依らない専門性の否定である。そこにはレジデンシャルケアと結びついた強烈な皮肉を見出すことができる。なぜなら、レジデンシャルケアにおいて、若者に対する毎日の生活のケアや治療に家族が関与する効果の大きさを、明らかに多くのエビデンスが裏づけているからである。実際に、レジデンシャルケアの成功は、家族および可能な限りにおいての地域コミュニティとのかかわりとともに、若者自身が彼らの支援計画に積極的に関与するかどうかに依るところが大きい。しかし、多くの環境下において、何らかの実際的な方法で若者や家族を巻きこんでいくことに、ためらいどころか抵抗を示していることがすぐに読みとれる。そして、エビデンスに基づいた介入という専門性は、支援を受ける側の持つ力を無視しているように感じられる。「彼らの知識や経験は些末で取るに足らず、そもそも支援を受ける理由があるから」として。子どもやその家族は、専門家主導の介入に従う存在なのである。これは、レジデンシャルケアから子ども・若者とその家族を切り離した結果であり、レジデンシャルケアを威圧的な場に変えた。子どもたちは介入に耐えながら、いつかそこから解放され、自分の生き方を追い求める力を取り戻す日を心待ちにすることになった。

　冒頭で、施設での集団養育に関する本の出版には相当の勇気が求められると述べた。今やレジデンシャルケアは、OECDに加盟しているあらゆる国々で事実上優勢な家庭に価値を置いたケアと、レジデンシャルケアについての共通体系の欠如のために、沈みかかった船と化している。こうした状況で、スミス、フルチャー、ドランによる本書が登場した。ここに書かれた内容は、レジデンシャルケアの未来を再構成する物語を語ってくれ

るものである。一瞬一瞬成長している子どもたちと共にどうあるべきかが
そこには描かれている。教育、規律、学びとともに、関係性、いたわり、
愛情、養育を大切にすることは、レジデンシャルケアで暮らす子ども・若
者の成長のためにも、彼らの個人的な励みや喜びにとっても必要である。
著者らは子どもに課される特定の治療的・介入的アプローチよりも、彼ら
と共に過ごす実体験を最も大切にしている。著者らは、チャイルドアンド
ユースケア（主にカナダで発展した概念）と、ソーシャルペダゴジー（ドイ
ツのペダゴジーの伝統に基づいた概念）との共通性に着目している。本書は
この仕事の複雑性と、私たちが必要以上に複雑にしてしまっている人間の
成長の単純さを明示している。子ども・若者がインケアのなかで直面して
いる途方もない困難を示し、志ある者が毎日のケアを担うことを図らずも
導いてくれる。科学や研究やエビデンスを参照する前に、私たちが日々か
かわっている子どもたちを思い浮かべてほしい。この仕事は、彼らが今を
生きている同じ生活空間のなかで、毎日の経験を共にすること以外に何も
ないはずである。

　　　2012 年 6 月 11 日　　　　　　　　　　　　　ケアレス・ガラバーギ

＊多くのレジデンシャルケアでは、法的な規定がなくても、適切な資格を入職前の要件
　にしていることを指摘しておきたい。ここで詳細に述べた状況については、現場の職
　員として適切な資格を持った者を雇用することによって、改善が見られている。

ソーシャルペダゴジーから考える施設養育の新たな挑戦◎目次

序　　文 5

第1章　序　　論　　17

レジデンシャル・チャイルドケアの歴史の概略 19

ソーシャルワーク内でのレジデンシャル・チャイルドケア 21

レジデンシャル・チャイルドケアの近年の歴史 25

ソーシャルケアの行政改革 26

政策方針の変化 27

新たなケアのあり方 29

本書で提示する実践の方向性の特徴 29

レジデンシャルケアの中心的な特徴の抽出 35

本書の構成に関して 35

第2章　安全と安心：所属感　　39

事　　例 40

はじめに 42

毎日のルーティーン、リズム、習慣 43

関係性を通した安全感 45

安全感に関連した理論的な概念 46

アタッチメントとコンテインメントの適用
　　──メイヤーの『ケアの中核』 51

家族と拡大家族のリズム 57

ケアリングの文化的・精神的リズム 57

まとめ 58

事例を振り返って 59

実践に向けた考え方 59

第3章　養育：ケア感覚　　63

事　　例 64

はじめに.. 66

ケアの倫理.. 68

愛情と適切な関係性.. 70

ふれあい.. 74

食　　事.. 76

衣　　服.. 79

まとめ... 80

事例を振り返って... 81

実践に向けた考え方.. 82

第4章　健康：ウェルビーイングの感覚　　85

事　　例.. 86

はじめに.. 88

インケアの子どもの健康ニーズ............................ 89

インケアの子どもたちの社会環境......................... 90

健康の不平等... 91

近代世界に生きる... 93

アディクション（依存症）.................................... 94

アディクションが子どもと家族へ及ぼす影響......... 95

問題解決能力のギャップ...................................... 96

ウェルビーイング... 97

生活場面でのアプローチ...................................... 103

健康的な職員を支える... 104

まとめ... 105

事例を振り返って... 106

実践に向けた考え方.. 107

第5章　達成と楽しみ：広い意味での教育　　111

事　　例.. 112

はじめに.. 113

教育の性質... 114

社会的養護のもとで暮らす子どもに対する教育...... 115

幸福の性質... 120

教育と幸福の橋渡し......................................122

広い意味での教育......................................123

教育的機会に富むレジデンシャル・チャイルドケア...........124

創造性......................................126

教師とケアするひとの役割...........................127

ユーモア......................................130

まとめ......................................131

事例を振り返って......................................131

実践に向けた考え方......................................133

第6章　アクティビティ：目的感　137

事　例......................................138

はじめに......................................140

遊びの重要性......................................143

遊びとアクティビティの種類...........................143

目的意識を持ったアクティビティの利点...................144

適切な水準にアクティビティを調整する...................145

時間、空間、アクティビティ...........................146

アクティビティの調整......................................150

アクティビティとリスク......................................150

「体験の手配者（experience arrangers）」としての大人...........152

関係性——コモン・サード（共通の第三項）...................153

まとめ......................................154

事例を振り返って......................................155

実践に向けた考え方......................................157

第7章　尊重と責任：シティズンシップ（市民性）の概念　161

事　例......................................162

はじめに......................................163

背　景......................................164

ルールと権利を超えて......................................169

尊重の文化を発展させる......................................171

衝突への対応......................................172

身体拘束 173

　　尊重を学ぶ 175

　　責任を学ぶ 177

　　まとめ 179

　　事例を振り返って 180

　　実践に向けた考え方 181

第8章　貢献：寛容な精神を育む　　185

　　事　　例 186

　　はじめに 188

　　利他主義と共感 190

　　寛容を妨げるもの 192

　　ケアの倫理からの寛容さへのアプローチ 194

　　賃金労働における寛容と感謝 196

　　精神の寛容さ 198

　　他文化における寛容の見解 198

　　職員の親切 200

　　子ども・若者集団のなかの親切 201

　　まとめ 202

　　事例を振り返って 203

　　実践に向けた考え方 204

第9章　包摂：コミュニティ感覚　　207

　　事　　例 208

　　はじめに 209

　　排除の原因 211

　　子どもの権利 217

　　参　　加 219

　　ソーシャルワーク上の決定への子どもの関与 221

　　良好な関係の重要性 222

　　ソーシャルキャピタル（社会関係資本） 223

　　まとめ 226

　　事例を振り返って 227

実践に向けた考え方 227

第10章 結　論　231

参考文献 237

監訳者あとがきと解説 257

著者・監訳者・訳者紹介 268

1

序　論

本当に良いケアをする人はすぐわかったけど、良いケアをしない
　　人もすぐわかった（David, in Cree and Davis, 2007: 87）。

　本書は居住施設（児童養護施設、レジデンシャル・スクール、小児科病棟な
ど物理的な安全が確保された生活環境）における子ども・若者のケアに関す
るものである。レジデンシャル・チャイルドケアは、「子ども・若者が、
身体面の世話、社会的学習の機会、健康とウェルビーイング[1]の向上、
特別な行動トレーニングといったケアを受けられる物理的環境」
（Fulcher, 2001: 418）と記述されている。ステックリーとスミス（Steckley
and Smith, 2011）は、倫理性と関係性への配慮は、どのようにケアが提供
されるか、あるいはケアが体験されるかについての中核でもあると主張し
ている。冒頭で紹介した引用文が示すように、手段だけが問われるのでは
なく情緒的な水準においても、“何が”なされたかと同時に“どのように”
なされたかという点においても、ケアは提供されている／体験されている
のである。ケアを受けている子どもたちは、自分を気遣ってくれると感じ
られる人とそうでない人を見分けている。本書では、実践的・倫理的・関
係的な、ケアの多様で包括的な営みの展開を試みたい。
　ケアとは、壮大な政策提言ではなく、セルトー（Certeau, 1984）が「日
常生活の実践」と呼ぶようなものである。本書は事例を通して描かれる日
常的なケアの実践に関するものである。しかし、毎日の実践は広い政策的
な文脈のなかに位置づけられており、広範な道徳的・哲学的関心——たと
えば子どもと子ども期、そして子どもはどう育てるのが最も良いかといっ
た特定の専門家による問題意識や見解——だけが伝えられがちである。そ
のため、本書の各章においては、読者が現場の日常的な実践にふれ、優れ
たヒントや気づきを得られるように努めている。初めに、導入となる本章
ではレジデンシャル・チャイルドケアに対する理解の変遷を追い、施設養
育の概念化・実践化に役立つ理論的指針を示すことによって、実践の背景
を描きだしたい。

第1章 序 論

レジデンシャル・チャイルドケアの歴史の概略

　ディケンズ作品風のビクトリア時代の救貧院は、不条理な大人が不幸な
孤児たちを抑圧する描写だけではなく、（はっきりとはいいきれないにせよ）
救貧法の名に値しない悪しき例としてもレジデンシャル・チャイルドケア
に長く影を落としてきた。これは、貧しいとはいえない者が救貧院に集ま
るのを防止するためであった。最初から救貧院に行くことが許されている
と思えば、怠惰を助長してしまう。結果として、国家によるケアは、自己
責任によってどうにもならなくなった個人や家族の最後の砦として、あえ
て厳格で人を寄せつけない場として構築されたのである。レジデンシャル
ケアは最終手段と見なされ、それに伴って生じたスティグマという継承さ
れた負のイメージと長いあいだ苦闘してきた。

　しかし、ビクトリア時代とそれ以降のレジデンシャル・チャイルドケア
は、救貧院に比べて遥かに優れていた。産業化と都市化によって起こった
社会問題への対応として、慈善家はさまざまな規模や形態の児童養護施設
をイギリスのいたるところに創設した。彼らは、少年非行の問題にも目を
向け、勤労学校や感化院を建立した。19世紀半ば以降のこうした新たな
政策の背景として、悪影響を及ぼす親や家族から子どもを"救済する"と
いう動機があった。ビクトリア時代の慈善事業は、素晴らしく全面的な善
意に満ち溢れている一方で、子どもへの純粋な関心には社会秩序をめぐる
恐れ、慈善家個人の自己顕示欲や社会的名声の欲求などが混じりがちだっ
た（Butler and Drakeford, 2005）。

　19世紀と20世紀のほとんどにおいて、国家によるケアは1908年児童
法で具体化された、子どもたちが最低限必要とする食料・避難所・衛生な
どの供給に関心を向けてきた。ケアは本質的に、母親が行う役割と見なさ
れていた。この前提の背景にあるジェンダー的な性質が児童養護施設は
"信心深い女性"によって営まれてきたという事実であり、独身女性は自
身の生涯を捧げがちであった。また、禁欲、勤勉、宗教的指導を通して達
成される人格形成が強調されがちであった。若者が職（多くは軍隊や家事
奉公）を得る準備段階に至ることがゴールであり、彼らが国家の荷物にな

19

らないようにするためでもあった。子どもたちの情緒面は、現在の私たちが理解を試みているほどには、ほとんど顧みられなかった。実際、「情緒的な迎合は彼らの道徳育成に有害である」と考えられていたのである（Smith, 2012）。

　1920年代から心理学が発展し、養育のあり方に少しずつ影響を与えはじめた。この動向は次第に広まり、心理職や精神科ソーシャルワーカーによって、科学的な社会奉仕事業を目指した児童相談運動へと発展していった。そして、児童相談運動は、1930～1940年代の経過のなかで児童保護政策に波及しはじめた。1946年のイングランドのカーティス報告書とスコットランドのクライド報告書は、大規模施設ケアを批判し、子どもたちの物理的・情緒的な欲求に応えるため、小規模の家庭的環境での養育を推奨した。この報告書の提言を受けて1948年児童法が制定され、全ての地方自治体に児童委員会が設置された。この取り組みはまぎれもなく価値があったが、日々変更される基準には疑問も残った。ウェブ（Webb, 2010）は、児童養護施設の運営目的や使命感を調査している。それによれば、多かれ少なかれ、施設は教会や慈善団体の運営下にあることがほとんどであった。治療的コミュニティの多くも、この時期に現れており、子どもの多様なニーズに応えられるよう、心理学に基づいて計画された環境を提供している。1940～1980年代にかけて、治療的コミュニティは、そこで暮らす子どもたちに、革新的なケアと教育を行い、確かな理論に基づいて大きな成功を収めた。しかし、1980年代にかけて、治療的コミュニティは施設養育の撤廃という政策転換にぶつかり、ケアの主流ではなくなっていった。

　1948年児童法の提言のなかで施設養育のモデルとして示された家族の重要性は、住みこみの"おじ"や"おば"たちが実子の傍らで子ども集団を育てるという1950年代のファミリーグループホームとして結実した。同様のモデルは、レジデンシャル・スクールにも出現し、寮監と寮母が子どもたちの暮らす小舎ユニットに責任を負い、緊密な生活を送った。当時の社会一般の考え方が反映され、ジェンダー役割が明確に定められ、"おば"や寮母は家事や養育に関する仕事を担当し、"おじ"や寮監は規律を

守ることを期待された。

ソーシャルワーク内でのレジデンシャル・チャイルドケア

　1960年代後半の法律の施行は、ソーシャルワークの専門化を促した。ソーシャルワークは"ジェネリック"となり、単一のソーシャルワーク分野のなかに全てのクライエント集団を集めた[2]。ソーシャルワーク教育養成の中央評議会は、「レジデンシャル・チャイルドケアは、新たなソーシャルワークの専門性の一部である」と宣言した。レジデンシャル・チャイルドケアにおけるソーシャルワークの認知度は一般的には低く、その当時有力な専門家集団であったレジデンシャル・スクールの教師内では特に低かった。ソーシャルワークは、1960年代後半の画期的な法律に基づいて発展し、ふたつの有力な考え方を生んだ。ひとつ目は、専門職の歴史のなかで有力な流れをなす医療にルーツを置くもので、個人および家族の問題に焦点を当てる立場である。ふたつ目は、台頭しつつあった構造主義の立場であり、施設ケアに反対する文献が発表されている。ゴフマン（Goffman, 1968）の『アサイラム』が最も有名な例である。近年の施設はゴフマンの「全制的施設」の描写とはほど遠いにもかかわらず、今も施設養育の現状に妄信的に当てはめられている（たとえばGreen and Masson, 2002）。しかし、この個別的支援と脱施設というふたつの考え方は、ソーシャルワークにおいてレジデンシャル・チャイルドケアを概念化する際に、葛藤と緊張を浮き彫りにした（Milligan, 1998; Anglin, 1999; Fulcher, 2003）。

　レジデンシャルケアに対する相反する感情は、家庭で暮らせない子どもの委託において、里親を偏重する傾向として現れた。イギリス養子縁組機関協会の依頼を受けて書かれた『〔永続委託を〕待ち続ける子どもたち』（Rowe and Lambert, 1973）や、アタッチメント（Bowlby, 1951）をめぐる研究の発展によって、「全ての子どもたちが家庭的環境で育つことが必要である」との主張がなされた。この主張は、施設に置かれた数千名の子どもたちを対象としていた。子どもたちの多くはそこにいる必要がないというものだったが、彼らの将来に関する計画性はなかった。そのため、地方

自治体の子どものケアの取り組みに、必然的に注目が集まった。

　しかしながら、『待ち続ける子どもたち』はまた、施設養育は十分なアタッチメントやパーマネンシーを与えられないとして、より政治的な問題においても反対を表明した（Milligan, 1998）。代替的な家族ケアは子どもにふさわしい選択肢であるという前提は、ソーシャルワークのなかに深く浸透していった。スコットランドの21世紀のソーシャルワークのレビュー報告である『生活を変える』（Scottish Executive, 2006: 23）は、説明や根拠なしに、書かれた当時のソーシャルワークのなかで正しいとされた学説が反映されている。それによれば、「レジデンシャル・チャイルドケアは、少数の子どものための選択肢という見解は変わらないが、里親の不足のために大多数の子どもは施設に収容されている」。さらに、里親は費用のかからない方法とも捉えられていた。

　このような、専門家による里親への強い志向にもかかわらず、地方自治体のソーシャルワークにおける短期の調査では、里親への措置の多くが不安定であることを示している。実際に多くの事例は安定せず、子どもは次々に里親を渡り歩いている。フランプトン（Frampton, 2004）は、里親に勝るレジデンシャルケアの利点について、"バーナードの子ども"として育った自身の経験を、説得力のある実例として挙げている。

　ソーシャルワーク（とそれに含まれるレジデンシャル・チャイルドケア）の専門化は、ケアの性質を家庭的な職業から、表面上はより専門的な仕事へと変容させた。専門化は、以前のケアモデルを中核にした住みこみ労働を一変させ、ダグラスとペイン（Douglas and Payne, 1981）の呼ぶ「産業モデル」によって、「パーソナルな自己」と「プロフェッショナルな自己」を分離させてしまった。これは、一方ではシフト勤務のような構造上の変化によるものであり、他方では、「専門家とは何か」という前提の変化によるものである。特に、自立とエンパワメントの奨励によって自らの失速を宣言した専門家のなかで、"ケア"の考え方は過小評価されるようになった。専門家の見解によれば、ソーシャルワークは「ケアとの結びつきによって汚染されたため、ケアという用語は専門用語と理論的根拠から抹消すべきである」と業界内では捉えられている（Meagher and Parton,

2004: 4）。

　「レジデンシャル・チャイルドケアはソーシャルワークの一部である」
と主張されたが、その関係は葛藤を孕んでいる。社会的地位と資格要件の
ギャップが生じており、少なくとも直接的なケアの仕事が主に"ブルーカ
ラー"で、増加傾向にある相談・訪問型のソーシャルワーカーが"ホワイ
トカラー"と見なされる状況は続いている。これは、他の福祉専門職と比
べて施設職員の教育と収入が貧しいことの反映であり、それが現在も継続
していることを示している。地位の格差はレジデンシャルケア内で発展し
てきたマネージメント・システムによるものである。このシステム内では、
職員は自立した専門家として教育を受けるのではなく、外部からの管理に
よる階層構造のなかで密接なスーパービジョンを受けることが求められた。

　イギリスにおける 1989 年児童法と 1995 年児童法（スコットランド）は、
ケア概念の変化を促した。これらのひとつひとつが、支援の提供を、より
法律に厳格な契約的アプローチへと変えた。そして、国家ケアのなかにい
る子ども・若者を「ケアのなかの（in care）」という用語から、「預かって
いる（looked after）」という用語に置き換えた。レジデンシャルケア内の
子ども・若者を「預かり住まいを提供している」と表現したのである。こ
れは、以前のような積極的なかかわりというよりも手段的な、無期限とい
うよりも短期的な、まるでホテルのようなケアのあり方を示唆している。

　より視点を広げると、ソーシャルワークは主に家族福祉サービスであっ
たものから、"問題を抱えた"あるいは"危険な"家族への介入を目的と
した児童保護にますます関与するようになった（Parton, 1985）。このよう
な方向性への変化はホルマン（Holman, 1998: 124）の次のような表現に現
れている。「ソーシャルワーカーのほとんどは機械的でもあり検閲的でも
あった。"マッチョ"と揶揄される者もいた。彼らは、ほとんど小説ほど
の厚みを備えたルールブックに書かれた手続きに従わなければならない自
分に気づいていた」。

　このマニュアル的な実践へのさらなる傾倒は、管理主義における戦略
的・経済的な基本方針の特徴である（Clarke and Newman, 1997）。管理的
な体制は、経済性・効率性・有効性に基づいており、この目的はより優れ

た管理によって達成されると信じられていた（Pollitt, 1993）。管理主義の実践への爪痕は明らかである。ケアは解体され、測定可能で改善をもたらしてくれる、小綺麗なアセスメントとプログラム化された介入がとって変わった。ローズ（Rose, 2010: 1-2）は、現代のソーシャルワークの理論的枠組みのなかで「預かっている」子どもたちをケアする体験を次のように述べている。

　　短期的な成果をその日に出すことが要求された。"作業済み" リストに追加できる明確な業務が求められ、業務の達成度が測定された。それが正しいのかどうかは、エビデンスに基づいたアプローチの重要性と短期的な介入を評価する疑似科学的手法への信頼性、さらに都合のよいことに費用対効果の必要性によって覆い隠されていった。

　この結果として、ハルヴォルセン（Halvorsen, 2009: 79）が「ケア現場で子どもの基本的ニードを叶えることへの優先度が低い、という危機的状況にある」と述べるように、ケアには測定可能な結果が求められた。
　イデオロギーとコストの結びつきによって、1970 年代半ばに最盛期を迎えていた施設の利用が大幅に減らされることになった（Bebbington and Miles, 1989）。たとえばイングランドでは、「地域のホームへの措置数は25,000 以上から 2,000 未満に減少した」（Kendrick, 2012: 288）。同様の落ちこみがイギリスの他地域でも明白であり、レジデンシャル・スクールなどの別の分野でも同じだった。レジデンシャルケアにおける子どもの年齢分布は、年少児の措置が少なくなったことを示している。その結果として顕著に求められるようになったのは、思春期の若者への支援だった。思春期集団への支援は、職員に課題を突きつけるかのようだった。コートニーとイワニック（Courtney and Iwaniec, 2009）は、さまざまな観点から過去の遺物と見なされた施設養育において、措置された子ども・若者が安定することがどれだけ難題であるかを述べている。この変化は、不可避的に集団力動にも影響を与えた。以前は集団内で分別を持って穏やかな雰囲気を

第1章 序　論

もたらしてくれていた“文化の運び手”は姿を消し、行動管理に関心が集まるようになっていった。

レジデンシャル・チャイルドケアの近年の歴史

　1980年以降のレジデンシャル・チャイルドケアの歴史は変化に富む。その利用に対するイデオロギー上の嫌悪は続き、成果が上がらないという見解と、1990年代に光が当たった一連の施設内虐待のスキャンダルを特徴としていた（Smith, 2009）。これら全てが、施設養育への際立った否定的認識を強めることになった。

　しかし、否定的な意見を支持する論拠は不明確だった。施設養育は効果が乏しいとする議論は、最も困難な課題を抱えた若者たちが最終的に措置される場所になっているという集団構成の変容を踏まえた上で進められる必要があり、課題を抱えた他の幅広い層の子どもたちとの比較も求められる。施設養育は十分とはいえないかもしれないが、効果が乏しいというエビデンスについては実際のところ不明確である。フォアスター（Forrester, 2008）とフォアスターら（Forrester et al, 2009）は、ケア（里親と施設）の利用が、子どもの個人的・社会的状況の改善をもたらすことを示した。ケアが子どもに悪影響を及ぼす、という見解は利用制限につながる。そして、社会のなかで最も傷ついている子どもたちと、ケアがもたらす利点を無視することになるのである（Forrester et al, 2009）。

　過去20年にわたってレジデンシャル・チャイルドケアを覆っていた施設内虐待のスキャンダルは、一連の調査報告書のなかで取りあげられている（Corby et al, 2001; Sen et al, 2008）。全ての調査のなかで最大級のウォーターハウス（Waterhouse, 2000）による報告は、北ウェールズにおける児童養護施設とレジデンシャル・スクールにおける虐待に関するものである。これは、レジデンシャルケアにおける政策と実践に大きな衝撃を与え、広範囲に及ぶ勧告によって、ケアをする職員は改善を余儀なくされた。しかし、施設内虐待を問題視することから生まれた強い感情や世論にもかかわらず、その問題視の程度には疑問が残る。たとえば、ウェブスター（Webster, 2005）は、ウォーターハウス報告のなかで広範囲に及ぶ虐待が行われていたという前提に対して、説得力のある反証を示している。ギャラガー（Gallagher, 2000）も、施設内虐待が、他の環境（教育現場、若者を対象にした仕事、里親など）よりも一般的であるという見解に疑問を投げかけている。スミス（Smith, 2010a）とスミスら（Smith et al, 2012）は、虐待という判断が生みだされる認識的な土台を疑問視している。これは疑いようもなく、学術的な討論に値する複雑で感情的な問題である。本書との主な関連としては、施設内虐待の想定とそれに対する対応を講じることが、リスクを避けようとする傾向となって、日常のケアに根本的な影響を及ぼした点である。この影響の一部は、本書で取りあげている。

ソーシャルケアの行政改革

　1997 年の総選挙で大勝した新労働党政権は、「第三の道」と呼ばれる政策を提唱した[3]。これは、表向きには政府による現代的で効率的なアプローチで、「重要なのは成果である」との主張がなされた。第三の道による政策は、"管理" に絶大な信念を置いていた。具体的には、2001 年にイギリスの全ての地域にケアを取り締まる法律が導入された。これによって、ケアを担うホームが監査対象となり、職員の管理基準が定められた。法律の目的は、「支援の向上と公による保護」とされたが、マクローリン（McLaughlin, 2010）は、これまでに目的が達成された論拠は乏しいと述べている。法律の制定と実行によって、規制・監督・指導があまねく普及した。社会的なかかわりあいのほぼ全ての領域において、まるで分類し、当てはめ、観察し、褒賞を与え、目標を設定するかのように、政府は有益で肯定的に仕上がった結果だけを得ることができた（Jordan, 2010: 3）。レジデンシャル・チャイルドケアにとっては、管理は明らかに良い方向へ働かなかった。多くの職員が負担を負い、直接的なケアの時間を犠牲にして、事務作業やレポート作成を行った。

　監督機関が大きくなるにつれて、概念上の問題も生じてきた。法律によって、ケアをする者、ケアをする場所、違反時の罰則を定めている一方

26

で、「何がケアなのか」には言及しなかった。ケアは、多くの手続きと事務作業を通した、主に技術的で法律的な取り組みとして概念化された。しかし、社会学者のボーマン（Bauman, 2000: 9）が言及するように、私たちが堅牢なルールや管理の背後にある、ケアの本質的な人間的・倫理的側面を無視するときに、「ソーシャルワークの日常的な実践は、本来有するはずの道徳的要求から永久に遠のいていく」のである。このように考えると、実践の周囲で増え続ける過剰なルールや管理は単に小さなものではなく、避けては通れない苛立ちの種であり、ケアの人道的な熱意を鈍くするために存在しているといえよう（Smith, 2011b）。

　施設養育に持ちこまれるさまざまな政策や流行りの専門的な知識・技術は、次のような状況を生みだした。

　　　子どもの公的なケアにおいて、ケアの概念は見えにくくなっている。ケアが意味するところは狭まり、国家がケアという用語で提供するものへの期待は低下している。特に注意すべき点は、家族内での平穏と愛情を中心にしたケアの可能性と、管理をめぐって公的ケアに期待される最適な条件との著しい差異である。法律用語としてのケアは、多くの不利を抱えた下層階級を管理するための無味乾燥な表現として、本来持つ潜在的な力を失っているように見える（Cameron, 2003: 91-2）。

政策方針の変化

　子どもや家族を対象とする業務のなかで、規制的・マニュアル的に行われる児童保護が機能していないという認識が高まってきた。政策および概念の両面において、変化を必要とする兆候が表れている。近年の『児童保護におけるムンロー報告』（Munro, 2011）はその例であり、手続きによる支配から離れ、関係性に基づいたソーシャルワーク実践の再編を求めている。本書では、子どものための国家ケアのあり方に関してさまざまに考え直す必要性と、豊富な手立てを含んだアイディアを実際に提示している。

最近の政策の方向性は、このような変化と軌を一にしていると考えられる。

　イングランド（2003）の「エヴリ・チャイルド・マターズ（Every Child Matters）：全ての子どもが大切」とスコットランド（2005）の「全ての子どもを理解するために（Getting it Right for Every Child）」は、特定の問題を抱えた家族に対象を絞るのではなく、一部の子どもと家族にはさらなる支援を認めた上で、全ての家族とケアを担う者へのより良いサポートを目指した支援計画へと移行している。これらの政策が新しく提案するのは、家族による養育と社会的共同養育（コーポレート・ペアレンティング）のどちらをも促進していくことである。社会的共同養育は、さまざまな水準で作用すると考えられており、次のことを含んでいる。

- 地方自治体の全ての部署は措置されている子ども・若者の福祉の向上に協力する法的義務があり、他の機関もその義務を果たすために協議会に協力する義務がある。
- 子ども・若者の生活にかかわる多様な専門家やケアするひとの活動をコーディネートし、統合的支援を提供していくために、子ども中心の戦略的アプローチを採る（www.celcis.org/looked_after_children/corporate_parenting/）。

　子どもたちが大人になる旅路を見守り支える必要性が指摘されているように（Jackson et al, 2006）、社会的共同養育の考え方は、子どもたちを「共同」で「養育」するために、措置権を持つ地方自治体の義務を拡大した。地方自治体はこの役割を、子ども・若者のために、毎日のケアを担う施設に委託するのである（Scottish Government, 2008: 9）。

　このような観点から見ると、レジデンシャルケアに携わる職員は、社会的共同養育の政策の実行を任されているといえよう。職員は、子どもの人生に最も影響する支援者として位置づけられる。子どもの日々のケアを行う社会的共同親の政策は、イギリスの子ども・学校・家族省から提案された政策文書によって強化された。ここでは、インケアの子どもたちにとっての「ケアを担う者やケアに責任を持つ者との安定し信頼できる養育関

係」（DCSF, 2009: para 27）の重要性と、インケアにおいても実親による
"子育て"と同じような関係性を追求し、結果的に子どもたちが彼らの実
親との関係性を再現してしまうケアシステムの失敗についてふれている。
本書で提示する考え方は、ケアの担い手が社会的共同養育として負う責任
を示すとともに、最も身近な場所で良き個別的・養育的関係性を発展させ
るのを手助けしようとするものである。

新たなケアのあり方

　ケアは、管理的な思考をする人が好む、単純でありがちな原因―結果の
パターンには当てはまらない。成功までには、厄介で非直線的な道のりを
経なくてはならない。その過程においては、関係性の構築と目的を持った
アクティビティが、子ども・若者に楽観的な未来像を示してくれる。その
ためには、手段に関心を向けるのではなく、本質的で哲学的な問題への取
り組みに移行しなくてはならない。モスとペトリー（Moss and Petrie,
2002）は、「子どもとは、誰のことを指すのか？」「何が良き子ども時代な
のか？」「どのような関係性を子どもとのあいだに求めるのか？」という
3つの疑問を提示している。「良き子ども時代」という発想は、古代ギリ
シャの哲学者のアリストテレスによる、人間の豊かさや幸福にも関連した
「何が良い人生を創りあげるのか」という関心に通じる。レジデンシャル
ケアは、単に彼らの安全や試験の結果だけではなく、広義の意味での子ど
もの豊かさや幸福を懸命に追い求めるべきである、と提案したい。ケアは、
最近の政策や実践のなかで見失われている、哲学的・倫理的な目的や方向
性に目を向けるべきなのである。以下では、こうした目的に向けて働くた
めに有用だと考えられる理論的指針の話に移ろう。

本書で提示する実践の方向性の特徴

　本書の記述にあたっては、チャイルドアンドユースケア（子ども・若者
ケア）と、ソーシャルペダゴジーというふたつの主要なアプローチ（伝統

的な実践）に共通する特徴を用いている。私たちの考え方は、倫理的視点に、そして特に「ケアの倫理」とフェミニスト倫理への関心への高まりに通じており、こうした考え方は本書のさまざまな場面で紹介され展開されている。このような理論的な方向性は、先に示した政策的な課題の推移と一致しており、その理解を促してくれると確信している。

チャイルドアンドユースケア・アプローチ

「チャイルドアンドユースケア」とは、カナダやアメリカのほとんどの地域や、南アフリカなどで、子どもと家族への直接的支援（ダイレクトワーク）のなかで用いられる用語である。ソーシャルワーカーにとって、"クライエント"（もしくは彼や彼女が抱える"問題"）が介入の中心であるのに対して、チャイルドアンドユースケアでは発達促進的なケアを重視する（Anglin, 1999）。チャイルドアンドユースケア・アプローチは、初期の文献から過去40年以上の経過のなかで著しく発展し、ガーファットとフルチャー（Garfat and Fulcher, 2011）は25の実践上の特徴を指摘している。重要文献のひとつは、ヘンリー・メイヤー（Henry Maier, 1979）の『ケアの中核——家庭で暮らす子どもと家庭を離れて暮らす子どもの発達に及ぼす本質的要素』であり、本書の各場面で紹介することになる。

チャイルドアンドユースケア・アプローチを構成する明確な考えのひとつは、レヴィン（Lewin, 1951）が最初に提唱した「生活場面（life space）」である。生活場面とは、職員と子どもたちが交流する身体的・情緒的な全ての領域である。レジデンシャル・チャイルドケアと他の仕事を分かつ主要な要因は、「実践家は子どもたちと一緒に共有体験を積み重ねることによって、自身の仕事の舞台を実際の生活環境と捉える」（Ainsworth, 1981: 234）点にある。チャイルドアンドユースケアにおける、生活場面でのアプローチに基づく古典的著作は、『The other 23 hours』[4]（Trieschman et al, 1969）である。この本の題名は、日常の持つ相対的な重要性を教えてくれる。子どもが正式な治療を受けていない時間であっても、成長の機会は溢れているのである。

生活場面での仕事は、「そのなかに入りこみ、日々の出来事を子どもや

若者、家族にとって治療的になるように活用すること」(Garfat, 2002)、あるいは「移動しながらの治療」(Redl, 1966) である。ガーファット (Garfat, 1999) は、チャイルドアンドユースケアの性質を、彼独自の馴染みやすい言い回しで、「〔特に目的もなく〕時間を過ごすこと (hanging out)」と「耐え抜くこと (hanging in)」と述べている。時間を過ごすこと、とは子ども・若者と日々の生活を共に送ることであり、耐え抜くこと、とは厳しい状況でもくじけずに頑張ることである。

　生活場面で即座に関与することは、子ども・若者の暮らしのなかで“即座に学ぶ”機会を作り出してくれる。これは、心理療法のような特別な支援のあり方というよりは、孤立した職場で気の利いた返事が返ってくるような種類の癒しである（そうした環境では、会話が起こること自体が重要なのだけれども）。ケアするひとは、生活と学びの場を共有するなかで自然に生じる機会を捉えて意図的に働きかけることができる。施設養育に携わる職員は、最も影響力を持つ支援者になりうる可能性を秘めているのである。職員は日々の活動に子どもたちと一緒に参加し、他の専門家よりもずっと多くの時間を過ごしている。このことは、日常の一瞬一瞬において、予防的にあるいは即座に、関係性に基づいて対応する機会を与えてくれ、子ども・若者がこの世界に存在する新たな方法を見つけ学ぶことを手助けすることができる。ワード (Ward, 2007) は、このことを「機会に導かれた支援[5] (opportunity-led-work)」と呼んでいる。

　ソーシャルワークに登場するケア・プランニングに伴う問題のひとつは、手段が明確なアプローチに対して不釣り合いで実際の価値以上の信頼をすることであり、それは日常の重要性を評価することのない外部の“専門家”への委託によってもたらされる。施設職員はよくこの支援方法を信じこんでしまう。そして、子どもたちは、攻撃的な言動のため司法機関の職員のもとを訪れたり、家族療法を行うカウンセラーのもとに通ったり、薬物依存の支援者のところに行くことになる。対照的に、チャイルドアンドユースケア・アプローチでは、子どもの振る舞いが起きた瞬間に注意を向け、彼らが新しい考えや感情、行動を生活のなかで学び、練習できるように支援する。たとえば、次のような場面を想像してほしい。コミュニケー

ションが苦手な女児がいた場合、職員チームは上手なコミュニケーションが彼女の支援計画の一部であると考える。彼女はなぜそういった振る舞いをしてしまうかを理解するためにセラピストのもとを訪れることになる。しかし、施設職員には次の点について、"リアルタイム"の機会があるのだ。

- 子どもとケアするひとの双方が話しあう内容を正確に共有するために、望ましくないコミュニケーションが起こったときにすぐに話題にする。
- コミュニケーション中に、それが起こったときの感情・思考・記憶を振り返る。
- 食事中、就寝前、遊び、レクリエーション、お手伝いなど「生き生きとした日々の生活場面」（Garfat, in Fulcher and Garfat, 2008: 4）で新たなコミュニケーションを学び練習することを手助けする。

「毎日の出来事」という用語は、特別な技術を必要としないあまり重要とはいえない仕事やルーティーンを指す。しかし、そこでは、子どもの発達や能力が損なわれたり問題が生じている一方で、子どもの1日がうまくいくような職員の知恵が存在しているのである。本書が望むことのひとつは、子ども・若者をケアするために、日々の生活場面の活動や関係性に職員がより直接的に焦点を当てるようになることである。日々の出来事の計画的な活用を通して、ケアするひとは発達促進的な環境や学びの機会を育んでいくことができるのである。

ソーシャルペダゴジー・アプローチ

近年、多くの重要な文献が、イギリスにおける施設養育の閉塞状況に言及しており、それがヨーロッパの多くの国々でケアのモデルとなっているソーシャルペダゴジーへの関心につながっている。英語圏でのソーシャルペダゴジーの紹介と発展の多くは、ロンドン大学のトーマス・コラム研究

ユニットが担ってきた（Petrie et al, 2006; Cameron and Moss, 2011）。ソーシャルペダゴジーは、社会教育的な手段を通して広く子どもの養育にかかわっている（この場合の教育とは、狭い意味での学校教育ではなく、教え育むこと全般を指す）。広い意味での教育的（またはペダゴジー的）な考え方を取り入れたのは、子どもたちの心理的な欠点に注意を向けるのではなく、彼らの成長や発達、あるいはもっと一般的に子どもの成長に大切なものを強調するという転換に心惹かれたからである。

「養育（upbringing）」は、ソーシャルペダゴジーの代表的な考え方のひとつである。ドイツにおける「エアツィアー（erziher）：教育者」は、ペダゴーグ（ペダゴジーの担い手）の一種であり、「養育者（upbringer）」とも訳される。別のドイツ語の「ビルドゥング（bildung）：人格形成・陶冶」は直接的な翻訳が難しく、教育の概念のなかに広い意味が含まれていることを示唆している。「ビルドゥング」は、社会の成員として子どもの人格形成および道徳形成を行うという含意があり、既存の教育や学習の考え方を包含し、しかし同時に超越する概念である。養育やビルドゥングの考え方には、子どもが健全で有能な大人に育つために求められるもの全てが含まれている。社会的養育を、子どもを教え育む全ての概念のなかに位置づけるとともに、その営みを家族による子育てと同列に並べる危険性やそこから生じる緊張を避けている。社会的養育は良き親があたりまえに行っている役割を担うが、一方で、ケアするひとは実親による子育てのなかに含まれる血縁の絆は引き受けられないし、そうすべきではない。

ソーシャルペダゴジーの原理は、施設養育の本質を追究しており、ソーシャルワーク以上に期待できるパラダイムのように映る（Petrie et al, 2006）。ソーシャルペダゴジーに基づく実践は、生活場面のなかで起こり、一般的に集団を対象としている。頭と心と手、つまり、知的―実践的―情緒的な活動を職員に求めている。基本的には関係性を重視し、職員と子どもの親密な関係を強調する。不可避で自然な「プロフェッショナルな自分」と「パーソナルな自分」との併存を、効果的なケアリングの根幹と見なしている。ソーシャルペダゴジーは、行動中の自己であり、職員はさまざまな状況を考慮しながら、自分が「何を行っているか」「なぜ行ってい

るか」を省察することが絶えず求められる。これは、手段を重視し、手続きに縛られ、リスクを嫌う、イギリスにおける施設養育の文化に相容れないものである。

　倫理的姿勢についての言及は、ソーシャルペダゴジーの理論と実践の基礎にある。これは、抽象的なルールや原理に頼るという意味ではなく、他の全てに優先する"最重要事項"としての性格を持っている。知識とスキルは、実践者の倫理的姿勢の発展に基づいて提供され、また、倫理的姿勢に影響を与えるものと考えられている。これは、ソーシャルペダゴジーの「ハルトゥング（haltung）」の概念のなかに存在するもので、一般的にエートス（道徳的特質）と訳される。心構えや態度を指し、自分の行動が価値観や信念とどれぐらい一致しているかを指している（Eichsteller and Holthoff, 2010）。ハルトゥングには実践者の"他者"に対する基本的な姿勢が含まれており、「私たちが他者についてどう考えるか」「他者とどのような関係性を結びたいと願うか」「何が良い人生（良く生きた人生）と考えられるか」といった基本的な哲学的問題について思いを巡らせている。ペダゴーグのハルトゥングとは、本質的なその人の"自己"なのである。ペダゴーグは他者と共に働くときに自己を活用し、その自己は親密で信頼できる関係性を発展させる手助けをしてくれる。

　チャイルドアンドユースケアとソーシャルペダゴジーの双方とも、対人援助におけるパーソナル／プロフェッショナルな関係の重要性を強調している。関係性に基づいた実践は、歴史的にソーシャルワークの神髄であったが、近年優勢なケースマネージメントや管理的な制度のもとで、傍流へ追いやられてきた。しかし、喜ばしいことにソーシャルワークのいくつかの領域で復活の兆しがある（Ruch et al, 2010; Hennessey, 2011）。子どもとの関係性はレジデンシャルケアの基本なのである。

　ケアリング関係の重要性については、ソーシャルワークにおいてはっきりと異議が唱えられているわけではない。しかし、関係性が重要であるとの主張は、あたたかく説得力があるようで、ほとんどが中身のないフレーズで占められがちという危険性も潜んでいる。関係性を実践の中心に置くことは、リスクに対する現行の風潮や、客観性や冷静さを重視する現状の

第1章 序 論

"専門家"像への挑戦である（Meagher and Parton, 2004）。ヒュースター（Fewster, 1991）は、適切な境界を維持しながらも、ケアリング関係においては親密性やつながりを感じられる体験が必要であることを述べている。最近の傾向における問題は、「子どもとのあいだに境界を設けること」と「子どもを遮断すること」が混同されている点である。境界は個別的で個人的なものであり、遮断は相手の反応によって引きだされた拒絶的なものである。ヒュースターは次のように結論している。実践者は、経験よりも客観性を重視する専門家の忠告を拒否すべきである。そして、ひとりの人間としてのケアリング役割がもたらすものは、専門家としての役割に基づいた考え方よりも大切であることを認識しなくてはならない。

レジデンシャルケアの中心的な特徴の抽出

チャイルドアンドユースケアとソーシャルペダゴジーの文献から抽出された中心的な特徴は、本書を通して貫かれている。これらは、子どものケアにおける日々の重要性であり、彼らの成長と発達を促進する毎日の出来事を意識的に用いる生活場面のアプローチである。同時に述べたいのは、過度にマニュアル的で管理的なアプローチの限界である。関係性を大切にし、パーソナル／プロフェッショナルに望ましい境界を守りつつも、本質的な親密性とつながりの必要性を認めることである。特定の関係性や文脈において適度な境界を維持することは、形式的な決まりごとに沿うよりも、職員に反省的実践を促し、健全な実践文化を発展させてくれる。

本書の構成に関して

本書は課題から学ぶ構成をとっている。初めの事例は、それぞれの章のテーマに関連した内容を提示している。各章のテーマは、子どもに関する現行の政策、特に「エヴリ・チャイルド・マターズ」と「全ての子どもを理解するために」、およびアイルランドの「子どもの支援のためのアジェンダ（The Agenda for Children's Services）」の方向性と一致している。ま

35

た、各章は、レジデンシャル・チャイルドケアの特定の文脈である、社会的共同養育のアプローチの展開でもある。

　事例は著者らの現場の経験に基づいている。文字数と個人的な経験という制限のなかで、優れた実践に含まれる施設養育の豊かで複雑な知識・スキル・価値観をできる限り反映させるように努めた。事例の例示とともに、各章で取りあげたテーマについて議論できるように、関係する政策や理論も示した。それぞれのテーマは、各章にまたがって関連している。その後、事例に戻り、何が起きていたのかを振り返る。そして、提示した考え方をどのように実践に反映させるかを述べている。末尾には、参考文献を記載した。

　私たちが目指すのは、理論的に確かでありながら、生活場面を共有し子ども・若者のケアに携わる人々の実践を手助けしてくれるような書である。事例や実践に向けた考え方では、決して存在しえない"最高の実践"の青写真を描くことではなく、思考や討論を活性化することを意図した。読者は、特定の状況で起こりうること、自分自身が与えている影響、そして子どもたちのために取りうる最良の方法について、考え抜かれた実践を学ぶことができるだろう。

参考文献

多くのソーシャルワークのテキストと異なり、マーティン・デイビスの最近の著書は、包括的なレジデンシャル・チャイルドケアのあり方を提供してくれる。

　Davies, M.（ed）(2012) *Social work with children and families*, Basingstoke: Palgrave Macmillan.

さらなる学びのためにウェブサイトを紹介したい。

　www.cyc-net.org は、チャイルドアンドユースケアに関する興味深い供給源であり、探求の手助けになる。

www.childrenwebmag.com は、よりイギリスにおける子どものケアに焦点を当てており、以下は、ソーシャルペダゴジーに関する情報の宝庫である。

　www.socialpedagogyuk.com

第1章　序　論

訳　注

1）ウェルビーイングとは、人権や自己実現が保障され、身体的・精神的・社会的に良好な状態を指す。

2）児童・障害・高齢・精神保健など特定の分野や技術に限定された「スペシフィック・ソーシャルワーク」に対して、ソーシャルワーク実践のどの分野においても共通する知識や技法や体系である「ジェネリック・ソーシャルワーク」を指す。

3）新労働党は従来の福祉国家（＝大きな政府）とも、市場原理を背景にした新自由主義とも異なる「第三の道」という政治的理念を提示し、「福祉から労働へ（welfare to work）」というスローガンを掲げた。教育、就業の平等を重視し、貧しい者が労働市場に参入する機会を開くことを志向した。

4）直訳すると「その他の23時間」であり、仮に子どもが1時間の心理療法を受けていたとしても、最も大切なのは残りの23時間の生活であることを主張している。邦訳のタイトルは『生活の中の治療』である。

5）レジデンシャルケアにおける"治療"の本質とは、心理療法やグループワークなどのあらかじめ準備された"治療的な時間"を指すのではなく、過去の体験に起因する行動や感情、現在や未来の不安や恐怖などが表出された日常場面の相互作用にある、とする考え方。

2

安全と安心：所属感

事　例

　マイケルは12歳の白人の少年で、両親が養育能力に欠けるために小規模施設に措置された。両親は薬物とアルコールに依存しており、ソーシャルワーカーやファミリーサポートワーカーによる継続的な支援にもかかわらず、彼の身体的・情緒的欲求には応えきれていなかった。マイケルは頻繁にひとりで置き去りにされ、夜の街を歩き回る姿が目撃された。彼は不安定で、近隣からは、彼がお腹をすかせて、地元の商店街で食べものやお金をねだっていると報告が上がっていた。登校状況はまばらで、汚れた身なりのためにいじめられた。近所の人や学校の教職員は、「マイケルは孤立していておどおどしている」と話した。笑顔を見せることはほとんどなく、とても不幸せそうに見えた。

　マイケルが施設に来て3日間が過ぎた。両親からの電話はあったが、施設に来ることはなかった。長期的な見通しは立っていなかった。マイケルはおとなしく、用心深かった。同年代の他の4人の子どもたちとはあまりかかわろうとせず、ほとんどの時間をテレビを見て過ごした。職員との会話には消極的だった。施設での3回の夜間の様子から、就寝時にじっとしていることが難しいとわかった。寝る前にお話をしてもらうのは好きだったが、職員が電気を消して離れるとすぐに、電気をつけ掛布団にくるまって床に寝そべった。そして、そのまま床で朝まで眠るのだった。職員は彼がベッドに行き、電気を消すように色々な方法を試した。しかし、こうした試みは抵抗に遭い、彼は攻撃的になったり、しくしく泣いたり、幼児のようなかんしゃくを起こしたりした。

　職員集団は、就寝時の課題への対応について話しあった。ベテランの施設職員ケイトは、休暇明けでその日の午後から勤務しはじめた。彼女は、その日の就寝時の支援に入ることになっていたため、マイケルを理解することを目的に一緒に午後を過ごすことにした。

　夕方はマイケルの傍で過ごし、近くで一緒にテレビを見て、ジュースを飲んだ。マイケルの口数は少なく、ケイトを気にしていないように見えた。ケイトは新しく入ったマイケルについて多くのことを知ろうと努め、休暇

明けの午後から不思議に感じていたことを話す機会を得た。職員が年少児との個別の時間を取るのは就寝時のルーティーンの一部であるため、ケイトはマイケルにベッドへ連れて行ってもよいか尋ねた。マイケルは「いいよ」というふうにうなずいた。マイケルはベッドに上がり、就寝時に読んでもらう本を選んだ。物語が終わる頃にはマイケルはすっかりリラックスしているように見えた。

> ケイト：「マイケル、あなたはこの話を楽しんでいるみたいね」
>
> マイケル：「うん」
>
> ケイト：「次はどうするか教えてくれる？　床に寝るの、ベッドに寝るの？」
>
> マイケル：「（驚いて、呟くように）床だよ」
>
> ケイト：「わかったわ。電気はつける、それとも消す？」
>
> マイケル：「（再び驚いて、呟くように）つけて」
>
> ケイト：「あなたが自分の希望を話してくれてうれしいわ。他の人は、あなたをベッドに行かせるのは大変だって言ってたから。ふかふかのベッドより硬い床をあなたが選ぶ理由がわからなかったみたい。あなたはどうしてなのかわかる？」
>
> マイケル：「（肩をすくめて）わからない」
>
> ケイト：「私は当ててみせるのが得意なの。ちゃんと当たったかどうか教えてくれる？　あなたには、電気をつけて床で寝るきちんとした理由があるのだと思うの」
>
> マイケル：「（困惑したように、再び肩をすくめて）わからない」
>
> ケイト：「私が本を読んでいたとき、あなたは楽しそうに想像力を働かせていたように見えたわ、そうじゃない？」
>
> マイケル：「うん、時々そうしてたよ」
>
> ケイト：「じゃあ、一緒に想像しているふりをしてくれる？　あなたみたいに電気をつけて床で寝たいと思っている子がいるの。何か良い理由が想像できる？」
>
> マイケル：「うん、いくつかね」

ケイト：「どんな想像をしたのか教えてくれる？」

　マイケル：「悪い夢のせいだよ、たぶん」

　ケイト：「誰かが電気をつけて床で寝る理由を、ちゃんと説明して
　　くれていると思うわ。あなたが同じことをしたいのもそれが理由
　　なのかな？」

（マイケルはうなずいた）

　ケイト：「うーん、それだとあなたは悪い夢がどこかに行ったって
　　思えるまで、床で寝なきゃいけないかもしれないわね。今からあ
　　なたが床でも気持ちよく眠れる方法を考えなくちゃね。何かいい
　　アイディアはある？」

　マットレスを床に置き、部屋が完全に暗くならないように夜間用にライ
トを用意するのが良いと、ふたりが合意するまで、会話はもう少し続いた。
ケイトは、悪夢を追い払うには素晴らしい考えだと思う、悪夢を見なくな
るまでにはもう少しかかるだろう、とマイケルに伝えた。彼女はマイケル
を布団でくるみ、「あなたが望めば、悪い夢を追い払うためにまた話がで
きるからね」と言って話を終えた。

はじめに

　安心と安全の感覚は基本的な人間の欲求であり、それが基盤となって他
の欲求や可能性が達成される（Maslow, 1943; Kellmer-Pringle, 1975;
Bowlby, 1988; Glasser, 1998; White, 2008）。安全の考え方はいたるところで
過度に強調されるようになっているが、児童保護をめぐる議論のなかでは
十分に理解されていない。実際に児童保護における多くの実践においては、
さまざまな発達に向けたニーズや機会を捉えて安全感や信頼感を育む方法
が工夫されているが、情緒や関係性を通してではなく、システムや手続き
を通して安全感を確保しようとする傾向にある。本章で追求したいのは前
者の安全感であり、身体的・情緒的・関係的・文化的な安全の意味につい
て検討したい。

第2章 安全と安心：所属感

　施設にやって来る子どもたちは、情緒的な安全感を欠いており、所属感をめぐる困惑を経験している。これは、家庭内におけるケアや関係性が不確実で予測が立たなかった結果であるが、行政による複数回の措置や移動といった要因も複合している。レジデンシャルケアの重要な仕事は、子どもが安全感を抱きはじめるよう支援することである。この観点からすれば、ケアするひととの最初の出会いは、現在の場所をどう感じどう振る舞うかを決定づけるのにきわめて重要になる。

　初めての出会いは、子ども・若者のケア実践における最も重要なプロセスとして配慮を要するものである。それは、彼らとの最初の関係構築の場である。どのような気遣いがなされたかが、関係性の発展に影響を与える。新たな子どもとの出会いにおいて、ケアするひとが直面する課題は、決まって「子どもの不安をどのように和らげるか」という点である。この不安は、過剰適応、過度に従順な態度、居直り、攻撃といった形で表現されるかもしれない。また、ケアするひとは自分自身の不安や心許なさについても対処が求められる。子どもの背景を知り、どのような言動を示すか不安に駆られるかもしれない。挑戦的な行動の記載は、特に不安を生じさせやすい。関係性の構築に影響を与える情緒的な課題や期待を、子どもも大人もお互いに有しているのである。ケアするひとは自身の不安を自覚するとともに、子どもに波長を合わせる必要がある。施設が集団への参入をどのように扱っているかもきわめて重要である。このプロセスにおいては、子ども・若者にかかわり、働きかけ、支援すると同時に情報収集を進めていくことも求められる。最初の出会いにおける配慮が、子どもたちにとっての新たな社会である家庭、学校、施設の雰囲気を大いに伝えることになるのである。

毎日のルーティーン、リズム、習慣

　メイヤー（Maier, 1979）の『ケアの中核』は子ども・若者の安全感の形成に役立つ、日々の生活の実践を描いている。日々のやりとりや対人関係が、安全の感覚を発展させる土台を形作っていくのである。『ケアの中核』

43

においては、「毎日のルーティーン、リズム、習慣」という用語が用いられている。私たちは皆、日々の生活において何らかの構造や日課を必要とする。その必要性は、ケアの対象となる子ども・若者にとってはより顕著であろう。彼らの多くは、枠組みや意図が失われた生活を体験しており、生活を通して秩序や構造の感覚を感じとっていく必要がある。それは、かつての無秩序でめちゃくちゃだった環境で損なわれた一貫性を取り戻してくれる。枠組みの実感は安定性や信頼性につながり、情緒的な混乱に耐える力となる（Kornerup, 2009）。これは、子どもたちが支援の場に来る原因となった、より個別的な課題に取り組みはじめ、次の回復や成長に向かうステップに移る前提条件となるものである。経験的にいえば、子どもたちは当初、生活のなかに秩序や枠組みを導入しようとする試みに抵抗を示すかもしれない。しかし、彼らのほとんどがそれを受け入れ、その重要性を理解するようになる。生活が徐々にコントロールできるようになる、という感覚の萌芽は、毎日ケアを受けているという養育体験、世話をするしなやかで適切な大人の存在があってこそ可能となる。

　メイヤーの用語に戻ると、「ルーティーン」は、1日の経過のなかで従うべきケアの場の構造を意味している。たとえば、子どもたちは、朝は何時に起きることを期待されているのか、食事の時間やその他の時間に何が起こるのか、何時に就寝するのかなどを知る必要がある。これらは子どもたちに予測可能性をもたらしてくれる。一方でケアにおいては、ルーティーンが“ルーティーン化”して柔軟性を失い、時間遵守が絶対にならないよう注意が必要である。メイヤー（Maier, 1979）は、健全な秩序の感覚はホーム内のルールブックによってもたらされるのではなく、そこで暮らしあるいは働く人々の実感から培われる必要があることを警告している。この意味からすれば、メイヤーの「リズム」は、おそらく健全なホームが目指そうとするものを指している。それは、秩序が有機的に発展し、ホーム内で毎日生起する出来事が根付いていくような状態である。

　全ての家庭や施設においては、1日1日が食事・睡眠・作業・遊びの時間などの特定のリズムに従っており、これはその日やその週に合わせて注意深く設定しなくてはならない（Fulcher, 2005）。毎日の生活リズムは、

それぞれの午後や週末の日課や活動に応じて変更されるかもしれない。たとえば、決まっていた献立を切り替えて、お弁当を持って行ったりバーベキューをすることもできる。週ごと月ごとのケアのリズムは、学校の試験、レクリエーション活動、買い物、洗濯、テレビの視聴などによって定まっていく。月ごと季節ごとのケアのリズムは、学校・仕事・休暇の期間などとも関連している。

　この生活リズムが根づくためには、日課の枠組みが理に適っていて理解できるものであるという子どもと職員の納得が必要である。それによって、お互いの"合意"のもとでさまざまな物事を進めていく環境が生まれ、「ここでは物事はこのように行われるのだ」という理解につながっていく。ケアにおける適切な"習慣"は、このような認識をもたらしてくれる。習慣とは、本質的に子どもと職員の価値観の出会いであり、それによって物事の固有の意味を共有し進展させることが可能になっていく。子どもを朝に起こす特有の方法を例に取れば、個別化された"ハイタッチ"などのジェスチャーや声かけを通した起床の挨拶がそれに相当する。それは、単なるマニュアルではなく人間的なケアの体験となる。習慣は、個人的なつながりを作り、ホームの営みを円滑にしてくれる。別の点では、誕生日に代表される祝祭やお祭りなどの、特定の宗教や季節における催しや、あるいは夏休みに庭で行われる球技などの行事において散見されるかもしれない。こうしたルーティーンやリズムや習慣をケアのなかで意識的に用いることが、子ども・若者の安全感の第一歩になる。

関係性を通した安全感

　構造、ルーティーン、リズム、習慣の概念が重要である一方で、それらはそれ自体が揺るぎなく存在しているのではなく、関係性のなかで定まっていくものである。コルナーアップ（Kornerup, 2009: 50）が示唆するように、「子どもたちが構造に直面したとき、同時に彼らはその構造を象徴する人間を前にしている。ゆえに、構造とかかわりとを切り離すことはできないのである」。これは、毎日の生活リズムを通して育まれる安全感の中

心には支援者が存在するという事実を示している。こうした安全感は関係性に根ざすものである。外的な仕組み、政策、手続きなどは単にその補助に過ぎないどころか、実際には妨げになることもある。関係性による安心感はケアするひとに求められる重要な資質である。"威厳"や"厳格であるが公平"といったフレーズは今日の風潮では時代遅れに聞こえるかもしれないが、これらは、子どもの不安を包みこむために支援者がどうあるべきかを指し示している。子どもたちは内心で自信のなさや不安感を抱えているかもしれないが、落ちついて過ごせる（少なくても、求められれば落ちつくことができる）ことが大切である。過去には、職員に個人的な権威として落ちつきを保つ能力だけが求められたこともあったが、現在では行動の根底にあるものを探ることも大切にされている。したがって、ケアするひとは、子ども・若者が何をしでかすかわからない不確実さや好奇心を認め、ある状況下では彼らに主導権を委ねることも大切になる。施設で暮らした当事者による次のような言葉は、支援者の個人的な資質による安全感を表す例である。「あるシスターがいました。彼女は施設長でした。とても公平で、とても親切でした。決して善良ぶるのではなく、本当に人間的で、私たちを守ってくれました」（David, in Cree and Davis, 2008: 87）。

安全感に関連した理論的な概念

アタッチメント

アタッチメント理論は、近年のレジデンシャル・チャイルドケアに関する文献のなかで再び重要視されており（たとえば、Sharpe, 2006; Cameron and McGinn, 2008）、実践における理論的モデルの基盤として、多くの機関が採用するまでに至っている。この理論は子どもの経験や行動を理解する上で重要な視点を与え、私たちがどうかかわるかを教えてくれる。しかし、施設養育においては、過度に抽象的で客観的な水準でアタッチメント理論を適用するのではなく、毎日の生活場面を理解するために用いるべきであろう。

アタッチメント理論は、安全・安心の感覚をどのように感じとるのかに

ついての洞察を特に与えてくれる。アタッチメント理論における中心的な考えは不安についてであり、私たちが原初的な不安感に悩まされていることを示唆している。ケアするひとは、子どもが自己破壊的にならないように、彼らの不安を受けとめなくてはならない。この受容は、乳幼児期には、赤ちゃんが泣いたときに養育者が提供する身体的・情緒的な心地よさにあたる。養育者が敏感性と一貫性を持った応答のなかで、アタッチメントの絆が形成されていく。この絆がウィニコット（Winnicott, 1965）のいう「ほどよい[1]」ものであれば、乳幼児はアタッチメント理論のなかで「インターナル・ワーキングモデル」と呼ばれる世界への信頼性を獲得していく。彼らは感情調整力を身につけ、世界を探索し、彼らが戻っていく安全基地に信頼を寄せていく。「ほどよい」養育者は、「促進的環境」（Winnicott, 1965）を提供してくれる。それは、子どもが安全で物理的・情緒的に安定した環境であり、その後の関係の鋳型となる健全で信頼できる関係性を育む場所である。

　発達初期にこのような環境が与えられなかった場合、無意識的な不安や恐怖が呼び起こされる（Sharpe, 2006）。アングリン（Anglin, 2002）は、レジデンシャルケアにおける行動の多くが、痛みに基づくものだと述べている。子どもたちは不安や情緒的な痛みに対して、防衛機制を用いて自身を守ろうとする。彼らは、自分の心のなかに抱えておけないものを他者に「投影」するかもしれない。子どもたちは、不幸な過去の経験に基づく恐怖や欲求不満を、施設職員への「転移」として表現することもあろう。実践上は、こうした言動は、攻撃性や行動化や怒りのコントロールの問題として記述される（経験される）かもしれない。子どもたちの怒りや恐怖に直面したときに、「逆転移」として職員側も根源的な不安を引き起こされることもあろう。逆転移に基づいた反応によって売り言葉に買い言葉となり、攻撃性に対しては攻撃性で、不安に対してはさらなる不安で応じる結果となる。このような状況で職員に求められるのは、良き親のように、子どもがなぜこのように振る舞っているのかを理解しようと努め、彼らの感情を受けとめ、彼らが安心できるように落ちつかせていくことである（Sharpe, 2006）。

しかし、アタッチメントとトラウマに基づくアプローチを適用する際には慎重な姿勢が求められる。子どもたちの不安が表現されるとき、彼らは同時にそれをコントロールしたいと感じている。精神力動的なモデルにおいては、支援者は子どもの過去の体験やそれによって生じる不安に圧倒されることなく、子どもの「今ここで」の行動に自信を持って自然に対応していかなくてはならない。これは簡単なことではない。往々にして治療的な関係性は乱され、子どもと大人のあいだで衝突が生まれ、双方の集団が入り乱れて誤解や失敗が生じる。理想の養育を目指すというよりは、ウィニコットの「ほどよい」という目標が大切である。

コンテインメント（包容）

ウィルフレッド・ビオン（Bion, 1962）の「コンテインメント」の概念は、ウィニコットの「促進的環境」によく似ている。これは、養育者が乳幼児から投影された耐え難い苦痛な感情を受けとり、乳幼児が耐えられるように修正し返していく過程を述べている。ケアするひとは「コンテイナー」、乳幼児は「コンテインド」と位置づけられる。コンテインメントの経験が発達初期から繰り返されることによって、子どもたちは感情調整力を身につけていく。反対に、コンテインメントの経験が不十分であったり重大な阻害が起こると、子どもの認知的・情緒的発達や感情調整力に悪影響が生じる（Steckley, 2010）。ワード（Ward, 1995）は、コンテインメントを、「基本的なケアと境界の設定」という文字通りの容器としてのコンテインメントと、「職員に投げこまれる子どもが抱えきれない感情」という象徴的なコンテインメント、として整理している。職員チームは、子どもの不安に耐え、それを抱えることができる文化を創りあげ維持するとともに、そこに住まう大人と健全で親密な関係を形成できるような経験や手立てを提供していくことが求められる。それゆえ、レジデンシャルケアの主要な目的は、感情や行動のコントロールの課題に直接焦点を当てるのではなく、子どもをコンテインできる関係性を創りあげるように努め、その関係を深め維持することにある。効果的なコントロールは、子どもが「自分の不安をきちんと理解してもらえた、抱えてもらえた」と実感した

第2章　安全と安心：所属感

ときにこそ実現するのである。

居場所への愛着：所属感

　アタッチメント理論は、対人関係の文脈のなかで取りあげられる傾向がある。しかし、もうひとつ重要なのは、居場所への愛着である。これは、子どもの健全なアイデンティティ・安全感・所属感の発達の中核を成す（Jack, 2010）。所属感は、「自分自身とそれを取り巻く環境への安らぎの感覚」と定義され、「個人が社会的・関係的・物質的環境への帰属感を形成していく過程」である（May, 2011: 368）。それゆえ、所属感には住まいへの想いや他者との重要なつながりが含まれている。このような居場所への感覚を獲得していくことは、これまでの人生で移動を繰り返してきたり安心感を得られなかった子どもたちにとってはいっそう重要になる。

　所属感は、他者から大切にされ、他者を大切に思う感情を通して育っていく。この他者のなかには、一緒に暮らす者、仲間、隣人、地域の人などが含まれ、サッカーチームの選手やバンドのメンバーとしての活動、演劇への参加、宗教や行事や祝祭などを通じた特定の文化や他の人々との交流などによって居場所への愛着が形作られていく。自分には価値があるという感覚の発達が、所属感の基礎になる（Laursen, 2005）。レジデンシャルケアにおいて、所属感とは毎日の習慣や実践やケアを受ける体験によって育まれていくのである（Garfat, 1998）。

　所属することは、子ども・若者が心地よく自分の世界を広げ、新たなことに挑戦し、新たな体験にうまく取り組むための、身体的・感情的に安全な基盤を与えてくれる。他者と一緒に帰属することによって一体感が育まれ、人々が共に物事に取り組むように発展を遂げていく。したがって、若者と何かを一緒にすることは、彼らの発達の重要な一部を占める。所属は、人間の最も基本的な要求のひとつである。所属感が持てない若者は、孤立し、切り離され、ひとりぼっちだと感じる。それによって彼らは、同年代の仲間集団や、あるいは特定のサブカルチャーや非行グループへの関与といった排他的なつながりを求めがちである（Center for Social Justice, 2008）。

49

居場所への愛着は、日々の生活の「膨大な日課や活動や毎日の繰り返し」(Jack, 2010: 757) を通して育つ。精神分析理論は、人々が居場所について考えることを次のように表現している。「ときに降りかかるストレスや孤独に対抗する安心感の源になるのは、自己と共に形成される内的対象である」(Jack, 2010: 757)。ストレスを感じたとき、私たちは快適で安全なわが家に帰りたくなる。これはかつて施設で暮らしていた者にとっても同じであろう。スコットランドの救護院に、かつて入所していた少年から職員のもとへ手紙の返事が届いた。彼は第一次世界大戦で戦場へ送られていた。手紙には、入所していた当時に"悪ふざけをした"楽しい思い出が書かれていた。以下は、レジデンシャル・スクールで行われたオーラルヒストリー調査の回答者によるものである。「私はここでの日々を愛していた。もし、時計の針が戻るなら、私はここへ戻りたい。先生たちや仲間たちが懐かしい」。別の回答者は次のように述べている。「ヒル先生の作業班で教わった技術は、今日に至るまでいつまでも覚えている。木を切ったり丸太を割るときは、いつでも彼の声が私の手を動かしてくれる」(Smith, 2008)。

したがって、所属感の発達には、特定の個人とのアタッチメント関係が必要になるが、居場所への愛着の重要性にも配慮しなくてはならない。多くの社会的養護のもとで暮らす子どもたちにとって、個人へのアタッチメント以上に居場所への愛着が重要になるかもしれない。そこには多くの人たちとの関係の積み重ねがあり、なかには特別に大切な人もいるかもしれない。それらが集積し、還るべき場所の思い出が形成されていく。

所属感を育む上で、居場所の重要性を心に留めておくことは、子どもたちの色々な感情、特に住まいに対して抱く思い出を大切に考えることにつながる。近年のメモリーボックスの導入は、思い出や生活のさまざまな局面における記念品を保存し、つながりを維持する手段である。毎日のケアの繰り返しがもたらすイメージ、音、匂いは、子どもたちの体験と一体になっており、住まいの記憶を呼び起こしてくれる。テーブルに置かれた花、温かいコーヒーの匂い、家庭料理、食後の団欒の一時、課題を終えるための教示、これらが居場所への特別な感覚に結びついていくのである。

第2章 安全と安心：所属感

アタッチメントとコンテインメントの適用
──メイヤーの『ケアの中核』

先にヘンリー・メイヤーの『ケアの中核』（Maier, 1979）を紹介した。これは、生活のなかで、関係性を通した安全感やウェルビーイングがどのように発達していくか、どのようにかかわっていけばよいかについて、説得力のある枠組みを提示してくれる。

要素1：からだの心地よさ

からだの心地よさはケアの基本である。これは軽視されがちなアクティビティとも関連することが多い。人生を通して、ウェルビーイングとケア感覚は身体的に安全でストレスがないときに感じられる。身体的な快適さは、私たちのかかわりによって高めることができる。そのためには、身体的なかかわりを積極的なケアリングへと転換し、個別的な快適さと身体的な安全の向上を心がけることが求められる。子どもたちのベッドのシーツを整えること、寒い夜に温かい飲み物を用意すること、子どもにリラックスした姿勢を促し彼（彼女）らと目線を揃えて床に座ること、などを考えてみてほしい。メイヤーが主張するように、身体的な快適さに対するニーズが叶えられると、子どもたちはケアを受けていることを実感するものである。

からだの心地よさや安全に注意を払うことによって、子ども・若者が目の前にいるときもいないときも、彼らのパーソナルスペースまで手を差し伸べることが可能になる。別の環境から移動してきた子ども・若者は、不慣れなことに慣れるために助けを必要としているという点も重要である。お気に入りの毛布やクッション、ぬいぐるみ、アクセサリーといった移行対象は、見知らぬ場所を見知った場所に変えてくれる。慣れ親しんでいる、ということは、安心感に等しい。

要素2：違い

個別的な違いは、ケアをするひとと子ども・若者との交流に本質的な差

異となって現れる。生後から子どもの性格は異なっており、こうした違いが養育者との、そして養育者からのさまざまなかかわりを生む。子どもたちの日々のやりとりの仕方は、生まれつきの性格に加えて、個人史、性差、社会階層などによって形作られる。性格は環境との相互作用によって影響を受け、子どもとの相互作用の質として具現化される。したがって、望ましい行動のマニュアルを確立しようとするよりは、一緒に暮らす子ども一人ひとりの特徴に応じて応答する方が生産的であり、それによって効果的で自然なやりとりが増えるだろう。

　子ども・若者のなかには、彼らの周囲で何が起きるのかすぐにピンとくる者がいる。メイヤーが「人間レーダー装置」と呼ぶ者である。そこにいるだけで何もせずに特別な関与も持たないが、「刺激のスキャナー」は活動しており、周囲の出来事を捉えている。ホーム内の噂話をしてくれる子どもたちである。また、生活空間で偶然出くわしたことのみ察知する者もいる。こういった「動き回る」（あるいは「刺激に向かう」）子どもたちは彼らの手の届く範囲で起こること全てに即座に首をつっこんでいく。ケアするひとからの反応を要求し、ふれあいを求めて一か所に長く腰を下ろすこともある。人間レーダー装置や動き回る子どもは、ケアするひとから色々な反応を引きだし、求めようとしてくる。特にケアするひとは、人間レーダーがその場に存在していること、関心を向けなくてはならないことを心に留めておかなくてはならない。眉毛を上げる、肩を優しく叩く、知識を共有する、出来事に関する理解に感謝を示すなど、ささやかなかかわりが必要になる。一方で、動き回る子どもに対しては、より直接的で積極的な関与が求められる。特定の子どもの性格に合わせた最善の対応を選びとっていくためには、ケアするひとが両方の子どもたちとのリズミカルな対話を積みあげていくことが求められる。

要素3：リズミカルな対話

　リズム――リズミカルな対話に引きこまれる性質――は、人間の発達における本質的な特徴である。人生のさまざまな出来事、集団での合唱やダンス、創造的な遊び、チームスポーツ、さらには性的なやりとりさえ、こ

の"一体感"という特徴を持つ。リズムは、子ども・若者とケアを担う大人をひとつに結びつける基本的な力であり、苦労を伴いながらも協調的なリズムをつかみとっていかなくてはならない。卓球台でピンポン玉が右から左へ、左から右へ行き交っている光景を想像してほしい。確かなリズムがそこには生まれている。同様に、リズムは人間同士の相互作用から生じる。人間の行動のいくばくかは、個人の内的なバイオリズムと、彼らが生活する新たな環境におけるリズムとの組みあわせによって決まる。ことによれば、全般的な子どもとのやりとりの方向性とその質には、この微かなリズムがかかわっているかもしれない。握手や髪をくしゃくしゃにするなどの対人間の習慣は、心理的なリズムに相当する。こうした出会った際の儀式を通して、人々はつながりや連帯感を感じる。リズムに関する議論は、「マインド―マインデッドネス[2]」の概念と一致する。養育者は子どもと波長を合わせ、単に養育者の要求を満たす存在としてではなく、心を持った独立した存在として接しているのである（Petrie et al, 2006）。考え、感じる対象としてお互いを認識することが、適切でリズミカルな反応を発達させるのだ。

要素４：予測力

　何かを予期する能力は、知る手段となる。この知ることの認知的な側面――自分はもう一度それをすることができるのだという予測力――は、子ども・若者の確信や自信と密接に関連している。したがって、予測力は効果的な学びの本質的要素となる。安心感という素晴らしい感覚と同様に、すぐ先に何が起こるのかを知ることは、秩序と力をもたらしてくれる。ある環境下で次に何が起こるのかを予測する感覚が育っていくことを通して、子ども・若者は安心や安全を感じられるようになる。その安心・安全感によって、特定の人とさらに学ぶ機会が生まれ続け、結果が予想通りになり助けにさえなると信じられるようになるのだ。対人間におけるリズムの発達は新しいダンスステップの学習に喩えられるかもしれない。新しいステップを学ぶとき、自信なくためらいながらダンスパートナーはお互いの動きに合わせる。ステップインし、再びステップアウトするのはこの過程

の一部であり、異なる人間だったパートナー同士が徐々に心地よくなり、お互いに次のステップを確信できるようになるまで、新たな関係性の発展が続いていく。これが、予測力につながるのである。予測力（または次に何が起きるのかを知ること）の長期的な影響は大きく、信用の情緒的側面である「頼る力」と結びついたときに特に顕著になる。

要素5：頼る力

　他者に頼る力は予測力から生じる。自立とエンパワメントに高い価値を置くソーシャルワークの専門家のなかでは、誰かに依存するという考え方は渋い顔をされる。しかし、自立とエンパワメントの質は、ケアの文脈のなかでは時々過度に強調されすぎている。他者に頼ることは自然で望ましいことであり、子ども・若者のケアリングに欠かせない特徴である。逆説的にいうと、子どもたちが将来の意義ある自立に向かうことができるのは、健全に他者を信頼する経験を通してのみである。自立を促進するために、依存を最小限に抑えようとする試みは有害に働く。施設においては、子どもを自炊用のアパートに入居させたり、経済的な責任を引き受けるように求めたり、一人暮らしに有用だと思われる家事スキルを教えることによって、独立の準備を重視する傾向がある。しかし、このような試みは、それだけでは成功しない。子ども・若者がひとりで暮らせると感じられなければ、卵のゆで方やプラグをつなぐ方法を知ってもあまり役に立たない。自立が達成されるのは、確固とした揺るぎない信頼を経験したときにのみなのである。

　子ども・若者が他者を理解し予測が立つようになるにつれ、彼らは他者を頼ることができるようになっていく。誰かに頼る心地よさを実感することによって、ひとりぼっちではなくなり、他者を信頼し支援を受け入れることができるようになる。信頼はアタッチメントと結びついている。安定したアタッチメントや他者への信頼は、ケアするひとと子どもの双方に心地よさを与えてくれるのである。ブロンフェンブレンナー（Bronfenbrenner, 1979）は、「どの子どもにも、少なくても誰かひとりは自分のことで我を忘れる大人が必要である」と述べている。子どもたちが、誰かが

自分のことや自分の幸せに本当に関心を払ってくれる、誰かが自分のことを心から案じ、信じていてくれると感じられたときに、彼らは現在の環境のなかで初めて自分を信じ、人生における重要な他者と未来につながる関係を育むことに希望を抱きはじめる。人々がお互いに頼ること──頼られることを経験すると、安定したアタッチメントの基盤と同じように、さらに自立的に活動するようになる。安心して誰かを頼ることによって自立が促され、最終的には信頼できる関係、さらには健全に支えあえる関係を新たに、そして自由に結べるようになっていく。

要素６：個別的な行動トレーニング

　社会的な能力とコンピテンス[3] は、個別的なアタッチメントに基づいている。これまで、自己管理やマナーに関する学習や訓練についてはふれてこなかった。しかし、これらのルールや構造は、ケアするひとの関心の中心を占めている。構造やホーム内のルールは不可欠な事項であるが、最小限──おそらくは、就寝時間にまつわること、どのくらい登校できるかについての期待、一緒に暮らす子ども・職員や環境への全般的な配慮など──に留めるべきである。子ども・若者は、彼らに関係のある人、そして彼らにとって特別な意味を持つ人に最も反応を示し、その関係を通して学んでいく。子どもたちは、自分たちと共にいる、あるいは傍にいると認めた人に助けを求め、信頼を寄せていく。年長のきょうだいや仲間、自分よりも少し先を歩く人は、ロールモデルになりうる。エモン（Emond, 2004）の、施設の子ども集団の機能に関する研究は、「仲間に支えられている」という感覚を育む上で一緒に暮らす子どもたちが重要な役割を果たしていることを示している。子ども集団をいじめの温床や原因と否定的に捉えるのではなく、安全をめぐる問題において健全な規範を促す力を秘めているのだと認識しなくてはならない。ロールモデルとなる年長児は、子どもたちが選んだ支援者と同等、もしくはそれ以上に重要な位置に置かれうるのである。最も強力な行動トレーニングは、相互的な親密性とアタッチメントの感覚と密接に関係している。子どもたちと、子どもを養育する大人たちとのあいだにリズムに基づく関係が生まれるとき、効果的なソーシャル

トレーニングと、さらに複雑な社会化への道のりはすでに始まっているのだ。自己管理能力を育むこと、子どもたちの行動レパートリーを豊かにすることと、ケアするひととの関係の質は深く関連している。

要素7：ケアするひとへのケア

　メイヤーのケアの7番目の要素は、いくぶん方向性を変えている。子どもたちの育ちを支えようとするなら、両親への適切な支援の提供が出発点となることを認識し、メイヤーはこの主張を今日の社会的共同養育と呼ばれるものに取り入れた。メイヤー（Maier, 1979）は、ケアするひとは、ケアの仲介者であると述べている。そして、その人自身が受けたケアの質に応じて豊かに育まれるあるいは限界が生じるとし、支援者が受けとるケアの質と、支援者が子どもたちに提供するケアの質は関連していると主張した。したがって、子ども・若者が安全を感じるためには、ケアするひともそれにふさわしく安全であり、支えられていると実感することが必要なのである。管理的な文化においては、こうした支えは「スーパービジョンを通してなされるべきである」という議論になりがちである。このことによる問題は、管理的な文化におけるスーパービジョンの主要な目的の多くが、説明責任に応えるためという点である。これによって、職員に自信のなさや傷つきをさらに感じさせ、不安や不確実性を認めることを恐れさせる。施設養育におけるスーパービジョンは、子ども・若者のケアという仕事と足並みを揃えて行われることが求められる。現在経験している出来事に対するサポートが必要であり、生活場面に即した理解が大切であり、ケアするひとが子どもたちに提供しているのと同様に、支援者の不安を包むコンテイニングの機能を提供しなくてはならない。個々の職員が抱くリーダーシップについての疑問や、自身の内と外から生じる不安を包みこんでくれるか、安心を感じさせてくれるか、といったリーダーへの信頼をめぐる疑念は、このコンテイニングの過程の根幹である。

　しかし、ケアするひとへのケアは、レジデンシャルケアのなかで起きる事象だけではなく、広く組織風土へのケアまでをも内包している。メイヤー（Maier, 1985）は、一義的なケアを、自分自身の内的目標と組織の目

標が一致しない二義的な環境において提供しようとする試みに伴う固有のストレスについてふれている。ケアするひとは自分が働く組織から「気にかけてもらえている」（Rose, 2010）、「自分の不安が組織から抱えてもらえている」（Steckley, 2010）と感じられる必要がある。ケアするひとが自分の過ちや組織への主張に対して、組織から返ってくる反応を恐れる風土では、ケアリングは成り立たない。

家族と拡大家族のリズム

多くの専門家の願いや想いにもかかわらず、インケアの子ども・若者は依然として、インケア―リービングケア―アフターケアの期間を通じて、家族や親族とのかかわりを再開し維持する傾向にある（Fanshel et al, 1990）。子どもたちは家族への強い帰属意識を持つ。家族は、自分が自分であるという安心感の中核だからである。里親や施設のもとにやって来る初期段階では、子ども・若者やその家族に負荷がかかっている。明らかな緊張が見られたり、ありのままの感情が表出されるかもしれない。しかしながら、いったん子どもたちが新たな場所に居場所を得て、移行期の不安定さが解消されると、レジデンシャルケアは子ども自身が落ちついて家族とのかかわりや関係性を改善していく場となる（Smith et al, 2004）。それゆえ、子どもたちの社会的・文化的アイデンティティをその後にわたって保障し続けてくれる親族とのつながりの確認が助けになるのである（Burford and Casson, 1989）。

ケアリングの文化的・精神的リズム

出会いや挨拶の際の文化的習慣は、子ども・若者へのソーシャルワークにおいては一般的に見過ごされがちである（Fulcher, 1998）。施設で暮らす子ども・若者にとって、文化的な安心感は重要である。ケアリングの文化的・精神的リズムを反映したイメージ、音、匂いなどは突然脳裏に思い浮かぶものである。それは、家庭、里親宅、レジデンシャル・スクール、

グループホーム、入所施設のどこであろうとも作用する（Ramsden, 1997;
Te Whaiti et al, 1997）。文化的な安心とは、たとえ支援者側が十分に理解
できないことであったとしても、子どもの社会的・文化的な枠組みと個人
のウェルビーイングがきちんと保障されているという実感を指す。個々の
子どもから見ると、文化への配慮は「自分が求めるものに支援者は心を
配ってくれているのだ」という安心につながる。そして、家族成員や親戚
に敬意を払い（Ramsden, 1997）、子どもの未来に関する方針決定への参画
を積極的に促すことを意味する。この種の敬意は、独特な生活を過ごし子
どもたちにとって助けにならないと思われる家族に対してさえも（おそら
くは、殊にそうした家族に対して）必要なものである。

まとめ

　私たちは子どもにとっての安全・安心感の基本的な役割を、子どもの権
利の観点からだけではなく、それ以外の生活のさまざまな領域における成
長と発達の基盤として位置づけてきた。子どもたちが安全・安心を感じら
れるためには、児童保護のマニュアルや「安全なケアリング実践」と呼ば
れるものの範疇を超えた検討が必要になる。安心感は第一に、適切な関係
性から生まれる。関係性に基づく信頼の発展は、成長や回復の根本的要素
である。それは、社会的養護のもとで暮らす子どもたちに、安全・安心な
世界に属しているという感覚を育んでくれる。
　本章ではメイヤー（Maier, 1979）の『ケアの中核』に基づいて、予測力
や頼る力を育む毎日の生活リズムに焦点を当ててきた。予測力と頼る力は、
情緒的な安全と信頼の土台になる。もしケアするひとが、子ども・若者に
以前の生活よりも安全を感じ、社会での居場所を見出してほしいと願うな
らば、彼らとかかわる上で一貫した言動が重要である。特にケアするひと
が子ども・若者を歓迎し、くつろぎ快適に過ごせるよう配慮するとき、彼
らは大人や仲間との関係のなかで所属感を育んでいく。他者と共に暮らし、
ケアを受け、子ども・若者の基本的な欲求や願いが叶えられるとき、お互
いの関係性は深まっていくのである。

第2章　安全と安心：所属感

事例を振り返って

　基本的にはケイトはマイケルの"空間"を尊重し、彼のペースに合わせてかかわった。ケイトは子どもとの初めての出会いに伴う不安を表すことができていた。午後の時間を通して、マイケルがケイトの存在と彼の近くで過ごすことを心地よく受けとめているかどうか、傍らで慎重に確認した。就寝時の読み聞かせを受け入れたことと、形成されつつある親密性に後押しされ、穏やかで普通の会話を通して彼の睡眠と暗闇にまつわる不安を確かめることができた。それぞれの子どもや職員の特徴にもよるが、ハグやその他の安心を与えるための身体接触といった適度なふれあいはこうした状況で役立つことが多い（Petrie et al, 2006）。

　他の職員が受けたように、マイケルが攻撃的に反応してくるのではないかというケイト自身の不安が包容されることによって、彼の心地よさや安心感を保障するということができた。そして、「電気を消してベッドで寝ないといけない」といった融通の利かないルールを押し通さずに、お互いが葛藤を抱く状況を生じさせなかった。彼女は厳密にルーティーンや方針を強制しようとするのではなく、子どもの表明した要望に寄り添うことを厭わなかった。他の職員も希望に添える力を持っていたが、マイケルが暗闇で床に寝る"ニード"を感じなくなるときがやって来ることに、ケイトは目を向けたのである。

実践に向けた考え方

● 新たな子どもとの最初の出会いの場面について考えてみよう。初めての出会いでは、子どものペースに合わせることが求められる。あたたかさを感じさせなかったりよそよそしくなることなく、反対に表面的な親切さを押し出しすぎることなく、新たな関係性のなかで安心できるようにバランスを保つことが必要である。ケアするひとは、子どもそれぞれの性格を考慮し、最

59

初の出会いを友好的にするために彼らが示す手がかりを捉えなくてはならない。

- 一定期間施設で暮らしている子ども・若者に対しては、朝はどんなふうに起床するのか、どのように声をかけられるのを好むかなど、それぞれの個性に応じた出会いの習慣を考慮し、それが安心感につながるのか／つながらないのかを検討することが大切である。

- からだの快適さとそれによる安全感は、実際的な事柄に関する世話（毛布や枕、湯たんぽ、ジュース、ビスケット、フルーツ、延長コード、電球、ハンガー、ゴミ箱、ティッシュを用意するなど）によって、得られる。同じように、それぞれの好きなもの、嫌いなものを発見していくこと（どのように紅茶を飲むか、好きな食べものは何かなど）が、安心感やケアを受けているという実感につながっていく。

- 職員チームは、ホームの日々の生活のリズム（学校関連、家族や個人の食事時間・雑用・責任、テレビ、宿題、レクリエーション活動、余暇や娯楽、適切な宗教的慣習など）を明確化し、検討し、積極的に醸成するとともに、これらが子どものケア感覚を育んでいるのか、あるいは損なっているのかを考えていくことが大切になる。個人に合わせた習慣および子ども・若者が親しみやすい習慣（ハイタッチ、特別な握手、親しみのある冗談、頑張りに対するご褒美など）を吟味し、養い、これらのどのような機能が"円滑な"関係に結びつくのかを考慮することが役に立つ。

- 同じように、子ども・若者がホームのことを懐かしく感じられるような経験（どのような匂い、音、イメージが居場所感に結びつくか）を吟味した応答的環境について、注意を払うべきである。壁の絵画、ホーム内でパンを焼く匂い、クッションや椅子など、些細なことがケア感覚を呼び覚ますのである。子どもたちのために、メモリーボックス（個人的な思い出の品や、宝物、ちょっとしたものなどが集められた特定の箱や場所）を利用し、

どのようなものを持っているのか、どんなものをそこにしまっておきたいのかなどを話しあうこともできる。

● 予測力を養うために、子ども・若者とその日の出来事を振り返ったり、明日や残りの週末の予定を話しあう習慣がだいじになる。ホーム、学校、施設などで暮らす子ども・若者が、家族や親族、家族ぐるみの友人、学校の友人らと会う手立てを積極的に検討したい。たとえば、子どもが自分で作った夕食で家族をもてなす機会を設けることによって、子どもは「自分の家族も現在の居場所から受け入れられている」と感じることができるだろう。

参考文献

ヘンリー・メイヤーの『ケアの中核』（1979）は一読の価値があり、CYC-netで読むことができる：

www.cyc-net.org/CYR101C/pdf/maier-ingredients.pdf

以下は、心理力動的な見解についての議論を述べた文献である：

Sharpe, C.（2006）'Residential child care and the psychodynamic approach: is it time to try again?', *Scottish Journal of Residential Child Care*, vol 5, no 1, pp 46-56.

Steckley, L.（2012）'Touch, physical restraint and therapeutic containment in residential child care', *British Journal of Social Work*, vol 42, no 3, pp 537-55.

訳 注

1）ウィニコットは子どもの育ちにとって大切なのは、ごく普通の「ほどよい母親（good enough mother）」であり、完璧である必要はないことを述べている。

2）養育者が子どもを発達早期から心を持った存在と見なす傾向。

3）コンピテンスとは、自己を主張し環境への働きかけを求める相互交渉力と、自分が働きかければ何ができるという有能感を指す。働きかける側の能力だけでなく、働きかけられる側との相互作用を強調した概念である。

3

養育：ケア感覚

事　例

　トニーは 13 歳で、レジデンシャル・スクール内のホームのひとつで暮らしはじめて 6 ヶ月が過ぎていた。適応は良好だった。彼の幼少期は、頻繁な養育環境の変更によって特徴づけられていた。家族の混乱した生活と彼に対する身体的・情緒的ケアの欠如のために、短期間での里親委託が繰り返されたのである。トニーはこの幼少期の体験から何とか生きのびたように見えた。定期的に会う両親とは依然として密接な関係にあった。しかし、彼は自分が求める安らぎを両親が与えてはくれないことをわかっており、それに慣れてしまっていた。

　トニーは頭が良く、スポーツが得意で、友人関係のなかでは一定の地位にあり、他の子どもたちに好かれていた。その一方で、彼は周囲に無関心でふさぎこんだようになることがあり、そういうときは頑固で、子どもや職員と対立した。けれども、彼には人を惹きつけるところがあり、ユーモアのセンスを持ちあわせ、職員と冗談を楽しむことができた。職員は、トニーが興奮しているときには、ユーモアのあるかかわりが功を奏することに気づいた。

　ある朝、トニーは若い職員のアダムと、校内の管理事務所に来た。町に新しい服を買いに行くため、被服費をもらおうとしていた。主任のひとりであるイアンが事務所にいた。トニーの金髪の頭はくしゃくしゃで、寝ぼけ眼をしておりまだ眠そうで、起きたばかりのように見えた。明らかにシャワーも浴びていなかった。少ししかめ面を浮かべ、やや生気に欠けているようだった。イアンはトニーの外見が気になったが、アダムは何も気づいていないようだった。

　　イアン：「(陽気な遊び心のある口調で) 何だって！　こんなに早く起きてくるなんて！　ちょっと待ってくれ、何てことだ。わかったぞ、君は昨晩寝なかったんだな。今日の買い物に行きたくてしかたなかったんだろ。そうじゃないかい、アダム？　君は早く買い物に行けるようにトニーを一晩中寝かせなかったんだな」

第 3 章　養育：ケア感覚

　　アダムが答える前に、イアンは立ち上がって、にやっとしている
　トニーのもとへ近寄った。

　　イアン：「（直接トニーに）トニー、アダムは夜のあいだ君を寝かせ
　　　なかったんだろ？」

　アダムはトニーの乱れた髪を茶目っ気たっぷりに直そうと格闘していた。
トニーはアダムを見て笑いだした。イアンが服装や髪形のことを指摘して
いることに気づきながらも、ユーモア溢れるかかわりを心地よく受けとめ
ているようだった。

　　トニー：「違うよ」
　　イアン：「違うってどういう意味だい？　一晩中起きてないとした
　　　ら、どうして今日はいつものようにハンサムじゃないんだ。髪形
　　　は決まってないし、瞼は重そうだし、シャワーの後のいい匂いも
　　　しないみたいだな。ちょっと待ってくれ！　答えなくていい。何
　　　が起こったのかはわかってるから」
　　イアン：「（アダムの方を振り返り、遊び心のある大げさな調子を続けな
　　　がら）君たちの給料はいったい何のために支払われているんだ。
　　　トニーは今日、街でみんなに会うのだから最高の格好をしてもら
　　　わないと。君は自分の服装や髪形に気を取られていたのかい。ト
　　　ニー、困ったことになったぞ！　彼に同情するかい？」

　トニーとアダムは、今やイアンの"ふざけた"演技に大笑いだった。

　　トニー：「あんまり」
　　イアン：「（トニーの方を向いて）アダムはこの一件で罰を受けると
　　　思うかい？」
　　トニー：「（笑いながら）そうだね、クビだね」
　　イアン：「彼をクビにするかどうかは考えておこう。考えているあ

65

いだに、君はホームに戻って、すぐに体を洗って、髪を整えてお
いで。戻ってくる頃にはアダムをどうするかを決めておこう。お
金も用意しておくよ」

　トニーとアダムは事務所を離れた。アダムは「困ったことになった
ぞ！」と物真似をし、トニーは「クビになっちゃうね」とアダムをから
かった。

はじめに

　本章は子育てや養育、またはもっと単純にケアあるいはケアリングと
いった概念に関するものである。これらの用語は、子どもの包括的な発達
を促進する幅広い実践を対象にしている。この意味では、本書の各章は幅
広い養育の概念のなかに位置づけられる。この章では、ケア感覚をもたら
してくれる、日々の生活のなかに存在する子どもを育む営みに焦点を当て
たい。ケア感覚は、「自立と依存、与えることと受けとること」(Lynch et
al, 2009: 49) と関連している。ケアを受けることおよびケアされていると
いう感覚は、人間の発達に必要不可欠である。ケアリング関係のなかで生
じる社会的なかかわりは、「人生の意味や喜び、あたたかさを教えてくれ
る」(Lynch et al, 2009)。レジデンシャルケアにおいて、ケアをする―さ
れるというかかわりは単にケアをする者と受ける者のあいだにだけでなく、
広範なケアの基盤のなかに存在している。そして、ケアの実践は毎日の生
活とそこで暮らす集団の相互作用のなかで浮き彫りになっていく。「ケア
をする―されるというかかわりは、孤立からではなく、つながりのある人
と人同士の相互性から生まれ、また相互性を必要とするのである」
(Emond, 2010: 75)。
　第 1 章において、ソーシャルワークにおいて、自立と独立の促進を中心
的概念と見なす専門家によって、依存と結びついたケアの概念が周辺化さ
れたことを述べた。ソーシャルワーカーの養成課程では、学生はあらゆる
状況下でソーシャルワークの使命とは何かを明確にするように求められる。

第3章　養育：ケア感覚

子どもが歯を磨いたかどうかを確認したり、綺麗な靴下を所持しているかどうかを把握しておくことは、一般的にソーシャルワークとは見なされない。そのため、ソーシャルワーク専攻の学生は、レジデンシャルケアの業務のなかでは、ソーシャルワークの有効性を発揮する機会があるとは思えない場合すらあるかもしれない。しかし、子どもの歯や靴下を清潔に保つことは、レジデンシャルケアの中心である。ケアとは、ふれること、身振り手振り、洗濯されたシーツ、テーブルの上に置かれた花といった日常の些細な事柄のなかに立ち現れる（Costa and Walter, 2006）。レドルとワイネマン（Redl and Wineman, 1957: 6）は、「笑顔が溢れる家、誘いこまれるような小道具、安らぐ空間」の重要性を述べている。反対に、多くのホームで見られる非常口や禁煙の標識や来訪者名簿などは施設を象徴するものであり、施設養育の体験の独自性を物語っている。

　レジデンシャルケアは、その名の通り"ケア"を冠するものの、それが意味するところにきちんと注意を向けられることはめったにない。しかし注意を向けるべきなのだ。ケアには本質的に、専門家や政策のなかで優勢となっている技術的・理論的な仕事とは異なった、倫理的・実践的な営みが求められる（Moss and Petrie, 2002）。ケアは簡単に測定できるものではなく、その成果は不確かで予測不可能である。ケアリング関係は「マニュアル的ではない豊かなかかわりに基づいており、長期にわたる取り組みや予測可能性に支えられたものである」（Brannen and Moss, 2003）。

　ケアを単なるマニュアル的な関与に終わらない豊かな営みにしていくためには、「身体的なかかわりは子どもたちを気遣うケアリングである」と考え方を変えることが求められる。そのためには、ケアするひとの"自己"をケア体験の中心に据えなくてはならない。こうした子どもたちを世話する機会こそが、私たちにとってのささやかな輝きの瞬間であり理想郷なのである（Maier, 1979）。このことを描写するために、朝子どもたちを起こすことを考えてみよう。私たちは、彼らの部屋のドアを叩き「起きなさい！」と大声を出すこともできるし、部屋に入ってカーテンを開け、頭を撫でることもできる。前者のアプローチでも目的は達成できるかもしれないが、後者は身体的なかかわりをケアリングと捉えた例といえる。一方

67

で、子どもたちのなかには簡潔な声かけを好む者もいるだろう。個別的なケアの実現のためには、一人ひとりの子どもに何が適切かを見極める力が求められるのだ。

ケアの倫理

　ケアの倫理に関する文献の増加は、有用な理論の提供につながっている。そこでは、ケアは毎日のかかわりを通した倫理的・実践的な営みであることが考察されている。ケアの倫理は、重要な倫理的考察の一部として出現し、施設養育にも関連している（Steckley and Smith, 2011）。それは、倫理的思考において、男性と女性は異なるアプローチを採ることを示したキャロル・ギリガン（Gilligan, 1993）の業績に由来する。ギリガンが呼ぶ「ケアの声」において、男性の声はルールや原則、正義への指向を大切にし、女性の声は共感の質や直感を大切にする。この理由としては、ケアの倫理はフェミニスト倫理のなかで考察されてきたことが挙げられる。男性の声は正義と結びつき、女性の声はギリガン以降も発展を重ね、特定のジェンダーとの結びつきを超えた、普遍性を持った倫理的な考え方と見なされている。

　ケアの倫理の専門家は、一般的なケアにおいて優勢なのは、権利や原則に基づいた正義のアプローチであることを述べている。その一方で、ケアの倫理は、ルールや権利よりも責任と関係性を強調し、抽象的・形式的ではなく現実場面と結びついている（Sevenhuijsen, 1998）。同様にトロント（Tronto, 1994: 126-7）はケアを「一連のルールや原則ではなく実践を指す。そして、特定のケアリング行動と、〔実践者に道徳性を指し示す〕ケアに対する全般的な思考習慣の両方を含んでいる」と定義している。施設養育に長くかかわる者や、もっと重要なことに施設で育った子どもたちは、この「全般的な思考習慣」を有する職員とそうでない職員を見分けることができるのである。

　ヘルド（Held, 2006: 4）によれば、「効果的なケア実践において、ケアリングの担い手は、他者に応答したりケアを提供する際に、適切な動機と熟

達したかかわりを持ちあわせている」のである。そして、ケア行為や実践への関与の有無は、直接的にかかわる職員とソーシャルワーカーの役割の差別化を生んだ。この観点からノディングス（Noddings, 1984; 2002a）は、「〔他者一般を〕気にかけること（caring about）」と、「〔特定の他者を直接的に〕ケアすること（caring for）」を区別している。「気にかけること」は、直接的なケアの提供は求めないが、子どもは大切に扱われるべきであるという一般傾向を指す。しかし、それだけでは不十分である。なぜなら、面倒な「ケアすること」に手を汚さずに、自分は他者を気にかけていると公言し、寄付をした後にそこから立ち去ることができるからである。ノディングス（Noddings, 1984）は、「気にかけること」には、悪意のない無視が含まれており、相手を気遣う関係を持たない限りは空虚な口先だけのものに過ぎないことを指摘している。対照的にレジデンシャルケアにおいては、職員は基本的に「ケアすること」が求められる。直接顔を合わせ、朝に子どもを起こす、清潔を保つように注意を払う、社会的な活動やレクリエーションを行う、集団のなかで適切な行動や関係性を身につけられるように促す、といった毎日のケアの実践を行っている。さらに、ケアするひとは強烈な子どもたちの感情に直面し、親密性と境界性をめぐる複雑で曖昧な空間に身を置くことになる。私たちが「ケアすること」にかかわるときに、複雑さや曖昧さとの格闘は不可避である（Steckley and Smith, 2011）。

　実際、レジデンシャルケアにおいては、単に「気にかけること」は、「ケアすること」の妨げにつながる。子どもたち一般を気にかけるだけでは彼らを抽象的な存在として捉えることになり、彼らの傍でその過酷さや生々しさに向きあう必要はなくなる。

　社会福祉は専門化されることによって、「気にかけること」を大切にする特権階級へと向かった。「気にかけること」にかかわる人は、「ケアすること」にかかわる人よりも、遥か上の地位になった。そして、ソーシャルワーカーはレジデンシャルケアワーカーよりも権威を持つことになったのである。しかし、ケアを熟知しているとされるのがソーシャルワーカーである一方で、皮肉なことに彼らは直接的なケアの経験がほとんどなかった。結果として、支援計画は"マニュアル的な"支援に過ぎなくなり、ケアの

豊かさや多義性は奪い去られた。もちろん「気にかけること」は大切であり、子ども・若者に託する希望を広い視野で主張することは必要である。しかし、「気にかけること」の正しい意義と目的が達成されるのは、私たちが「ケアすること」にかかわる覚悟があるときのみである。

フィッシャーとトロント（Fisher and Tronto, 1990）およびトロント（Tronto, 1994）は、ケアの概念を拡張し、ケアをすることだけでなく、ケアを受けることも含めている。これは、ケアについて考えるときに、ケアを担う者からケアを受ける者に向けた一方的な方向性ではなく、双方向的な関係であることを念頭に置く必要を示唆している。現行の政策においては、レジデンシャルケアに従事する職員は"ケアの提供者"であり、それ以上でも以下でもない。これは、「子ども・若者はケアを受動的に受けるだけである」という見解を強化し、子どもたちが積極的にケアリング関係を深めたり、自分の体験を分かちあおうとする努力を否定するものである。しかし、ケアを相互的なものと捉えることが、特定の関係性で生じる複雑な心理的力動の存在に目を向けることにつながり、ある状況下である子どもとのやりとりがなぜうまくいったのか、別の職員との別の状況ではなぜうまくいかなかったのかを考えようとする姿勢につながる。実践においては、特定の状況や関係性を考慮する必要があるのだ。

愛情と適切な関係性

ケアは関係性のなかで行われ、ケアするひとと子どもとの関係性は成長や回復をもたらす基本的な手段となる。ノディングス（Noddings, 2002a: 25）は、ユリー・ブロンフェンブレンナーの、子どもは「ケアや活動への参加の際に、ひとりかそれ以上の永続的でときに分別を欠いた大人のかかわりを必要とする。自分のために我を忘れる誰かが必要なのである」という頻繁に用いられる言葉を引用している。自分のことで分別を失う大人がおり、それを子ども自身も感じるときに、ノディングスの言葉でいえば、子どもは「自らを輝かせ（glow）成長する（grow）」ことができるのである。

第3章　養育：ケア感覚

　一緒に暮らす子どものことで我を忘れ、強い想いで彼らのことを語るとき、養育者がケアをする子どもたちに向ける愛の存在へと話題が及ぶ。

　子どものことで分別を失うことやそれに伴う愛と呼ばれる感情を抱いているかもしれないと認めることは、リスクを避け、愛情よりも恐怖が優勢な近年のレジデンシャル・チャイルドケアの風潮では望ましいこととは考えられていなかった（Smith, 2008）。

　専門家としての文脈で愛情について語ることの難しさは、哲学的な領域の範疇にある。哲学者は、使命感を持って"他者"に手を差し伸べようとする人間の可能性について述べている。たとえば、ジョン・マックマレー（MacMurray, 2004）は、実在する愛情が人々を結びつけてくれること、私たちは他者との関係を通して人間たりうることを主張している。彼によれば、ケアは義務や義理からは生まれず、愛という倫理が不可欠になるのである。

　変化の予兆はある。政策文書のなかでも社会的養護のもとにある子どもたちに対する愛の重要性が述べられるようになっている。「社会的ケア評価機構（SCIE：Social Care Institute for Excellence）」と「国立臨床評価機構（NICE：National Institute for Clinical Excellence）」の手引きでは、次のように記述されている。「愛や慈しみは本質的なものであるが、社会的養護のもとで暮らす子どもたちには欠けていることが多い。このことは、彼らの情緒的な発達、ひいては将来の可能性にも永続的な影響を及ぼす」。手引きでは「愛情を受けたい、成長をしたいという「子ども自身の」希望を理解することが、長期的な身体的ー心理的ー情緒的な健康の基礎になる」（SCIE-NICE, 2011: 9）と結論づけられている。同様に、子どものケアの文献のなかに、愛情についての記載が増えつつある（たとえば、White, 2008）。ガーファットとファルチャー（Garfat and Fulcher, 2011）はさらにその先へと進み、愛はチャイルドアンドユースケア・アプローチのひとつの特徴であると述べている。

　専門的な文脈における愛情は"ふわふわした"話ではない。ロマンチックな愛とは異なる、心地よくなるような愛情である。そして、ケアと密接に関連している。リンチら（Lynch et al, 2009）は、愛とケアと連帯とい

う用語を相互に置き換えながら用いている。愛情に満ちた関係がずっと穏やかだったためしはない。お互いがかみ合わず居心地が悪い場面や、危険や葛藤を孕み、ときには強い否定的な感情が生じることもあるかもしれない。しかし、関係性によって困難な出来事を克服できるという信念があれば、それを乗り越え絆を強くすることができるだろう。これは職員同士の関係性においても同様である。

　　私たちは、一緒に働く人と衝突することが必要な場面もあるだろう。このときに、まず法律やシステムを盾にするのではなく、関係に基づいて大切なことを伝える勇気を持ちたい。その後、彼らが納得しないときは、正式な苦情制度を利用するようでありたい（Smith, 2011a: 191）。

　ホワイト（White, 2008: 206）は、愛情は、毎日の生活の出来事、「日々繰り返されるありふれた日課——日常的な出会いや挨拶や別れ、経験の共有といった生活場面でのアプローチ」を通して育っていくことを述べている。こうした状況下での親密なかかわりやそこでの出会いと別れが、ほとんどの者が間違いなく愛と呼ぶであろう強い絆を育んでいく。この日々の繰り返しから生まれる愛情は、政策立案者が定義し測定を望んでいる成果とは異なるが、人と人とのつながりや関係を通した経験からゆっくりと予期せず姿を現すようなものである。しかし、このような関係の理解のためには、正しい意図と適切な行動を基準とする「適正な関係」（White, 2008）という概念を必要とする。

　生活場面の文脈における「適正な関係」は、大人と子どものあいだで行き交う日々の些細な相互的やりとりのなかに見ることができる。この好例は、一杯の紅茶の重要性に示されている。

　　多くの職員はそれぞれの子どもが紅茶に砂糖を一杯入れるか二杯入れるか、ミルクを入れるか、濃いめか薄めかをよくわかっている。それぞれの紅茶の好みを把握しているかどうかは、子どもについて

の理解とケアを強く象徴している。その場を共にする媒介となる
カップを配り、それぞれの好みに合わせて紅茶を入れる。「大丈
夫？」「気にかけているよ」と言葉にするよりも伝わりやすい非言
語的なメッセージとともに（Steckley and Smith, 2011:187）。

　適正な、もしくは愛情溢れる関係性を発展させていくためには、"専門
的"と見なされているかかわりと全く異なる要素が求められる。かつては、
レジデンシャル・チャイルドケアにおいて、大人が"全人的な"ひとりの
人間として子どもと関係を結ぶことは必然的で価値あることで、形式的役
割によって過度に制限されることはないと見なされてきた（Beedell, 1970）。
しかし、現行の"専門的"についての見解は、関係性における距離感と客
観性を強調し（Meagher and Parton, 2004）、感情と行動を区別することを
推奨している。この目的は自己保全であり、ケアするひとが訴えられるよ
うな事態を避けるためである。この結果、歪んだ専門家像が生みだされ、
養育者が生活を通して子どもを育てるという目標が妨げられることになっ
た。
　このパーソナル（個人的）な自分とプロフェッショナル（専門的）な自
分の分離には、狙いがあった。それは、お互いに直接顔を合わせてのかか
わりによって引きだされた強烈な感情への防衛である。他者の痛みや辛さ
や怒りや誘惑に直面したときに、専門家であることを隠れ蓑にできるから
である（Menzies Lyth, 1960）。しかし、これには「私たちは感情（パーソ
ナル）と理性（プロフェッショナル）を分離できる」という仮定が証明でき
ないという問題がある。マックマレー（MacMurray, 2004）を再び参照す
ると、私たちの行動は、思考と同じくらい感情に動機づけられているとの
助言に行きあたる。ソーシャルペダゴジーの、ケアするひとは「頭で考え、
心で感じ、手を動かす」という中心的な前提はこれを支持する有用な考え
方である。ケアリングは、知的で感情的で実践的な営みであり、これらの
側面が相互に作用しながら、ケアをどのように行うか／どのように体験す
るかにかかわる傾向や質に影響を与えている。
　もうひとつ別の有用なソーシャルペダゴジーの概念は、「3つのP：

パーソナル（personal）、プロフェッショナル（professional）、プライベート（private）」である（たとえば、Bengtsson et al, 2008）。イギリスの文化は、関係性はパーソナルかプロフェッショナルのいずれかであることに慣れており、その境界を曖昧にしようとすることはなかった。この均衡に、3つ目のPであるプライベートが持ちこまれた。私たちが共に暮らす子どもたちに秘するのは、このプライベートの自分だけである。ケアの仕事をしている「行動中の自己」のなかで、パーソナルとプロフェッショナルは必然的に一緒に作用すると考えられている。プロフェッショナルなケアリング関係に、パーソナルな自分を統合できたときに、本物かつ自然な関係性が生まれるのである。

ふれあい

　ケアを示す最も明白で力強い方法のひとつが身体接触である。ふれあうことは、人間の適切な発達に重要であり、なかでも子どもにとっては特に大切である。身体的―情緒的―認知的な発達と関連しており、より特定の領域においてはアタッチメントや自尊感情やストレスの統制力にも影響を与えている（Steckley, 2012）。ふれあいによって、落ちつかない行動が和らいだり鎮まることもある（Steckley, 2012）。接触は生活場面の仕事においては必ず伴う。子どもたちは故意に、あるいは別の理由から、大人にぶつかってきたり膝の上で飛び跳ねたりすることもあるかもしれない。あらゆる方法とあらゆる理由（落ちこんでいるときに慰めてほしい、自分の成し遂げたことを認めてほしい、ただ他者の温もりを感じたいなど）によって、身体接触を求めてくるのである。
　施設養育における身体接触の効果と必然性にもかかわらず、児童保護の考え方に基づく政策や実践のもとでは、ふれあいへの軽視が浸透している。そして、政策や実践に深く根ざした文化の影響を受けて職員は「子どもとふれあうべきではない」「子どもの悪ふざけに付きあうべきではない」と信じこみ、子どもの安全よりも、自らを守ろうとするようになった（Horwarth, 2000）。子どもと大人との自然な交流は、子どもとの身体接触をめ

ぐる倫理的混乱（Piper and Stronach, 2008）のなかで疑念を抱かれ、多くのレジデンシャルケアの現場で禁止されるか、最低限に留められることになった（Steckley, 2012）。

　子どもにふれることへの専門的な見解をめぐる状況は、ケント（Kent, 1997）の『子どもの保護に関するレヴュー』のなかで、次のように述べられている。「もし児童保護が法律や実践の発展を背景に、子どものケアよりも力の行使に走るのであれば、安全だが不毛な環境ができあがるだろう」。さらに、彼は続けている。「つい先日も、身体的・性的虐待の事案を聞いたばかりである。今や、施設や里親宅や学校でケアに携わる人々は、子どもに腕を回すことさえ恐れている、という事実に困り果てている」（1997: 4）。こうした状況は、虐待という過酷な状況を、人間味の乏しさという別の過酷な状況に置き換えたに過ぎない（McWilliam, 2000）。

　施設養育における身体接触への疑念は広範囲に影響を広げ、子どもと大人の関係のなかで以前よりも一般化しつつある。接触によってリラックスすること、自然にふれあうこと、子どもの求めに優先的に応じることなどが行われなくなっていった。身体接触は望ましくない行為と見なされ、人目を気にし、ケアリングとしてのかかわりよりも恐れに基づく統制へと傾いていった（Piper and Stronach, 2008）。ケアするひとは周囲を気にしながら恐る恐る子どもにふれるようになった。子どもたちは大人の当惑を感じとり、無意識的に誤った解釈をするようになった。このような風潮のもとで、身体接触への理解は歪められていった。たとえば、ステックリー（Steckley, 2012）は、子どもたちがふれあいを切望し、けれども否定されている現行の風土のなかで、身体拘束を非適応的な手段として求めている可能性を示唆している。

　身体接触をめぐる批判が大きくなりつつあるなかで、レジデンシャルホームやレジデンシャル・スクールは、明確な（または普通以上の）ふれあいを大切にする場所だと主張できずにいる。子どもとかかわる上で、ふれあいは繊細な領域である。ある者は過去のネグレクトの体験のため過度に身体接触に関連した要求をするかもしれないし、ある者は虐待や過度な接触を経験したために身体接触を避けようとするかもしれない。あるいは、

無差別的な身体接触をする者もいるかもしれない。多様なふれあいを経験してきた子どもたちが快適と感じる感覚はさまざまであるという事実は、ケアするひとの共通認識となっている。自然にふれあうことが難しい子どもたちにとっては、身体接触の試みが子どもにとってもケアするひとにとっても不快な体験となるかもしれない。

　かつてのように、大人と子どもの関係性のありようは、身体接触がどのように用いられどのように体験されるかの中核となるだろう。信頼で結ばれた関係性においては、ふれあいは複雑な問題には値しない。いつ誰がふれるのが最良なのかを知るためには、熟練した調律と信頼が求められる。マニュアル的なアプローチでは、複雑な関係性や特定の状況や子どもの個別的要求に応えることはできない。このように複雑な実践領域における専門的判断を、政策が代行するべきではないのだ。

食　　事

　第2章で、メイヤー（Maier, 1979）の『ケアの中核』を取りあげ、身体的な心地よさの文脈のなかで検討した。心地よさに関して明らかに必要な条件は、おいしいものを食べたと感じたときである。食事とそれにまつわる習慣は、レジデンシャル・チャイルドケアの重要な特徴のひとつであるが、ほとんど追求されていない。政策では、食事は主にマニュアル的に捉えられており、職員は初任の食品衛生コースを修了せずには子どもにサンドウィッチひとつ作れないような、公的なルールや規制に縛られている。政府は食事の提供に関するガイダンスに着手し、子ども・若者に1日に野菜や果物を5皿食べることを奨励する健康的なライフスタイルへの移行に腐心しているようである（多くの職員は野菜や果物を食べさせることに腐心することになる）。これは、人間の生活や文化における食事の役割を一部しか理解しておらず、食べることが楽しい体験であること、食事が愉快な社交の場であることを忘れてしまう者がいるのもやむを得ないかもしれない。

　ケアについて理解を深めるなかで食事が正しく位置づけられるためには、かつてのソーシャルワークに関する文献を振り返る必要がある。たとえば、

バーマイスター（Burmeister, 1960: 38）は、「愛情のこもった食事が用意されていることは、全ての子どもの基本的な欲求である。私たちのホームでは、連続性のあるケアを受けてこなかった子どもほど、その欲求は高い」と記述している。アバディンシャーで始まり現在では世界的な運動に広がっているキャンプヒル・スクール[1]は、食事と愛情の関係を認めている。コスタとウォルター（Costa and Walter, 2006: 40）は、「キャンプヒルで食事をおいしく味わう魔法のスパイスは、"愛"と呼ばれている」と記述している。そして、料理するときは、好きなものや苦手なもの、個々の嗜好など食べる相手のことを考えるべきであり、それによって皆が満足する食事ができあがると述べている。

　職員と子どもたちを対象にしたパンチら（Punch et al, 2009）による研究が、レジデンシャル・チャイルドケアにおける食事の複雑な位置づけに光を当て、パーマイスターやコスタとウォルターの主張を支持する結果を導いたのは、つい最近のことである。興味深いことに、この調査では食事の重要性を正しく認めようとしなかった現行のソーシャルワークの誤りにふれている。そして、ケアするひとに「実行と責任を求められている"より大局的な見地"に対して、小さな行為を振り返り目を向けること」（Punch et al, 2009: 1）を困難にしたと述べている。ここでのより大局的な見地とは、支援計画の提出であり、事務作業の要求であり、この仕事のなかで"専門的"と見なされている側面である。こうした背景に加えて、集団生活における食事の日常性は、その重要性を覆い隠してしまう。食事は単なる栄養摂取ではなく、それを通して関係を築き深めていく手段として、象徴的な意味を持つ。「それは、人々や場所とのつながりを作る媒介である。…個人的欲求の充足と結びついて、個人やその場の考えや意見や承認を通わせあうことができる」（Punch et al, 2009: 18）。したがって、ケアするひとは、食事の用意や食卓の場を調えるといったルーティーンを通して、子どもたちを受け入れ認めているという強いメッセージを伝えることができるのだ。

　パンチらの研究の回答者は、食事の時間は、子どもが行動を学び、スキルを会得し、子ども同士あるいは子どもと養育者との絆を形成する上で大

切であると答えている。食事は、所属感や親密感を与えてくれ、乏しい経験を補う機会となり、他者とのかかわり方や関係形成の方法を学び直すことを可能にしてくれる。夕食が済んだ後もテーブルから離れずにお喋りや冗談に興じる時間は、インケアの最も楽しく思い出深い経験のひとつになりうる。

　食卓はこうした可能性を秘めており、世話を受けているという感覚を実感できる一方で、色々な事件に溢れている。どちらに転ぶかは、広い文化と特定の文化（食べものや食卓の時間を大切にする文化）に依るところが大きい。たとえば、キャンプヒル・スクールでは、食材の栽培や調達や準備に大きな注意を払っている。学校の哲学として宗教的な要素を認め、食事の前後に手を合わせたりお祈りをしたりといった習慣は、食事の始まりと終わりを区切る上で重要な象徴的・実践的役割を果たしている。こうした習慣は、"施設的"であると見なされたり、宗教的対立に結びついたり、あるいは単に継続が難しい、といった理由から、多くの場所で姿を消しつつある。適切な習慣を欠いた、または生活に及ぼすこうした習慣の重要性に対する適切な理解を欠いた食事は、一般的な生活とかけ離れ、できるだけ早く終わらせたい一触即発の時間帯に過ぎなくなってしまう。

　ケア環境における食事に対する政策では、献立の計画や買い物や食事の準備に子どもを参加させることを重視している。しかし、これらはパンチら（Punch et al, 2009: 27）の研究において、それほど重要ではないと若者たちが回答し、「難しい」「無意味である」と感じられていた事柄である。もっと大切なことは、食に関連した経験を共有し、それによって形成された絆や関係を通して、自分がケアを受けていると実感できることである。私たちはこうした挑戦を認識し、食前にさまざまな体験をさせることが望ましいという風潮に疑問を呈することも求められよう。また、応答的なケアのためには、食事を用意する際に、それぞれの好き嫌いを考慮し、子どもが本当に苦手なメニューがあった場合には代わりの品を用意することなども必要である。「誰かの好きな食べものや飲み物を熟知し、細やかな点（たとえば、どんなチーズが好きで、どんなふうにトーストの上に載せるのが好きなのかなど）に注意を払うことは、ケアを示す方法である」（Punch et al,

2009: 27）。同様に、病気のときに特別な夕食や軽食やスープを用意することは、ケアを受けた体験として感じられる。それは、「食事それ自体というよりは、こうした食事の提供に伴う思いやりやつながりのためである」（Punch et al, 2009: 27）。子どもたちが疲れているときや機嫌の悪いときに、職員が甘いものを作ったりチョコレートをあげるというようなちょっとした行為は、簡単ではあるが、彼らが世話をされていることを実感する力強いメッセージとなる。

衣　　服

　食事と同様、衣服は、人間のもうひとつの基本的なニードである。しかし、レジデンシャル・チャイルドケアにおいて、衣服への配慮は、欲求の視点から権利の視点へと移行している。子ども・若者には、地方自治体から割り当てられた被服費がある。そして、もちろん彼らには服を購入する補助金を支給される権利があり、同年代の子どもたちと同じような服装をする権利がある。

　しかし、被服費についての問題点のひとつは、権利という考え方によって、ケアするひとが、（多くは局の政策や想定に基づく圧力のもとで）子ども・若者に求められるとすぐにお金を手渡してしまい、彼らが洋服を買ったり着たりすることに伴うケアの責任を放棄してしまう点である。これは家庭ではめったにないことであり、財政的・実用的・ファッション的な理由から、両親は子どもが服を選ぶときに口を挟む。同様の配慮はインケアの子どもたちにも必要である。これは権利の否定や責任の放棄ではなく、むしろ責任とケアを示すことにつながる。再びこれについて記した文献を引くと、バーマイスター（Burmeister, 1960: 65）は、養育者が「どのように手に入れるか、どのようにだいじにし整理するか、子どもに服の重要性を伝えるとき、子どももまた寮父母のことを大切に感じる」と、明確に主張している。

　ケアするひとは積極的に子ども・若者の洋服へのニーズにかかわるべきである。長さやウエストのサイズなどを確認し、どんなものが似合うか提

案し、購入にあたっての経済的な助言を与えるようにしたい。ケアするひとは、彼らが利用できるお金が、幅広い活動や機会で使えるスポーツウェアやアウトドアウェアではなく、最新デザインの靴2足に費やされるようなことがないように確認すべきである。

　子どもの服の洗濯の仕方によっても、特定のメッセージを伝えることができる。子どもたちは洗濯機の使い方やアイロンのかけ方を身につけていくが、そうした手順が独学になるのは望ましくない。どの親でも知っているように、子どもたちに洗濯の方法を覚えさせても、その方法はまだ未熟である。こうした事柄に対して、ケアするひとは責任を負い、子どもたちの手本になる必要性がある。朝登校のために起床したときに、自分のために綺麗に洗濯されアイロンがけされた服が用意されているのは、気分が良いことだろう。食事と同様に、ケアするひとは、子どもがお気に入りのジーンズを週末にはけるように洗っておいたり、次の体育の授業のために運動用の服を洗い畳んでおくことなどによって、重要なケアのメッセージを伝えることができるのである。

まとめ

　養育を特徴づけるのは、愛情のこもった親密で成長促進的な関係であるし、またそうであるべきである。依存は、年齢や発達段階にかかわらず、全てのケアリング関係における適切な要素である。とりわけ子どものケアにおいては、彼らが自立性を身につけ、自分の力を発揮していくための本質的な要因となる。政策や実践は、親密で安全な文化を適切に育んでいけるよう促すべきである。無条件の一貫したケアの体験は、効果的で、治療的であり、生涯にわたって持続していく。レジデンシャルケアは、毎日の体験の共有から生まれる親密性や日常性を通して、子ども・若者が肯定的な自己感覚や自己価値を養う大切な機会を提供することができるのである。子どもたちがこのような方向へと進んでいくためには、養育に欠かせない感情的な面と適切な目的意識とを融合させた、ボディー（Boddy, 2011）が「プロフェッショナルの精神」と呼ぶものを、ケアの担い手が自分のなか

第３章　養育：ケア感覚

に育て馴染ませていくことが求められる。

事例を振り返って

　冒頭の事例は、応答的なケアの例である。主任のイアンは、トニーが洋服の購入のために外出する際に、シャワーを浴びてこなかったことに気づいた。これは、彼のだらしない外見に表れていた。ケアワーカーのアダムは、さまざまな理由から、トニーにシャワーを浴びさせるという職務を果たしていなかった。シャワーを浴びたり準備の時間を取ることは、思春期へと足を踏み入れているトニーぐらいの年齢の男児には、身なりや清潔さへの配慮という観点から重要になる。新しい服を買おうとするときなどには特に大切であろう。13歳ぐらいの多くの少年たちは自分の見た目を意識するが、それをきちんと整えるためにはほんの少しの手助けが必要になる。そのため、ケアするひとは、この点について事前の対応が求められる。

　彼の不機嫌な態度や大人への反応、また、それぞれの登場人物がどう振る舞うのかという関係性を理解し、イアンは自分のメッセージがトニーとアダムに届くようにユーモア溢れるやりとりを行った。自然な方法でトニーの髪形を話題にすることによって、身体やケアリングの要素を含んだかかわりが生まれた。トニーにとってはその日の朝のように、ふさわしいケアを受けていない状況があったとしても、色々な人からケアを受ける機会になった。家庭において夫婦がお互いのちょっとした過ちを補いあっているように、レジデンシャルケアにおいては同僚がそうした役割を果たしている。さまざまな場面で、アダムのような不十分な支援が注意を惹くことが多いが、生活場面では最良の選択であることも少なくはない。イアンのユーモアのある即時的な対応はアダムの前で行われている。子どもの身なりに関心を向けることをアダムに指摘しながらも、彼を責めてはいない。

　トニーもまた、このエピソードで気分を良くしていた。遊び心のある気持ちになり、イアンの冗談に乗っている。買い物に行く前に、イアンの要求に楽しみながら応えることができた。良い気分で出かけ、外見が整ったことに満足しており、買い物は成功しそうだった。

81

実践に向けた考え方

- 子どもたちが「ケアを受けている」「世話をされている」と実感できるためには何が必要かを考えてみよう。そして、それぞれの現場におけるケア実践のなかで、「自分が大切にされている」と子ども自身が思えるような体験を、どのように与えることができるのかを工夫しよう。

- 共に暮らす子どもたちに愛情を向けていることを話しても問題ないかどうか、職員同士で議論することがあるかもしれない。CYC-Net の討論スレッド（www.cyc-net.org/threads/iloveyou.html）は、こうした議論の良き出発点になるだろう。子どもへの身体接触やその他の親密なかかわりについてどのような政策が存在しているのか、注意深く眺めてみたい。そして、本当にこれらは政策によるものなのか、それとも単なるこれまでの慣習なのかを検討し、子どものケアにどのような影響を与えているかを考えよう。身体接触に関するCYC-Netの討論スレッド（www.cyc-net.org/threads/touch.html.）も参考になるだろう。

- ホームでは、ちょっとした工夫やスペースの提供などによって誰かが笑顔になったときに、どのように記述しているだろうか。子ども・若者がケアを受けていると感じるために、施設の実践では何をすべき／すべきではないだろうか。

- 食事が、子どものケア感覚に果たす役割と、食の摂取や準備に付随する習慣について考えてみよう。子どもが特別感を抱くために、どのような食事の工夫があるのか考えてみよう。子どもたちの一番好きなメニューは何か、特に好きなものや嫌いなものは何かを考えるのは、その一例である。

- 同様に、買い物や洗濯に注目し、これらに関する実践が子どものケア感覚にどのように影響をしているか考えてみよう。

第3章 養育：ケア感覚

参考文献

ステックリーとスミスは、ケアの倫理を手がかりに、ケアの考え方について議論している：

Steckley, L. and Smith, M. (2011) 'Care ethics in residential child care: a different voice', *Ethics and Social Welfare*, vol 5, no 2, pp 181-95.

教育哲学者のネル・ノディングスは、ケアについてとても興味深く手に取りやすい著作を残している。

Noddings, N.（2002a）*Starting at home: caring and social policy*, Berkeley, CA: University of California Press.

パンチら（2009）の食をめぐる実践に関する有用な要約は、ケアの性質について幅広い洞察を与えてくれる：

www.ncb.org.uk/media/518085/ncercc_stirling_food_staffhandbook.pdf

訳 注

1）キャンプヒルは、ルドルフ・シュタイナーの提唱した理論に基づいて、障害者と健常者が共に暮らす共同体であり、世界各国に広がっている。

4

健康：
ウェルビーイングの感覚

事　例

　リンゼイはもうすぐ 17 歳になる白人女性である。彼女は 3 歳の頃から
インケアと家庭を行き来していた。彼女の母親のジャンは重度のアルコー
ル依存症で、住居を転々とし、ホームレスになることもあった。何年もの
あいだ、ジャンは断続的で無計画にリンゼイに連絡を取っていた。ふたり
のあいだには明らかな絆がありながらも葛藤を抱えており、母と娘という
よりはライバル関係にある思春期の若者同士のようであった。支援者は、
ジャンからの連絡はリンゼイを混乱させるだけであり、母親が付きあう
人々から飲酒や薬物に曝され性的に搾取されるのではないかと心配してい
た。

　リンゼイは、それまでの全ての措置が破綻し、14 歳のときに閉鎖施設
に入った。彼女はそこで目覚ましい成長を遂げた。彼女は賢く、魅力的で、
機知に富んでおり、多くの職員と親しい関係性を築いた。しかし、リンゼ
イに閉鎖施設の外を体験させようとする試みは成功を収める一方で、彼女
は行方不明になることがあった。多くは長期間に及び、潜在的に虐待傾向
のある大人との交際が認められ、決まってアルコールと薬物の影響を受け
ていた。そうした出来事の後では、彼女の健康状態は目に見えて悪化した。
どこで何をしていたのか打ち明けることはなく、職員を寄せつけないかの
ように攻撃的に振る舞った。

　16 歳の誕生日を迎えてまだそれほど経っていないとき、リンゼイは姿
を消し、一般人への暴行に関与し逮捕された。彼女は、地方の女性刑務所
に再拘留された。彼女が暮らしていた閉鎖施設のなかには、地域での自立
生活への移行を支える場があった。彼女は刑務所から釈放され、そこに
戻った。

　ある金曜日の夜、彼女は厚い化粧と極端に短いスカートという格好で階
下に降りてきた。その日の勤務は、リンゼイと良好な関係を築いているマ
グであった。彼女はリンゼイの様子を気にして「あれ、どこに行くの？」
と声をかけた。

第4章　健康：ウェルビーイングの感覚

　　リンゼイ：「(避けるように) 街の方よ。友達に会いに行くの」
　　マグ：「ずいぶん派手な服装をしてるわね。そのスカートは短すぎ
　　　　ない？」
　　リンゼイ：「うるさいわね！　私の格好が、あなたに関係あるの？」
　　マグ：「ごめんね。ただ、街で目立ちすぎて、あなたが困るような
　　　　ことになってほしくないだけ。何時に戻ってくるの？」
　　リンゼイ：「11時。こんな最低の場所に戻ってくる時間なんて、決
　　　　まってるでしょ」
　　マグ：「わかった、じゃあ、いってらっしゃい。私は今日泊まりだ
　　　　から。気をつけてね」

　リンゼイは11時になっても戻る気配はなく、携帯電話にも出なかった。
午前1時頃、警察から電話があり、リンゼイが見つかったと連絡があった。
彼女は街の大通りで、酔っ払って通行人に悪態をつきながら彷徨っていた
とのことだった。警察は彼女を署まで連れて行き、施設職員が迎えに行く
まで保護していた。マグは起こされ、ふたりの当直職員がリンゼイを迎え
に行き、およそ30分後に施設に戻ってきた。
　施設へ戻ってからも、リンゼイは不安定な様子だった。明らかに酔って
おり、おそらくは薬物の影響もあるようだった。服装は乱れており、その
場に倒れこんでいた。化粧は崩れており、泣いていたようだった。
　マグは慎重な振る舞いが求められていることをわかっていた。「驚いた、
なんて格好なの。いったい何があったの？」
　リンゼイは、素直に答えを返すように見えず、明らかに注意散漫だった。
マグは、お湯を沸かしながら「さてと、話は紅茶を飲んでからにしようね。
座ってくれる」と話しかけた。
　リンゼイは座った。マグは、当直職員にふたりきりにしてくれるよう頼
み、ふたり分のカップに紅茶を注いだ。リンゼイが紅茶を飲みはじめ、少
し落ちつきはじめたところで、マグは会話を切り出した。「それで、あな
たがどこにいたのか教えてくれる？」

リンゼイ：「男の子に会うために出かけたの。彼は、街の近くのアパートに住んでるの。ひどいところよ。彼と大量の安いシードルと他にも色々飲んでいたの。私も酔いが回って、よくわかんなくなっちゃった」

マグ：「彼は何かしようとしてきた？　それとも何かされた？」

リンゼイ：「……わからない……」

マグ：「もし彼が何かしたのなら、避妊したのかどうかが心配だわ」

リンゼイ：「わからない……。でもそれは心配ないの。私には赤ちゃんはできないから」

マグ：「それはどういう意味？」

リンゼイ：「だって、これまでも避妊せずにたくさんの男たちとセックスしてきたけど、妊娠しなかった。私が今までずっとしてきためちゃくちゃなことを知っているなら、不思議じゃないでしょ」

マグ：「誰かがあなたにそう言ったの？」

リンゼイ：「いや、でもそうに決まってる……」

マグ：「あのね、あなたは今まで運が良かっただけかもしれない。行方不明になったときにちゃんと食べずに自分の体を追い詰めて、あなたの体があまり良い状態ではなかったのかもしれない。だからといって、適切だったわけじゃないし、あなたの体を診てもらわないといけないわ。とにかくあなたの心が落ちつくことがだいじなことなの。こんな事態が起こって私も哀しかったのよ。私はただ、私たちみんながあなたのことを思っているのと同じくらいに、あなたに自分自身のことを考えてほしかったの。さあ、一晩寝て、その後で何をしなくちゃいけないか一緒に調べてみようね」

はじめに

レジデンシャルケアへの子どもの措置は、伝統的で私的な家庭生活とい

第4章　健康：ウェルビーイングの感覚

う領域に対する国家による侵犯を意味する。どの親にも求められる主要な義務のひとつは、子どもたちの健康ニーズの保障である。施設で暮らす子どもたちの場合、措置の根拠となる法律に従って、ケアについての義務の多くは、国家の代理として社会的共同養育を担う施設職員に課されることになる。

　本章では、インケアの子どもたちの多くが直面化している心身の健康問題と、これらの急を要する課題に対してレジデンシャルケアがいかに取り組んでいくべきかを考察する。子どもの健康ニーズに関する議論は、社会的状況、とりわけ健康の不平等に関する文献（Wilkinson and Pickett, 2009）のなかに見られる。医学においては、疾患予防に関する考え方が不十分であったことを認め、広義のウェルビーイングの感覚を積極的に促進していく方向性に推移している。ウェルビーイングの感覚の促進は、医学的プロセスであると同様に社会的プロセスであり、レジデンシャルケアはこの目標に向けてどのように貢献できるかを考察したい。この達成は実際には、「自分はケアされている」という包括的な体験と実感を通してのみ起こりうるものである。

インケアの子どもの健康ニーズ

　地方自治体の社会的養護のもとにある子ども・若者の健康度の低さを示した調査では、長期にわたる深刻な病気、メンタルヘルス上の課題、齲歯、喫煙、不健康な食生活と睡眠パターン、アルコールと薬物の乱用、10代の妊娠と性感染症が報告されている（Grant et al, 2002）。この結果には、さまざまな要因が関連している。多くの子ども・若者は、家庭で生活していたときに、頻繁な転居やそれに伴う受診先の変更のため、健康状態を気遣われる機会が少ない。学校にほとんど行けずに、検診や予防接種を受けていないかもしれない。ケアに移行した後も、度重なる措置変更や一貫した養育者の欠如によって、こうした課題が必ずしも解決に向かうわけではない。

　インケアの子ども・若者に共通しているのは、彼らが危機段階にあると

いうことである。彼らのライフスタイルは、混沌としており、危険に身を曝すような行動を取りがちである。健康面の課題は、記述されないままに定着していくことも多い。生命の危険がない医学的問題の多くは未治療のまま残され、長期的健康に深刻な影響を与えることがある。

　また、いくつかの研究は、社会的養護のもとにある子ども・若者の精神障害の罹患率の高さを示している。これは、社会全体で子ども・若者のメンタルヘルスが懸念されるようになった傾向の反映でもある。イギリスでの大規模研究は、子ども・若者全体のおよそ9%が精神疾患を経験していることを示している（Meltzer, 2000）。近年報告されている情緒的・心理的課題においては、摂食障害の罹患率・若い男性の自殺率の上昇が見られ、より年少の子どもでは多動症状が顕著に増加している。また、自閉スペクトラム症と診断される子どもの数が明らかに増加している。

　こうした状況は、施設に措置されている子どもたちにおいても拡大している。「スコットランドにおける統計調査室（An Office of National Statistics Survey for Scotland）」（Meltzer et al, 2004）によれば、社会的養護のもとで暮らす子どもたちの45%が精神障害を有していた。この結果はより地域を限定して行われた研究（Dimigen et al, 1999）によっても裏づけられており、12歳以下の子どもたちの多くは、措置の時点ですでに精神障害を抱えているにもかかわらず、全く治療を受けていなかった。

　課題を抱えたインケアの子どもたちのほとんどは、情緒障害か素行障害のどちらかである。情緒障害は、これまでの成育史における困難な経験が深刻な不安や苦悩に結びつく。素行障害は、他者との表面的な関係、他者への思いやりの欠如、暴力といった反社会的行動を顕在化させる。ふたつの表現型は異なっているように見えるが、関連性が認められることが多い（Milligan, 2005）。

インケアの子どもたちの社会環境

　社会的養護のもとで暮らす子どもたちは、その家族と同じくらい脆弱な状態に置かれていることがよく知られている（Bebbington and Miles, 1989）。

第 4 章　健康：ウェルビーイングの感覚

ベリッジとブロディー（Berridge and Brodie, 1998）は、インケアの子ども
たちは、社会のなかで最も不利な立場にあることを明らかにしている。
2003 年に「スコットランド子ども報告機関[1]（SCRA：Scottish Children's
Reporter Administration）」は、ヒアリングを紹介された子どもたち（必ず
しも施設に措置されている子どもたちではない。また、聞きとりの段階でさら
に困難な状況が明らかになることが多い）を 3 つの地域に分けて小規模な調
査を行った（SCRA, 2004）。主な結果は次のようなものであった。

- およそ半数の子どもたちが、身体的・精神的な健康上の課題のど
  ちらか一方、もしくは両方を抱えていた。
- 58％は、社会的・行動的・情緒的な困難を抱えており、33％が
  身体的・性的・心理的虐待の経験があった。
- 37％はネグレクト状態にあったか、発育不全と診断された。
- 親（養育者）の 36％は、メンタルヘルスの問題を抱えていた。
- 子どもたちの 43％は家庭内暴力を経験し、39％は親（養育者）が
  アルコールを乱用していた。
- 親（養育者）の 35％が、薬物を乱用していた。

3 地域全ての子どもたちは、地域間の経済格差にかかわらず、こうした
問題が認められた。レジデンシャルケアでは、薬物乱用のような社会的問
題を抱える子どもや家族と、世代をまたがってかかわることが増えてきて
いる。

健康の不平等

公衆衛生医療では、健康状態に地域間格差があることが認められている。
たとえば、グラスゴーでは男性の平均寿命は 63 歳で、これはイギリス全
体における平均を 14 歳も下回っている。平均寿命の低下は、住宅事情や
雇用状況といった社会的要因と関連している。社会正義センター（The
Centre for Social Justice, 2008）の『グラスゴーの現状改善に関する報告

書』では、剥奪的環境で生きることによるストレスと、困窮状態にある地域の平均寿命低下には関連があると報告している。最貧地域の住民は、それ以外の住民と比較してうつ病による入院が3倍であり、自殺率も3倍であった。社会階層が最も低い子どもたちは、最も高い子どもたちと比べて精神障害を抱えやすい傾向にあった。精神障害の発生率が最も高いのは、親が働いたことのない家庭の子どもたちであった（Hanlon and Carlisle, 2010）。

　しかし、単に貧困だけで、子どもたちが人生におけるチャンスを奪われるわけではない。食料や生活必需品が必然的に不足するであろうハイリスクの家庭でさえ、近年では栄養失調につながるような極度の貧困を長期的に経験する子どもはほとんどいない。物質的な基準は総じて向上してきたが、健康に良好な影響を与える要因を識別できておらず、多くの点でメンタルヘルスの問題の増加をもたらしている。

　ウィルキンソンとピケット（Wilkinson and Pickett, 2009）は、健康の不平等に関係した仕事に携わるなかで、このことがなぜ問題であるのかを問いかけている。彼らは、健康に有害な影響を与えるのは貧困よりも不平等であると主張している。資源の乏しい社会であっても、幸福や精神的な安定は得られる。しかし、富を持つ者と持たざる者との格差が増大するほど、残念なことに、社会の最下層に位置する人々の健康やその他の社会的問題は増加する。著書の核心部分では、イギリスにおいて広範に及ぶ社会的不平等は、メンタルヘルスに対する多大な脅威をもたらすという見解が述べられている。たとえば、イギリスにおける貧困と社会的排除に関する調査研究（Payne, 1999）では、貧困や排除を経験した者全てにメンタルヘルスの問題が生じる危険性が増すと報告している。精神的健康と身体的健康との関連性から、ストレスを受けたり落胆したりすると心疾患や感染症に罹りやすく、早期老化の兆候を示しやすくなることが、次第に明らかになっている。ストレスは身体のバランスを崩し、恒常性の維持を妨げ、免疫システムを攻撃する（Wilkinson and Pickett, 2009）。

　精神的・身体的健康にかかわる社会状況と、改善の兆しがない貧困地域の健康問題との相互作用から、ハンロンら（Hanlon et al, 2011）は、健康

上の問題に関する理解と対応のためには、これまでとかなり異なる思考が必要であると提案している。彼らは、肥満のように私たちが直面している公衆衛生上の問題、長期的な健康の不平等、精神的な苦悩の増加、薬物やアルコールの乱用などは全て、近代社会で生きることの重圧が源であると述べている。ハンロンとカーリズル（Hanlon and Carlisle, 2010）によれば、結果として生じる問題は、「病気（diseases）」ではないが「健康破綻[2]（dis-eases）」である。人々は安息を得られず、この現状が心身の不健康として顕在化している。ハンロンらは、私たちが直面している健康とウェルビーイングについての問題は、従来の考え方、ツール、アプローチによってはもはや解決できないことを示唆している。私たちは、「目の前にある医学的問題と、こうした問題に取り組むために思い描く概念的な手立てとのあいだに存在する『問題解決能力のギャップ[3]（ingenuity gap）』」（Hanlon et al, 2011）に直面しているのである。彼らは、こうした問題の多くが近代世界のさまざまな特徴に起因すると考えている。

近代世界に生きる

近代世界と考えられているものの起源は、17〜18世紀のヨーロッパの啓蒙運動に遡る。近代は、「社会と科学の発展」という信念に基づいており、そのための制度が望まれていた。近代の到達点は戦後の時期と考えられており、社会病理への取り組みとして完全雇用や福祉体制の整備が導入されてきた。しかし、揺るぎない工業や福祉の時代は、学者によって、脱近代（ポストモダニティ）、高度近代（ハイモダニティ）、後期近代（レイトモダニティ）もしくは液体的近代（リキッドモダニティ）といった多様な表現で呼ばれることになった。バウマン（Bauman, 1993）によれば、液体的近代は、戦後福祉コンセンサス[4]に基づき科学の発展を通して人類が進化するという信念を伴った固体的近代とは、変化の速度と流動性によって区別される。価値観もまた流動的であり、従来のモラルに基づく指針は不透明になっている。さらに、人々はこの世界における自分の立場や地位に関する確信を持つことができないでいる。

特に液体的近代は、消費者主義によって特徴づけられる。消費社会が選択に価値を置く一方で、それは実際のところ資本主義のレトリックに過ぎず、全ての者が消費者として選択できる立場にあるわけではない。所得の低い人々は、消費者として欠陥を抱えており、些細な失敗によって自由市場経済から取り残されてしまう。それにもかかわらず、他の人々と同じように消費を促す広告を受けとる対象として、消費への誘惑は押し寄せていく。こうした力動は、社会的養護のもとで暮らす子どもたちとその家族が、貧困を抱えた個人やコミュニティの特徴と見なされるような、最新の携帯電話、ワイドスクリーンのテレビ、デザイナーブランドの洋服などに惹きつけられる様子を説明している。他者が異を唱えることも困難な状況に抗弁するのもひとつの試みである。しかし、近代消費社会からの圧力は品物に限定されず、関係性もまた商品化されている。幸せの永続は、人間の深い願望であるが、貧困を抱えた者の手には入らず、一時的で満たされない関係性に陥ってしまう。

　低い社会階層にある貧しい個人や地域においては、さまざまな身体疾患に罹りやすい。自由市場のなかで成長してきた社会は、消費者主義、個人主義、競争と不平等といった方向へ進み、心理的な状態を乱し、依存行動がごくあたりまえの適応反応となる（Hanlon, Carlisle and Henderson, 2011）。不平等な社会では薬物使用が一般的になっていく（Wilkinson and Pickett, 2009）。すでに言及しているように、インケアの子どもたちは、複数のアディクションが問題となっている家族で育っていることが多い。そこで、アディクションおよびアディクションが子ども・若者に及ぼす影響に話を戻そう。

アディクション（依存症）

　物質の乱用は、2種類の傷つきをもたらす。ひとつは、直接的な生物学的影響による健康被害である。たとえば、ヘロイン接種時の注射針の共用は、血液由来の感染症になるリスクを高める。また、長年にわたるアルコールの過剰摂取は、肝硬変や胎児性アルコール症候群を引き起こす。こ

うした事情が、家族を喪失しその体験を乗り越えていかなくてはならないインケアの子どもたちに影響を与えることは疑いようがない。「ふたつ目の傷つきは、薬物による直接的な生物学的影響ではなく、個人やその家族や社会全体の依存行動がもたらす広範な影響である」（Hanlon et al, 2011）。通常であれば日常生活で何らかの薬物を用いても、自分や他者に悪影響が及ぶことは少ない。しかし、自分や他者を害するほどに薬物を乱用するのは、決定的要因のひとつもしくはアディクションの指標となる。親がアルコールや薬物に依存することは、インケアの子どもたちの身体的・精神的ウェルビーイングに悪影響を与える。

アディクションが子どもと家族へ及ぼす影響

　アタッチメント理論は、子どもにとっての親の情緒的利用可能性に基づいて構築されている。一貫した利用可能性とお互いのやりとりから生まれた手がかりに対する気づきと応答は、子どもの内的な精神状態に波長を合わせることを促進する。このことをハウ（Howe, 2005）は「マインド―マインデッドネス」と呼んでいる。内面を推し量る手がかりを捉え、適切に応答することによって、子どもの心理的適応が高まっていく。

　アルコールや薬物は嗜癖傾向のある親にとっての最優先事項であり、嗜癖物質に対する欲求は、子どものニーズに応答しようとする本能よりも強い力を持つ。これは、物理的要求の無視や毎日の家事の放置につながる。また、物質乱用による精神的変容は、子どもの情緒的欲求に適切に応える力を妨げ歪める。そうした環境で育った子どもは、結果として、見通しを持つことが難しくなり、信頼しうる適切な応答を期待できなくなる。その結果、親子関係は歪み、乱され、混乱する（Howe, 2005）。抑うつも同様に親子関係を歪め、ひきこもり、刺激の不足、かかわりの欠如をもたらす。アディクションを抱えた家庭から施設へと措置される子どもの数は増加している。彼らは、情緒的適応やウェルビーイングに必要な多くの要素を欠いている。

　社会経済階層の低さと社会的ストレスの高さは、虐待と結びつきやすい。

抑うつやアルコール依存症は、身体的虐待の発生数の増加と関連がある。身体的虐待を受けた子どもたちは、多彩な身体的・精神的症状を示す（Howe, 2005）。性的虐待は、家族間のストレスや混乱、家庭内の境界の曖昧さと強く結びついており、加害者による一連の行為の繰り返しが特徴である。付け加えるならば、性的虐待はその後のさまざまな情緒的困難を引き起こすが、そうした困難が必ず付きまとうことを前提にすべきではない。子どもたち（そして大人たち）の性的虐待に対する受けとめ方は、以前の経験やその後の経験、個人的なレジリエンス、他者が見せる反応に影響を受ける。性的虐待というレッテルは、それが疑いであったとしても、養育者は専門家による理解や治療が必要だと考えやすく、日々のケアや養育を介した応答を妨げる可能性がある。

　一般的に、基本的な安全の欲求が満たされず、アタッチメントに混乱や歪みが生じている家庭で育てられた子どもは、自尊心の適切な発達が脅かされるといわれている。これらは、ひきこもりや行動化、場合によっては自傷などの、アングリン（Anglin, 2002）の呼ぶ「痛みに基づく行動（pain based behavior）」につながる。さらに、無謀な行動や即時的な満足の要求といった形をとることもある。ウィルキンソンとピケット（Wilkinson and Pickett, 2009）は、人間は将来に失望すると無謀な行動を取ることを指摘している。したがって、社会的養護のもとで暮らす子どもやその家族が犯罪や薬物・アルコールの摂取、不適切な性的関係に手を染めるのは、そうした行為が間違っていたり自分自身に悪い結果をもたらすことを知らないからではない。そうした行為をしない理由を持たないからなのである。

問題解決能力のギャップ

　先に述べたように、ハンロンら（Hanlon et al, 2011）は、健康問題についての考え方とそれに対する取り組みのあいだにある問題解決能力のギャップについて述べている。おそらく、施設養育においても考慮を要する似たようなギャップがあり、子どもたちの健康に何が求められ、そのための最良の支援はどのようなものかを再考する必要性を示唆している。過

去10年におけるインケアの子どもたちの健康ニーズに関する取り組みが、基本的な水準において成功を収めてきたことに疑いの余地はない。社会的養護児童専門の看護師を中心にした支援者による協働的アプローチにおいて、子どもたちの基本的な健康管理にほとんど問題は見られない。「児童・思春期メンタルヘルスサービス（CAMHS：child and adolescent mental health services)」の設立は、情緒的困難を抱えた子ども・若者を支援する職員を支え、専門性を向上させた。ダイエットや身体的活動など健康の増進に向けた取り組みも歓迎される。

　しかし、精神的健康と身体的健康とのつながりに対する理解の深まりが、何が良好な健康状態に結びつくのか、伝統的な医療や健康増進活動よりも望ましい方法はどのようなものであるか、以前にも増して広く理解される必要を生じさせている。子どもを含むほとんどの者は、1日に果物や野菜を5品目は食べた方がいいことや、不適切な性的接触の危険性を知っている。しかし、ライフスタイルは常に変化しており、健康教育が回答できることはほんの一部に過ぎない。健康が自分にとって大切だと子ども自身が実感することがなければ、自発的な健康増進に向けた活動は期待できない。健全なホームでは、子どもたちが食事の時間を楽しむことができるよう、ほどよい栄養管理に従って、チョコレートを塗ったパンやポップコーン、ポテトフライを週に2〜3回は出すかもしれない。もし、喫煙習慣がストレスの回避に役立っているのであれば、若者の喫煙に目を瞑ることもあるだろう。事実、それによって行動化や家出といった、ストレスに対するより不適切な行為を避けることができるのだ。

ウェルビーイング

　ウェルビーイングと幸福の概念に対しては、心理学（Seligman, 2002; Nettle, 2005）をはじめ、哲学（たとえばVanier, 2001）、経済学（Layard, 2006）など学際的な注目が集まっている。"良き人生"を考えるための幸福や繁栄といった着想は、ギリシャの哲学者アリストテレスまで遡る。ヴァニエ（Vanier, 2001）は、人類とは幸せになるために創られたと考え

た。しかし、先に論じたように、近代世界の諸相や状況がこれを妨げている。

　ウェルビーイングは、広く知られ議論の対象となっている概念であるが、

　　ほとんどの研究者のなかで、その範囲については一定の同意が得られている。それは、身体的ウェルビーイング、物質的ウェルビーイング、社会的ウェルビーイング、発達と活動、情緒的ウェルビーイングである。これらの要素は、次のように言い換えられる。すなわち、身体的健康、収入と富、交友関係、有意義な仕事や余暇、個人的安定とうつ状態（でないこと）、である。メンタルヘルスは、健康とウェルビーイングの全ての基礎と考えられるようになっている（Eichsteller and Holthoff, 2010: 87）。

　ネトル（Nettle, 2005）は、社会における幸福への期待は非現実的なほどに高く、消費者文化はほとんどの人が到達することのない幸せな光り輝く存在を信じこませようとしていると論じている。テレビ広告のなかで実現可能と信じさせられていることが不可能であったときの失望が待つように、わざわざ仕向けているのである。インケアの子どもたちはおそらく、彼らが人生に期待すべき非現実的メッセージの誘惑に一段と影響されやすい。幸福とは"一度限りの"感情ではなく、人生を旅に喩えるようなものである。良いときもあれば悪いときもあるが、全体的な展望は肯定的で、総体的な歩みは上向きな状態である。こういった幸福な心のありようには、遺伝的要因や人生早期の経験も影響を与えており、単にポジティブな考え方だけによって訪れるものではない。しかし、ポジティブな考え方は、子ども・若者を支援する上で、欠点に注目するよりも、ストレングスに着目するアプローチの重要性を教えてくれる。

健康生成論

　健康社会学者のアントノフスキー（Antonovsky, 1996）は、病気に関して、従来の医学概念に代わる概念として健康生成論を提唱した。健康生成

第4章　健康：ウェルビーイングの感覚

論では、健康やウェルビーイングを支える要因に焦点を当てている（Eich-steller and Holthoff, 2010）。アントノフスキーの中心的な考え方は、首尾一貫感覚を個人が抱くことができるか／できないかであり、これが健康に関与していることを明らかにした。ストレスが健康を害するかどうかは、首尾一貫感覚が侵害される程度によって決定づけられる。首尾一貫感覚は、次の3つの要素から成る。

- 把握可能感：出来事には予測可能で秩序があるという確信であり、人生で起きる出来事は理解可能であり、未来に起きることも予測できるという感覚
- 処理可能感：物事に対処するのに必要な技術、能力、支え、助力、社会資源を持っており、それらは自分自身でコントロールできるという確信
- 有意味感：人生で出会うことは興味深く満足の源であり、そうした物事は真に価値があり対処することに意味があるのだという確信

　アントノフスキーによれば、第3の要素である有意味感が最も重要である。もし、生きのびて困難に遭遇することに何の理由もないと信じているならば（何の意味もないと感じているとすれば）、自分の身に降りかかる出来事を理解し対処しようとする意欲を持たないだろう。また、彼の研究では、首尾一貫感覚が健康に結びつくことが示されている。

ポジティブ心理学

　学問としての心理学は、歴史的に精神的苦悩に焦点を当ててきた。近年進展しているポジティブ心理学は、学問の焦点を病理学・被害者学・精神疾患から、メンタルヘルスとそれを支える要因へと移している。ポジティブ心理学の主な提案者のひとりであるセリグマン（Seligman, 2002）は、メンタルヘルスの観点から、幸福とそこから派生するものは情緒的・行動的・組織的水準で育むことができると述べている。ポジティブ心理学はス

99

トレングスに基づく支援と軌を一にするものであり、施設養育において子どもの困難に突出して関心を寄せる現状を、異なる方向へと導く手立てになるかもしれない。これは、多くの困難を、実在しないこと、あるいは取るに足らないことと見なしているのではなく、「ただ幸せであれ」という忠告を子どもが快く受け入れるだろうと考えているわけでもない。もっともな意見だが、ポジティブ心理学は、個人や地域コミュニティが直面している経済状況やその他の構造的障壁を過小評価しているという批判もある（Ferguson, 2008）。しかし、毎日の生活における適切なアクティビティおよび関係性の強調が、施設養育の方向性に示唆を与えてくれるのかもしれない。

　さらに、ポジティブ心理学は、子どもが困難を克服することを手助けする際に、彼らの問題に焦点を当て"専門家"とのかかわりを重要視するという、現在の支配的な考え方を戒めてくれる。フレディ（Furedi, 2003）は、近代世界における健康は消費者にとっての商品であり、勢いを増す治療者団体によって売りさばかれていると論じている。ソーシャルワークもこの売買に大きく加担しており、インケアの子どもたちの行動は過去のトラウマに原因があるという心理学に基づいた見解をときにあまりにも安易に採用している。私たちはインケアの子ども・若者の置かれた社会環境が、確かに情緒的・身体的な症状を引き起こしていることをすでに知っている。しかし、こうした逆境において、子どもたちのなかには目覚ましいレジリエンスを示す者もいる。彼らの困難に最初に着目することは、こうした子どもを無力な存在にし、職員が彼らの幅広い発達的ニーズに生き生きと応える妨げになる。

　過去の経験が現在の子どもたちの機能に影響を及ぼしていることは疑いないが、こうした困難に対してどのような支援が最良なのだろうか。この点において"治療的"という言葉は、間違いなくレジデンシャルケアにおいて過剰に用いられている。フレディ（Furedi, 2003）によれば、未知な部分が多い治療的アプローチは、人々を困難の克服ではなく、困難の固定化へ導く。彼の見解では、現代社会における苦痛は、受けとめたり切り抜けたりするものではなく、治療を要する状態とされる。レジデンシャルケ

第4章　健康：ウェルビーイングの感覚

アでのかかわりを考える際に、心理学的または治療的な用語は日常的に用いられ、しかも単純化されがちである。そして、実際にはレジデンシャルケアにおける治療モデルの有効性を示したエビデンスは、期待ほど高くはない（Gharabaghi, 2011）。したがって、心理学的洞察のなかには助けになるものもある一方で、レジデンシャルケアが提供できる最も効果的な治療は、強い目的意識と信頼できる相互関係に基づいた毎日のケアの質のなかにこそある。質の高い日々のケアの提供が大切なのである。

　ストレングスアプローチと解決指向アプローチは、インケアの若者との日常的なかかわりに役立つ。これらのアプローチは、彼らの"今ここ"や未来を話しあうことによって、若者とケアするひととのあいだに多様な会話を生みだす。過去の問題にはあまり焦点を当てず、「なぜそれが起きたのか」を理解しようとする。たとえば、子どもたちが十分に理解できておらず回答できなかったとしても、両親がアルコールや薬物を選ぶ理由を話しあうのはその一例であり、次のような表現が考えられるかもしれない。「そうだね、こうした辛いことや傷ついたことがあなたの身に起こった理由の全てを、私たちはわからないかもしれない。何かが変わるためには、どんな方法があるだろう。今と違う未来を考えはじめるには、どのようなことが起これば いいかな、または何ができるだろう」。

関係性

　ウェルビーイングの感覚は、基本的に個人が思い描く関係性の質と関連している。政治学者のレイン（Lane, 2001）は、現代世界において幸福を感じる機会が少なくなっているのは、人と人とのかかわりあいが減少した結果であると示唆している。さらにレイヤード（Layard, 2006）は、社会的関係の不調和によって増加する不幸、近代社会に生きる不確かさ、不適切な人生の目標について思索をめぐらせている。対照的に、友人の存在、結婚すること、宗教団体やその他の組織への所属、必要なときに社会的支援を求められる、といったこと全てが、健康の保護因子になる（Wilkinson and Pickett, 2009）。関係性は、有意味感（物事には意味があるという感覚）の基本になり人生を広げてくれる。人間同士の関係は私たちの人生に

ある種の意味を与える上で欠かせないものであり、ウェルビーイングの感覚につながっていく。何度でも述べるが、これは、子どもたちが自分は大切な存在だと実感できウェルビーイングの感覚を得ることができるような、お互いにかかわりあう関係をどのように築くことができるのか、という施設養育における挑戦である。ホワイト（White, 2008）は子どものケアの重要な柱のひとつを明らかにしている。それは、子どもの成長の過程で、少なくともひとりの大人が無条件に関与するということである。これは、不安定を生みだしている措置に関する政策と、無条件で特別な関係性を疑問視する児童保護の見解の双方に対する明らかな教訓であろう。

　もうひとつ、ウェルビーイングに関する知見が教えてくれることは、一般的な人生の満足感と、それを与えてくれるものは何かという点であり、現実的に可能な目標設定について示唆を与えてくれる。なぜなら個々のウェルビーイングとは、到達しうるゴールというよりも、それぞれが人生の目標に向かっているときに現れる状態だからである。この事実は、ウェルビーイングの感覚の醸成のためには、ホームの色々な日課を通して子どもたちが目的意識を見出し、目標に向けて現実的に歩みだすことができると信じられるような支援が大切であることを示している。

スピリチュアリティ

　ウェルビーイングの感覚を体験する重要性が理解されるようになってきたが、そこで中心的な議論となっているのは意味、目的、支持的関係といった要素である。多くの人にとって、有意味感は、生活のなかでスピリチュアルな次元に開かれる経験を通して得られる。現代社会では、スピリチュアリティを、組織化された宗教と誤って（あるいは正しく）結びつけ、忌避する傾向にあることが多い。専門職としてのソーシャルワーカーは、宗教的伝統にその起源を有しているにもかかわらず、世界を捉える視点の多くを世俗的な方法に頼っている。

　しかし、生活に意味を与えウェルビーイングの感覚に貢献してくれるスピリチュアルな次元の重要な役割についての認識が高まりつつある。スピリチュアリティは、究極的な意味と価値の感覚を視野に入れつつ、人々が

自分の人生を受けとめて生きる方法と関係している。「それは、意味、目的、価値、希望、愛、そしてある種の人々にとっては自分自身を超えた偉大な存在や自己を超越したものとのつながりといった要素から構成されているように思える」(Swinton, 2005) のである。スウィントンは、子どもたちはごく自然にスピリチュアルな存在であり、生まれながらに自分の理解を超えた物事に対する畏怖、好奇心、受容の感覚を持っていると述べている。

　人々のウェルビーイングを高めるスピリチュアルな次元は、スピリチュアリティとメンタルヘルスの相関を示したエビデンスの累積によって重要性を増している。宗教とスピリチュアリティは多層な水準で有益に働き、抑うつや不安の防止を含めた多種多様な健康状態に関連することが示されている。とりわけスピリチュアリティは、希望・価値・意味の本質、人生の目的を示すことによって、肯定的な方法でメンタルヘルスの問題を再構築するのを促すと考えられる (Swinton, 2005)。

　前述のように、施設生活のなかで考えうるスピリチュアルな要素は、容易に提供できるものではなくなっている。むしろここ数十年間で減少傾向にあり、せいぜいインケア以前に行っていた家族の宗教的遵守事項の維持が期待できる程度である。おそらく支援者は、子ども・若者がスピリチュアルな要素とのつながりを深めるために、より開放的で積極的な対応が必要になろう。

生活場面でのアプローチ

　これまでの議論は全て施設養育にとって意味があるものである。それを明確にするために、本書のなかの他の事項と同じように生活場面でのアプローチに戻ろう。健康の問題に対する生活場面でのアプローチは、20世紀を迎える頃のアメリカのソーシャルワークの先駆者のひとりであるジェーン・アダムスまで遡る。シカゴのハル・ハウス・セツルメントでの彼女の業績について、アダムス (Jane Addams in 1899；Magnuson, 2003: xxiで引用) は以下の点を指摘している。

伝えたいことを言葉にするだけでは十分ではない。それだけでは、単なる知識の供述とその応用とを混同しているに過ぎない。医師の指導のもと、発達に遅れのある自分の子どもを週に数回、衛生指導を受けにハル・ハウスに連れてきているイタリア人の母親集団について紹介させてほしい。母親たちに対しては、菓子パンの代わりにお粥を子どもに食べさせるのを教えることが考えられた。そして、それはすぐに実行に移された。言葉だけで全てを教えるのではなく、ハル・ハウス保育園の楽しい日曜日の朝食として母親たちへ提供することによって伝えられたのだ。社会的なかかわりによって、カロリーの高い食事がそれよりもカロリーの低い食事に代わったのである。

　ここには、現代のレジデンシャルケアに対する教訓が含まれている。子どもたちは何が良いことで何が悪いことなのか、言葉で伝えられるだけでは不十分である。毎日の生活を通して、ケアするひとと共に、行動を変える利点を経験から学ぶようでなければならない。したがって、職員は単に健康的なライフスタイルのモデルとしてだけでなく、健全な関係性と未来像のモデルにもなる責任がある。健康的な生活は、子どもの安全感の後に続く段階であり、質の高い包括的なケアによって育まれ実現される。

健康的な職員を支える

　もしレジデンシャルケアの目的のひとつが、子どもがウェルビーイングの感覚を抱けるように支援することであり、そして、もしウェルビーイングの社会的・関係的次元を考慮するならば、子どものケアを担う職員のウェルビーイングにも配慮するのが理に適っているといえよう。長年、施設で働いてきた者は、あまり健康とはいえない職員のフイフスタイルの一面を知っている。子どもの不安や行動化に付きあう過程で累積されたストレスが、多量の喫煙や飲酒習慣につながることがあり、ときに現職の身で若くして死に至ることもある。現代の管理的文化のなかでは、職員は自分

第4章 健康：ウェルビーイングの感覚

の仕事をコントロールすることが難しく、外部からの批判や非難に苦しめられていることが多い。さらに、自分が理解されている、価値を認められているといった感覚を持てないことがある。こうした環境は、ケアするひとの身体的・精神的健康を害し、健康的な人生を送る見本になったり健康についてのメッセージを伝えることを困難にする。そのため、子どものウェルビーイングに適切な配慮を払うならば、その対象は職員にまで広がる。所属する機関から価値があると認められ包容されていると感じている職員から、子どもたちがケアを受けられるよう保障しなければならない。

まとめ

　近年、インケアの子どもたちの健康ニーズに大きな注目が集まっている。これは、社会的養護のもとで暮らす子どもの看護師や児童・思春期メンタルヘルスに関するサービスの発展からも明らかである。子ども・若者の基本的な医療・歯科・メンタルヘルスのニーズの保障は、職員の中心的な関心事であろう。しかし、現在の健康やウェルビーイングについての考え方は、特定の子ども・若者への介入に限定されることなく、彼らのウェルビーイングをより広範囲にわたる社会的環境のなかに位置づけている。不平等は、社会的にも医学的にも病気を引き起こす主要な因子である。有意味感、首尾一貫感覚、将来に対する希望の感覚の欠如は、無謀な行動、飲酒や薬物摂取へと転化し、健康的な生活が破綻しているという意識を鈍くさせる。ライフスタイルの問題も同様に、身体的・精神的な不健康と関連している。したがって、ケアするひとは健康ニーズについて包括的に考えることが求められる。何よりも、若者が自分には価値があると実感できるように努め、少しずつ彼らの内にその感覚を浸透させていく必要がある。それによってのみ、若者は自らの健康ニーズに関する選択が適切にできるようになるのである。

事例を振り返って

　事例では、社会状況と身体的・精神的健康の相互作用が強調されている。どのような理由であれ、ジャンは自分のニーズとは異なるリンゼイのニーズを適切に理解し受けとめることができなかった。自分を守り不安を包みこんでくれる存在として母親を頼れない環境が、リンゼイを歪んだアタッチメントへ導いた。

　閉鎖施設への入所によって、リンゼイは安定し幸せを感じることができた。しかし、施設の外に一歩出ると、外界からの欲望と搾取の餌食となった。移行段階にあることも問題を複雑にし、将来の見通しが立たずに不安を感じているようだった。消費社会のなかでメディアが約束する無責任で理想的なライフスタイルや人間関係のイメージを与えられながら、彼女はその姿に自分を重ねるために苦闘していることを自覚していた。調子の良いときは、仕事に就き一人暮らしのアパートで落ちついて生活することを考えることもあった。しかし、そうでないときには、将来はあまりにも荒涼とした恐ろしい世界としか考えられなかった。彼女がアルコールやドラッグを使用するのは、興奮を求めているだけでなく、現実逃避の手段でもあった。こうしたライフスタイルによって、不適切で満たされることのないであろう性的関係に陥ってしまう。一貫した愛情を経験したことのない多くの十代の少女のように、おそらくは愛情欲求の充足のために、リンゼイは妊娠を望んでいる。彼女は、この願望は問題ないものと思っているかもしれないが、さらに相手を選ばない性行動に及ぶかもしれない。

　リンゼイは、何かに期待したり、人生に意味や一貫性を感じることはほとんどなかった。彼女をケアする上で有効なアプローチとして、薬物やアルコールのカウンセリング、性教育や避妊に関する助言などが検討されるかもしれない。こうしたかかわりは効果があるかもしれないし、ないかもしれない。しかし、彼女の苦痛に向き合っている職員にできることは、彼女と共に耐え抜く以外にできることはほとんどない。彼女のことを大切に考えており彼女には価値があるというメッセージを伝え続け、いつの日か彼女がそれを信じはじめることを願うことしかできないのだ。

第4章　健康：ウェルビーイングの感覚

実践に向けた考え方

● 子ども・若者がGP[5]に登録されていることを確認しよう。可能であれば、過去のヘルスケアの既往を確認しよう。特に医学的診断によって引き続きフォローが必要となった健康上の問題には注意を払わなくてはならない。それが小さな問題であったとしても、未治療のまま放置されると後の人生に問題を引き起こすこともある。地域の社会的養護児童健康推進室（local looked after children's health initiatives）、特に社会的養護児童専門の看護師と連携しよう。

● 歯の健康を守ることは、若者の自尊心に波及効果をもたらす可能性がある。最後に歯科検診を受けた日を把握し、彼らが地域の歯科医に登録されるよう手配し予約しよう。その後に一緒に受診し、歯科医にかかる恐怖が和らぐよう寄り添おう。歯並びをよくするための歯科矯正具は、ちょっとしたファッション・シンボルと見られるようになっている。

● 食事のメニューに配慮し、健康面だけでなく食事を楽しめるかどうかについても考えよう。子ども・若者にとっての特別な食べものを理解し、健康的に食事するために好物も含めた総合的な支援を検討しよう。

● 体を動かすことが気分を変える助けになる。個々の子どもあるいは子ども集団と運動するその日（週）ごとの体制を整え、可能であればそこに参加して良好な関係を築き、健康なライフスタイルを増進するように支援しよう。

● 若者と性について話しあうことは、今日の天気について話すことは違う。心地よい話ではないため、話題を避ける職員もいる。施設で暮らす子ども・若者と性に関する健康や責任について話しあえるよう、テレビ番組やニュースなどをきっかけにしながら、機転を利かせて適切な機会を活用しよう。

- 同様に、生活場面での機会を用い、喫煙、薬物やアルコールの使用といった話題を取りあげ、若者のこれまでの薬物やアルコールにまつわる経験を振り返りながら、健康についてのメッセージを強固にしよう。
- 子どもたちの（そして彼らの家族の）社会環境が、どのように彼らの感情や行動に影響を与えているのか十分に思いを巡らせよう。支援計画の策定会議や職員会議のなかで、子どもたちのウェルビーイングの感覚を高める現実的な方針を話しあおう。
- 子どもをケアする上で、施設職員のライフスタイルが子どものモデルとしてどのように伝わっているのか職員間で議論しよう。

参考文献

健康の不平等が与える影響に関する説得力のある説明は以下を参照：

Wilkinson, R. and Pickett, K.（2009）*The spirit level: why more equal societies almost always do better*, London: Allen Lane.

同様の文献としては：

www.equalitytrust.org.uk

公衆衛生にかかわる医師によるウェブ情報は以下を参照：

www.afternow.co.uk

社会的状況がアタッチメントに及ぼす影響に関するデイヴィッド・ハウの文献は有用である：

Howe, D.（2005）*Child abuse and neglect: attachment, development and intervention*, Basingstoke: Palgrave Macmillan.

訳 注

1) スコットランドの政府機関で、リスクを抱えた子ども・若者のヒアリングに関する体制整備や現状報告を行っている。
2) 健康生成論では、健康状態を「健康（health ease）」と「健康破綻（dis-ease）」を両極とする連続体上に位置づける。健康は平穏な状態を、健康破綻は単に疾病を抱えるだけでなく、それに伴って平穏が失われた状態を指す。
3) カナダの政治学者トーマス・ホーマー・ディクソンの著書のタイトルでもある。現代社会の急速な進歩のなかで私たちが直面する多様で複雑な問題と、その解決のために必要な実用的・革新的なアイディアが供給される速度とのあいだに生じている

第4章　健康：ウェルビーイングの感覚

ギャップを指す。

4）イギリスは第二次世界大戦後に、保守党と労働党のイデオロギー上の相違を超えた
　コンセンサスに基づく諸改革に着手し、「ゆりかごから墓場まで」といわれる福祉国
　家が築かれた。

5）イギリスでは日常的な医療サービスを無料で提供するGP（general practitioner）
　と呼ばれるかかりつけ医への登録が義務づけられている。転居などによってGPを変
　更する場合は再登録が必要になる。

5

達成と楽しみ：
広い意味での教育

事　例

　レジデンシャル・スクールの子どもと職員たち（教師とケアワーカー）
が、夏休みにサイクリングに出かけた。彼らは予定通りに、ある小さな海
岸沿いの村のユースホステルに到着した。美しい夕暮れの時間で、桟橋で
は多くの地元の若者や旅行者が釣りをしていた。前回の旅行からここで釣
りができることがわかったため、職員は釣り糸を準備していた。ホステル
に到着してすぐに皆で釣りに行くことを決めた。

　「いいかい」と、教師のひとりであるターンブル（子どもたちからは「タ
ムシュ」と呼ばれている）が話しはじめた。「キッパー（魚の燻製）を釣っ
た人には5ポンドあげよう」ブレンダンは生き抜く術に長けた14歳の少
年だった。彼は大都市近郊の公共団地で育ち、すぐ近くは自然豊かな場所
だった。家族はそれまで多くの土地を渡り歩いてきた。父親は幾度にも及
ぶ収監歴があり、母親は数年前に現在の住居を構える地域にようやく落ち
ついた。ブレンダンはある意味ではハックルベリー・フィン[1] のような
生活を送っており、仮住まいの生活や野宿を幾度も経験していた。彼は野
鳥や野生動物あるいは自然について幅広い知識と関心があった。休日には
鳥や動物のことを皆に教えてあげることも多かった。彼はターンブルの方
へにじり寄った。

　　ブレンダン：「キッパーは釣れないよ、タムシュ」
　　ターンブル：「ブレンダンだったらもちろん釣れるさ。どうやった
　　　　ら釣れるかな。他の人はどう思う？　キッパーを釣れるかな」

　他の子どもたちは、釣れるのかどうかあまりよくわかってないようだっ
た。

　　ブレンダン：「（きっぱりと）いや、キッパーは釣れないよ。あれっ
　　　　て燻製の鰊だもん」
　　ターンブル：「そうか、まあやってみようか。キッパーを釣った人

は5ポンドだぞ」

　子どもたちが海岸へ向かって歩きだすと同時に、ふたりの職員が近くの村の店にキッパーを買いに行った。キッパーはなかったが、お菓子のキッパーがあり、それを購入した。職員はブレンダンや他の男児らが釣り糸を垂らしている桟橋へと戻った。

　ターンブルは男の子のひとりに近寄り、これからしようとしていることを打ち明けた。ターンブルはこの子どもに、桟橋の下に行きお菓子のキッパーをブレンダンの釣り糸につけるようにお願いした。

　職員のひとりが気を逸らすために、皆で写真を撮ろうと声をかけた。写真を撮り終え、男の子たちはそれぞれの釣り糸に戻った。そしてブレンダンは、何か得体のしれない釣り針にかかっていたもの、お菓子のキッパーを吊り上げた。

　　ブレンダン：「タムシュ、これって……いいよ、5ポンド貸しだからね」

皆が笑いに包まれた。

はじめに

　達成とは、何かを成し遂げることであり、達成によって人生をうまく乗り切るスキルが発達する。ニス（Niss, 1999）は達成によって、自己肯定感、受け入れられている感覚、適応感、自己価値感が育まれると主張している。子どもの達成は、一般的に学校教育と関連づけられがちであるが、達成は子どもの生活の全ての局面において発生し、また、全ての場面で促進すべきものである。子ども・若者の達成につながる場面としては、アクティビティへの参加、日常の出来事、スポーツ、文化的活動、地域コミュニティへの関与などが挙げられる。達成を体験するためには、子どもが楽しむことが大切である。ノディングス（Noddings, 2003: 1）は、「幸福と教

育は密接につながっている。教育の目的は幸福であるべきであり、優れた教育は個人および集団の幸福に大きく貢献しなくてはならない」と論じている。本章では教育とは何か、そして幸福とは何か、さらにこの両者がどのように統合されうるのかについて考察する。

教育の性質

哲学者たちは、何世紀にもわたって教育の性質と目的について議論してきた。18世紀にルソーは、小さな子どもが学びのレディネスを有していることに着想を得て、教育は自然モデルに倣うべきだと主張した。このような環境における教育者の役割は、発達途上の子どもの前に立ち現れる学びの機会に対応し促進していくこと、とされた。ロバート・オーウェンは、ニューラナークにおける共同体モデルの実践において、教育をより広い視点で捉え、社会変容の中心となるべきものと見なした。彼の教育哲学はスイスのヨハン・ペスタロッチなどに代表される、ヨーロッパのペダゴーグの教育方法に影響を与えた。1920年代にサフォークにサマーヒル・スクールを創立したスコットランドの教育学者ニールは、子育てにおける意思決定で最も重視すべきことは子どもの幸福であり、この幸福は個人の自由の感覚を育むことによってもたらされると考えた（Neill, 1966）。

しかし、ほとんどの場合、このような革新的な教育アプローチが用いられるのは稀であった。なかでも貧困を抱える子どもに対する教育の多くは、素朴な "伝統的な黒板を使った教育法" の寄せ集めである。歴史的に見た施設養育の目的とは、子どもに食事を与え、働くための訓練をし、基礎教育を提供することであった。それらは人生における特定の役割——男児は肉体労働あるいは軍隊への就労、女児は家事奉公への従事——を想定して準備された。厳格な規律に基づいて、道徳的に正しい行いが求められたのである。

このような限られた教育の考え方が、近年の資本主義社会において再び興隆している。それは、教育を狭い意味での学校教育に限定する考え方である。主な教育の形式としては、ブラジルの教育学者パウロ・フレイレ

第 5 章　達成と楽しみ：広い意味での教育

(Freire, 1972) が呼ぶ「銀行型モデル」に見られる。銀行型モデルにおける教育とは、受動的な生徒に対して"専門家"である教師が伝えたことを習得させる、というものである。知識は学ぶ側の頭のなかに"貯金"され、試験という目的のために吐き出される。このような考え方に沿った教育者はほとんど存在しないかもしれないが、正規の資格取得に関するシステムにおいては、基本的にこの銀行型モデルの考え方が採用されている。

　近年、教育と正式な資格の取得を同列に見なす傾向は急速に高まっており、教育課程の標準化につれて革新的な教育的アプローチは減少している。企業の求めに応じて、基本的な科目の習得が重視されつつある。これは後々の学習の基盤となる国語や算数などの基礎科目の重要性を批判するわけではない。重要なのは、こうした教科教育が子ども・若者の興味をかきたて、彼らにとって理解しやすい必要がある、ということなのだ。

　教育に関する政策のほとんどは、限定された教育課程内での到達度の認定とその後の経済的生産性を重視して組み立てられている。これは、リスター（Lister, 2003）が「社会的投資国家」と呼ぶものである。このような教育の概念は、子どもを"今を生きる市民"としてではなく、"将来の労働者"として捉える点において批判に値しよう。さらに、より実際的な観点からも、資格取得に焦点化した教育観は、「教育の目的は、労働市場や経済生産へのパスポートのような外的価値である」という考えを生む。こうした発想は、景気が良いときでさえ疑問の余地があり、求人が少ない不景気時にはさらに現実と隔たっていくだろう。

社会的養護のもとで暮らす子どもに対する教育

　インケアの子どもたちの多くは、さまざまな理由により試験と資格取得を重視する教育システムのなかで苦闘しているといえよう。引っ越しに伴って何度も転校し、基礎的な考え方を反復的に習得するために必要な期間同じ場所に留まることができなかったかもしれない。教師や同級生たちとうまくかかわれず、学校から拒否されてきたかもしれない。あるいは、学習に特有の課題を有し、同級生と比べて授業内容の理解が難しかったか

115

もしれない。このような子ども・若者は、現状のシステム内では"やる気のない子ども"として扱われるかもしれない。消極的で、課題に取り組もうともせず、ひょっとすると「やってみよう」という気すらないかもしれない。さらに、"やる気がない"という言葉は、動機づけが低かったり、反抗的だったり、挑戦的な行動を説明する際に用いられる場合があり、こうした子ども・若者は、どんなに課題に取り組むように促しても、何も"しようとしない"者なのだと受けとめられがちである。反抗的な言動は、かつての経験に起因する恐怖感から生じているのかもしれず、子どもたちは自分のことをあまり有能だと感じていない（あるいは実際に有能とはいえない）ことがある。そのため、このような状況において子どもたちは「自分が扱いにくい無能でやる気のない生徒として振る舞えば、この状況を速やかに脱することができる」と学んでいるかもしれない。このような諸々の条件が重なり、インケアの子どもたちの教育成果は一般的な子どもたちよりも有意に乏しいという現状がある。

過去10年ほどの経過のなかで、以前に比べて社会的養護のもとで暮らす子どもへの政治的関心が高まってきている。特に彼らの学歴が低いという結果については、改善すべき事項として認識されている。ジャクソンとサイモン（Jackson and Simon, 2006）は、教育の向上は、精神的・身体的健康、雇用、収入、居住環境、家族生活の改善、薬物依存性の問題がないこと、触法行為に関与するリスクの低さと関連していることを示している。インケアの子どもと、地域で暮らす子どもの明らかな教育の不均等に対する懸念は、この領域における近年の政策や提言において確実に浸透しつつある（Francis, 2006）。

このような政策の筆頭に「クオリティ・プロテクツ計画（Quality Protects initiative）」が挙げられる。この政策は、1998年から2004年にかけてイングランドおよびウェールズにおいて施行され、社会的養護のもとで暮らす子どもの教育に関して、地域自治体が取り組むべき特定目標を定めたものである。スコットランドでは、インケアの子どもたちの教育成果の向上に取り組む支援者のために『ケアのなかでの学びのガイド[2]（Learning with Care materials）』（Connelly et al, 2003）が開発されている。高等

教育では、インケアの子どもたちの大学進学と学業継続の推進のため、バトル慈善信託（Buttle Trust charity）が設立されている。こうした推進事業は、インケアの子どもに対する教育の確かな向上を目指すとともに、子どもの学びを支え充実させ、資格取得率を上昇させるための実際的な取り組みを支援する。

しかし、これらの政策推進が顕著な成功を収めているわけではない。ジャクソン（Jackson, 2006）は、クオリティ・プロテクツ計画がレジデンシャルケアの構造的制約に配慮しておらず、掲げる目標は良き親が自分の子どもに期待するものと一致していないことを論じている。『ケアの現状（Care matters）』（DES, 2006）と『もっとよくできる、もっとよくすべき（We can and must do better）』（Scottish Government, 2007）のなかでは、インケアの子どもたちと一般的な子どもの達成度の差は減少しておらず、むしろ開きつつあることを認めている。

政府による教育への関心と監視によってもたらされた否定的な面としては、教育をより創造的に考えることが求められるこの時代に、学校および学校システムに形式的な要求と制約が課されたことである。その結果、「高圧的で有害な監査が過ぎ去った後、学校には評価がつけられた。不合格とされた学校には、読み書きや計算の時間、教員へ課された膨大な書類作業といった特別措置が求められた」（Lane, 2008）。

社会的養護のもとで暮らす子どもの教育改善は、期待されたほどには大きく成功しているとはいえないのかもしれない。改善を志向する政府の取り組みの多くは、複雑に入り組んだ社会問題に対して、技術的もしくは手段的な解決策を求めているからである。社会的養護のもとで暮らす子どものなかには、良い成績を収めソーシャルワーカーや養育者から相応に高い期待をされている者もいるが、全てがそういったケースばかりではない（Jackson, 1987）。単純な政治的な解決策のみでは、ケアのもとで暮らす子どもたちの達成を、ケアの外で暮らす子どもたちと同等にしていくことは困難である。インケアの子どもたちの教育の困難性は根深い問題である。クラフら（Clough et al, 2006）は施設職員の最善の努力が、子どもの家族の置かれた社会的環境、あるいは地域の教育機関からの支援の欠如のため

にどれだけ打ち砕かれているかを記している。ベリッジ（Berridge, 2006: 3-4）も同様の指摘をしており、以下のように論じている。

> 社会的養護のもとで暮らす子どもたちは、学校でもっと学習ができるようになるはずだし、よくできるようになるべきであることに疑いの余地はない。（彼らの）教育上の問題は一般的に考えられるよりも複雑かつ深刻に入り組んでおり、その問題は構造自体に起因するものである。それゆえ、子どもたちの学業成績が振るわないことをソーシャルワークの力量不足と結論づけてしまう（興味深いことに、学校の力量不足という結論はされない）のはありがちであるが、誠実とはいえない。

フォアスター（Forrester, 2008）は、インケアの子どもと、一般家庭の子どもを比較しようとする試みは間違いであり、実際にはケアを受けていた期間に、多様な手立てが講じられることによって、子どもの学業成果は向上していると主張している。この結果から、ケアの業務を実際以上に有益だと主張すべきではないが、近年の大部分の政策が根拠にしてきた前提は、単純すぎることが暴き出されている。

社会的養護のもとで暮らす子どもたちの教育改善を目的に計画された政策に関するもうひとつの問題点は、多くの子どもたちが本質的に多様な領域での知性や創造性を持ちあわせているにもかかわらず、"基本"と考えられるものにどうしても取り組もうとしないことである。従来の教育カリキュラムにおいては、貧困が背景にある子どもに対しての配慮や働きかけが盛りこまれることはほとんどなかった（Glasser, 1969）。ノディングス（Noddings, 1992）は、伝統的な国語や数学のカリキュラムに基づいた教育法は、他の領域での才能を秘めた上記のような子どもには適していないと述べている。伝統的に受け継がれてきた教室重視の教育観は、施設における各種の学びの機会を過小評価している。たとえば、多くのレジデンシャル・スクールにはかつて職業教育部門が設置されていた。そこでは子どもたち（一般的には男児）が建具職、塗装、装飾、庭師業、あるいは自動車

修理の基礎を学ぶことができ、これらの技術を教えるための職人が雇用されていた。こうした技能を身につけ、似たような社会環境のなかで育ってきた人々と共に師弟関係モデルのもとで働くことは、多くの若者にとって非常に意義ある体験であった。

　政治的関心の変化の兆しがある。例を挙げれば、スコットランドでは『もっとよくできる、もっとよくすべき』(Scottish Government, 2007) の報告以降、子どもの教育的ニーズを重視した幅広い発達的観点に基づいた教材が登場し、学びの機会に富む環境の必要性が強調されるようになってきている。また、イギリス全土において教育分野におけるカリキュラムへの強固な管理を緩めようとする動きがある。現在のスコットランドでは、「最高を目指したカリキュラム (Curriculum for excellence)」(Scottish Executive, 2004) 政策が導入されている。そのなかでは全ての子どもたちが、学習の成功者、有能な一個人、有益な貢献者および責任ある市民へと育つことを中心的な目的にし、「社会のなかで生きる全ての子どもたちの発達に焦点を当てた、広い教育的視点」(Bloomer, 2008: 32) を取り入れている。多くの優れたレジデンシャル・スクールでは、このようなモデルが機能していた。職業教育部門を例に挙げると、男児が基礎的な計算や測定技術を教室以外の場所で学べる機会を提供していた。野外教育ではさらに、本章の冒頭の事例に登場したブレンダンのような学び手に対して、伝統的な教室での授業では支援が難しい自然に関する知識を伸ばすために、学びの場が提供されていた。

　本書の主張は、教室で学ぶ経験や公的資格を軽視するのではなく、教育の概念を拡大する必要がある、ということである。ノディングス (Noddings, 2002a: 283) は、教育とは「計画的にまたは偶然に起こる幸運な出会いであり、知識・技術・理解力・認識力の獲得を通じて成長を促すものである」と表現している。この概念は、短期間での資格習得ではなく、生涯を通じた学びを目指している。急速に変化するこの世のなかにおいて、個人が学び続ける基盤を形成するためには、自主的な学びの基礎となる好奇心や能力が重要になる (Boud and Fachikov, 2007)。教育とは、単に未来への準備のためだけにあるべきではない。そこには本来的に備わってい

る価値があり、そのひとつは幸福感と結びついている。

幸福の性質

　教育と同様に、幸福という概念は皆が理解していることを前提にしている。現在の物質主義的な世界において、幸福はブランドの服、最新のゲーム機、最先端のスマートフォンなどを通じた消費活動を通じてもたらされると私たちは信じこまされている。さらに別の視点から見れば、「幸せそうに微笑む家族イメージ」という、メディアが幸せと考える一面的な幸福のありようを思い浮かべるよう誘導されている。それは、インケアの多くの子どもたちがめったに経験したことがなく、それゆえに彼らが心から切望するものでもある。一般的に流布しているこのような幸福の風景は、セリグマン（Seligman, 2002）が定義する「本物」からかけ離れている。重要なのはむしろ、個々人がそれぞれ大切にするものによって得られる充足であるが、人々は物質的な欲求を満たそうとしている。そして、それが情緒的なウェルビーイング、ときにはスピリチュアルなウェルビーイングにさえつながると信じているが、現実は必ずしもその通りではない。

　真の幸福感は、簡単には得られない。この感覚はいうまでもなく、今を生きる全ての人間が望むものである。前章で述べたように、ヴァニエールは人類が「幸せになるために生まれてくる」ことを示唆している。アリストテレスの幸福の考えは、本来が本質を示した用語であり、比較したり評価したりするようなものではない。そもそも測定可能なものではない。それは、善きこと、悪しきことに関する考え方から派生した、人間の充足や豊かさの感覚である。豊かになるために、私たちはある種の性質を育む必要がある。それは、アリストテレスのいう「徳（virtues）」である。幸福になるためには、忍耐強くこの徳の習慣を身につけ実践していくことが求められる。教育の役割は、子どもが社会を繁栄させ社会に貢献する人物に育つよう、洞察力・理解力を身につけさせることである。この概念は教室における学びを超えた広義の教育を指し、人格形成をも含んでいる。

　幸福の最終到達点は、個人的なウェルビーイングのみに留まらず、社会

の一員として広く世のなかに貢献をしているという感覚である。この状態に達するには行動、とりわけ思考と理性の訓練が求められる。アリストテレスは、富や健康や友情の重要性を認識する一方で、理性の鍛錬こそが「幸福の主要素」であると説いている（Noddings 2003: 10）。幸福は簡単には得られず、「努力と鍛錬が求められる」（Vanier, 2001: 21）のだ。

　ウェブ（Webb, 2010）は、レジデンシャルケアの歴史に関する論文のなかで、社会的養護における教育の役割について、困難だが挑戦しがいのある見解を示している。彼は、現在のシステムは「じわじわと広がる優しさ」に溢れており、広義の倫理的目的が欠如していると述べている。ウェブは、イタリアのマルクス主義者であるアントニオ・グラムシのいう「環境からの偶然で思いがけない影響」（Entwistle, 1979: 57での引用）を避けるために、子どもには明確な指示や方向づけが必要であると述べている。そして、彼らの人生における構造的な不利益を克服する手立てとなる、厳密な教育的アプローチについて議論している。ウェブは、レジデンシャルケアの実践のなかで子どもたちに適切な期待や要求を示すことができていない現状を指摘している。一種の甘やかした子育てが繰り返され、行動の改善も乏しく達成度も低いと述べている。ウェブの主張は、不利を抱えた子どもたちへの最善の支援を考える際に、過度に治療的側面が強調されることを疑問視している。これは、子どもたちが情緒的に教育のレディネスが整っていない点に関する議論というよりは、この数年一部のソーシャルワークの見解のなかで述べられているように、教育活動自体を子どもの人生を向上させる支援として捉えている。ガラバーギ（Gharabaghi, 2011）も、レジデンシャル・チャイルドケアは、治療的な側面を最優先する方向性から、（広い意味での）教育的環境を重視するものへと移行すべきであると論じている。

　実際に政策・実践の水準では、過去においても現在においても、インケアの若者の生活については、彼らが本来経験しておくべき事柄に対する本人の希望あるいは周囲の期待が乏しかったために制約を受けてきた。おそらくはノーマライゼーションの名のもと、また「子どもにそれまで馴染みのない体験を提供することは控えるべきである」という誤った見解から、

施設養育は彼らの過去から続いてきた限界を強化してきた。本来ならば、逆に若者たちの目標を高く置き、新しい経験をさせるべきなのである。別の見解に基づくならば、教育とは、フレイレの「意識化[3]」のプロセスを通じ、自らが生きる現状をその後ろに横たわっている抑圧も含めて理解し、理解したことに挑み自らの世界を変えていく手段である。したがって、教育は変革の力を有しているのである（Freire, 1972）。

　教育を価値あるものとするためには、子どもたちに楽しい幼児期を保障しなくてはならない。目的を持った教育には、大変な努力や、将来的な利益のために目先の欲求を我慢することも求められるだろう。一方で、現在の子どもの幸福も重要である。子どもたちが学校を楽しむこと、さらにはより幅広い学びを楽しむことは、内在的な善性（intrinsic good）をどう活かすかという視点と、より良い個人・社会生活の成功に通じる重要な道筋をどう作るかという視点の両面で考えていく必要がある（Thin, 2009）。

教育と幸福の橋渡し

　子どもとは元来、自分や他者あるいは自分たちを取り巻く世界について好奇心を持ちあわせている。遥か以前から、子どもは遊びを通じて学んでいること、楽しむことと達成することは両立することが知られている。子どもたちのなかには、発達初期における好奇心が、健康面の問題や生活環境によって抑制されていた者もいるかもしれない。置かれていた環境に十分な刺激が不足していたかもしれないし、彼らの好奇心は意図的に奪われていたかもしれない。対照的に、成績の良い子どもたちは、教えられたことを楽しんでいるときに最も学びを深める。仕事や困難な課題についても、自分たちのしていることが単純作業ではなく、それを楽しんでいる場合に最も遂行が高まる。グラッサー（Glasser, 1998）によると、楽しさの感覚は、生活の全ての領域においてどのように学び達成するかにかかわる根本的な欲求である。ノディングス（Noddings, 2003: 261）は、学びと楽しさもしくは幸福との関連を強調し、次のように述べている。

最良の家や学校とは、幸せな場所である。幸せな場所にいる大人は、教育（そして人生そのもの）の目的のひとつは、幸福になることだとわかっている。そして、幸福は手段にも目的にもなることも理解している。幸せとは何かを理解して育った幸福な子どもたちは、教育的な機会を喜んで受け入れ、他者の幸福に貢献するだろう。

広い意味での教育

先の引用において、ノディングスは教育活動を学校でも家庭でも行われるものと捉えている。このような広義の教育の理解は、1964年のスコットランドの『キルブランドン報告』における、困難を抱えた子どもへの最善の対処法に関する箇所で明確にされている。キルブランドン報告は、社会教育のモデルを提示し、広い意味での教育について「家庭や学校でなされる通常の教育課程では必要な教育を与えることが難しい子どもたち全てに対するものである」（para 244）と述べている。この社会教育の概念は、"子育て"と同じものであり、他の章で取りあげたさまざまな事柄も含まれている。

ソーシャルペダゴジーも同様に、広義の教育概念を大切にしており、頭―心―手を動かし、知的―実践的―感情的要素から構成されるとしている。驚くべきことではないかもしれないが、公教育を広義の包括的教育として捉えている国々では、学力が向上している。ヨーロッパ各国の社会的養護のもとで育った子どもたちの資格水準は、一般家庭で育った子どもとの比較においても遜色がなく（Petrie et al, 2006）、イギリスとは明らかに異なる結果を示している。したがって、施設養育は、達成を促進する場となる可能性を秘めている。仮にレジデンシャルケアを広い意味での学習環境と考えると、そこで働く大人たちは、「子どもたちが学び楽しむ機会を提供する者」と自らの役割を捉え直す必要があるだろう。このような機会は日々の生活におけるさまざまな場面で生じる。このような包括的で目的を有した教育的アプローチは、世界各地のエリートを養成する全寮制学校においては明確に実践されている。エリート養成校の実践をレジデンシャ

ル・チャイルドケアと関連づけるのはイデオロギー上の抵抗が見られるが、再検討が求められよう。

教育的機会に富むレジデンシャル・チャイルドケア

　学びとは元来、単なる個人の認知的過程というよりも、本質的には社会的な過程であることに私たちは徐々に気づきつつある。学びの機会は集団のなか（少なくとも関係性のなか）で生じる。個人の発達過程に焦点化した西洋の心理学理論と対照的なロシアの心理学者ヴィゴツキーによる研究が徐々に影響力を増している。彼は、発達は初期段階では社会的次元で生じ、その後個人の認知スキーマに組みこまれていくことを主張している。伝統的な教育方法が主張しているように、知識や意味づけは、単に人から人へ伝達されるものというよりは、むしろ学びのプロセスにかかわる教師と学び手の両者によって、社会的に構成されるものである（Stremmel, 1993）。

　ヴィゴツキーの研究の中心的テーマは、彼が提唱した「発達の最近接領域」に関連している。その要旨は、「子どもは適切な大人と自分よりもスキルがある他の子どもたちに導かれて、発達の次の段階に歩みを進める」というものである。発達の最近接領域は、対話と関係性を通じて社会からの影響を受け、形成されていく。大人は子どもとのかかわりのなかで「より知識のある他者」としての役割を担い、特定のスキルを身につけ発達させていく過程を支える。同様に、同年齢の子どもたちもこのような発達（特に社会性の発達）を媒介する役割を担っている（Emond, 2000）。

　「学びとは成熟した大人や仲間との関係に支えられた社会的プロセスである」と定義するヴィゴツキーの考えは、とりわけ施設の実践に適している。個別的かつ問題焦点化というよりも、基本的に社会的かつ教育的であるため、集団活動に有用である。そして、子どもと大人の関係性の大切さを示すものでもある。実際、ヴィゴツキーは社会教育あるいはソーシャルペダゴジーのモデルに確たる心理学的基盤を提供している。さまざまな観点から見て、レジデンシャルケアは社会的な学びの場となることが最優先に求められている。

124

第5章　達成と楽しみ：広い意味での教育

　ヴィゴツキーの発達の最近接領域の考えに暗黙的に基づいて、アイヒス
テラーとホルゾフ（Eichsteller and Holthoff, 2010）は、学びが生じるのは、
学ぶ者が次の段階を摸索するため、コンフォートゾーン（快適な領域）か
らラーニングゾーン（学びの領域）へと抜け出したときであると概念化し
ている。子ども・若者は、快適な領域に留まらず、思考を深め自身の限界
を広げていくことが求められる。しかし、あまりに遠く押し出されすぎる
と、パニックゾーン（混乱の領域）に入ってしまい、そこでは知識と理解
の不足から不安が生じ、学ぶ力が阻害される。レジデンシャルケアの目的
は、絶えず子どもたちをコンフォートゾーンからラーニングゾーンに踏み
出せるように支援することであるといえよう。

　子ども・若者がこのような学びに巡り会う機会を作り出すためには、一
定の安全と信頼が不可欠であり、課題の水準は彼らの自己評価に合わせて
提示すべきである。このような設定によって、発達の最近接領域の概念を
実践に活かすことになる。職員は、適度に挑戦できる経験や行事を準備し、
子ども・若者が段階的かつ適切なペースで少しずつ達成を感じられるよう
な機会を提供する必要がある。こうして達成された体験は、将来の成功に
向かう確かな足場となる。ポウイスら（Powis et al, 1989）は次のように述
べている。「人生の全ての分野で自信を持てない子どもがいたら、まずひ
とつの分野で何かを達成することが必要かもしれない。そのひとつの達成
によって、子どもは自信をつけ、全ての分野における姿勢と成果が変わる
だろう」。

　職員は、子どもたちが痛みを伴ったり苛立つことのないような学びの時
間を見つけるようにしたい。そして、「若者が本当に興味を持つものは何
か」、「その興味をもとに、現実に即した学びの機会を日々の生活を通して
どのように生みだせばよいか」という問いから支援を始めるべきである。
若者たちは、自分のことを考えてくれていると感じられる大人との個人的
な活動には反応することが多い。これは、子どもたちから動きだすのを待
たずに、職員から積極的にかかわる重要性を強調するものである。職員側
にこのような意図が欠けている場合、学びの価値を十分に認めない有害な
文化に陥る。学ぶことを楽しみ達成につながっていく道のりは、教える者

と学ぶ者との意味のある関係性を通して始まる。こうした関係性のなかでは、楽しむことと達成することは厳しく求められるものではなく、自然に生じうるものなのである。

今を生きる若者がこうした関係性との出会いによって、過去の感情から解放され、個人の物語を語るという新たな方法で自分自身を体験する。その物語に含まれるのは、コンピテンス、克服、信頼、幸福、そして最も重要と思われる希望である（Phelan, 2001b）。こうした瞬間に生起するコミュニケーションは、言葉よりもむしろ、感覚を通して、そして体験の共有を通して行われる。経験豊富な支援者は、この時間を若者と一緒に取り組む過酷な身体活動、たとえば長距離の自転車ツーリングや険しい山登りなどに喩えるかもしれない。このような状況におけるコミュニケーションの多くは非言語的で、そこに存在すること、関係性、そして「共に行うこと」に基づいている。この経験の共有は、「教育の好機[4]（teachable moments）」——教育における生活場面面接に相当する——と呼べるような機会を見出し把握する有力な手がかりを与えてくれる。生活場面を大切にする理論的・実践的志向の中心的前提は、「〔仮に心理療法が1時間行われたとしても、それ以外の〕残り23時間」の全てが治療の時間以上に重要な意味を持つ、というものである。この考え方を教育に援用するならば、正規の教室での体験以上に、教育的な視点を持った24時間のカリキュラムが学びの力強い原動力となるのだ。貧困世帯の子どもたちの学業成績は、授業期間よりも休暇期間に成績が低下し、他の同級生に後れを取ることが明らかになりつつある（Alexander et al, 2001）。学びとは授業期間中のみに生じるものではない。したがって、レジデンシャルケアにおいては、生活を通じて学ぶ機会を提供することを心がけるべきである。

創造性

伝統的な教育的のなかで苦闘している子どもたちは、創造の領域でその才能が開花するかもしれない。全ての子どもたちに、創造的な芸術にふれる機会を設けるべきである。彼らは「美と創造性を楽しみ、驚きを発見す

る機会を持つべきである」（Petrie and Chambers, 2009: 3）。特に、読書を楽しめるように促すべきであり、地方自治体のなかには組織的に読書チャンピオンの表彰などを行ってきたところもある（Linnane, 2008）。本の読み聞かせは、読み書きへの魅力的な導入になろう（Stevens et al, 2008）。選りすぐられた演劇を鑑賞することを好む子どもたちも多い。子どもと共にさまざまな創造的な活動を行うキャンプヒル・スクールの実践からは、音楽の演奏は能力に関係なく、大人も子どもも、気軽に始められ楽しめることが示唆されている。多くの子どもたちは音楽が大好きであり、ロックスターになりたいと夢見る子どもたちが練習できるよう、少なくともギターやキーボードなどは用意しておきたい。

　社会的養護のもとで暮らす子どもたちは色々な食べものに挑戦し、無理のない範囲内で色々な飲食店で食事する機会を持つべきである。休日を単に楽しむだけでなく、子どもたちに多様な学びや、世間のことを考えたりかかわったりできるよう努めるべきであろう。歴史感覚を持つことは、この世界において自らが置かれた立場を理解する有益な体験になるだろう。イギリスでは、施設職員がこうした文化的活動の重要性を認識し、アクティビティを行う技術を提供する訓練が欠けている。繰り返しになるが、これは「音楽・演劇・ダンス・視覚芸術は、より広い次元に向けて、そしてより豊かな可能性に向けて、子どもたちの目を開かせてくれる」（Petrie and Chambers, 2009: 3）と考える、ソーシャルペダゴジーの伝統とは正反対である。

教師とケアするひとの役割

　教育が以前よりもマニュアル化し、狭いカリキュラムに基づいた活動が固定化したことによって、教師の役割が技巧的に捉えられ、教師は単なる技術者と見なされる危険性がある（Dunne, 1993）。しかし、教えること（ここでは教室での授業のみならず、教え育むこと全てが含まれている）は、単なる技術に還元できるものではない。こうした見解は、優れた教え方の中心的要素である相互性と芸術性を減退させるものである。子どもたちは、

自分が行っていることを楽しんでいるときに最も達成感を持つことを先に述べた。そして、達成の本質的な特徴には、自分を取り巻く人々との関係性が含まれている。子どもは学びを楽しんでいる者から、最もよく学ぶだろう（Glasser, 1998）。

　教育課程の内容は妥当な水準に調整されているかもしれないが、子どもにとって自分と無関係と感じられたり、関心を惹かないものだった場合、さらには教師が魅力的に映っていない場合、そこから多くを得ることはないだろう。パルマー（Palmer, 1998: 3）がいうように「教育を改革しようと焦るあまり、私たちは単純な事実を忘れてしまっている。私たちが教師と呼ばれる人材を貶め失望させ続ける限り、たとえ予算配分の刷新、学校の構造改革、カリキュラムの見直し、教科書の改訂などを行ったとしても、改革は決して達成できないであろう」。チャイルドアンドユースケアにおける基本的な信念は、関係性の重視である。子どもたちの達成と楽しみを支援するには、音楽だけでなく歌い手も重要な要素であろう。この事実は、両親、保育園や幼稚園の先生、教師、施設職員にも当てはまる。子どもたちは、自分の想像力を汲みとってくれ、ひとりの人間としてつながってくれる人から、最もよく学ぶものである。これは双方向のプロセスなのだ。ノディングス（Noddings, 2003: 261）は、以下のように述べている。「子どもたちが学校で幸せなら、明らかに教師も幸せなはずである。この明白なつながりが忘れられていることがあまりにも多い」。

　ノディングスの主張は、教えることは一方的に講義や指示をするものというよりは、むしろ本質的には関係性を大切にした相互的なものであることを明らかにしている。ソーシャルペダゴジーの言葉で言えば、いつでもどこでも教えることは不可能かもしれないが、「学びが全くないということがありえない状況を創り出すことは可能である」（Eichsteller and Holthoff, 2010: 54）。教師やケアするひとが、教える内容について好奇心と開かれた態度を示すとき、それに惹かれて学びが生じやすくなる。全てを知っているわけではない不確実な状況でも、職員に好奇心と余裕があれば、子どもたちに特定のテーマや問題を探究するよう誘うことができるだろう。フレイレ（Freire, 1972）は、教師と学生がお互いに学びあい、理解を共創

第5章 達成と楽しみ：広い意味での教育

するモデルを提供している。

　子どもの教育を積極的に担う大人の存在は、子どものライフチャンスの活用につながる。ジャクソンとマーティン（Jackson and Martin, 1998）は、子どもに特別な関心を寄せ、子どもを信頼しようとする大人がひとりでも存在することが、若者がケアシステムから円滑な移行を遂げる中核的要素であることを明らかにしている。信じることと期待することが、基本である。どんなに子どもたちが不利な状況に置かれていたとしても、彼らが発達し、成長し、達成し続けると期待するなら、子どもはそのような大人に育つだろう（Palmer, 1998）。子どもたちがもし何か特定のことを達成できたなら、メッセージカードを手渡したり、好きな食べものを用意するといったささやかな形でも、きちんと祝うべきである。一方で、ホワイト（White, 2008）が呼ぶ「生活の共通項（common things of life）」――たとえば毎日習慣的に行うハイタッチや背中をポンと叩くことなど――によって子どもの達成をねぎらうことができる。こうした心のこもった励ましを意識するとともに、折にふれて、どうすればうまくいくか、どうすれば違う結果になるか助言するようにしたい。ささやかな感謝やねぎらいを示すジェスチャーも、達成感や自尊心を育んでくれる。

　両親の学歴と子どもの学歴には強い相関があり、両親が大学教育を受けている場合、子どもの学歴は有意に向上することが示されている（Sutton Trust, 2010）。里親によるケアにおいても、より高度な学歴を有する養育者ほど、教育を授けることを優先する（Jackson et al, 2005）。この事実は、施設の実践における重大な政治的・専門的教訓を提示している。レジデンシャルケアにおいては、ほとんどの職員が大学教育を受けておらず、それゆえ子どもに大学進学への期待を口にすることは少ない。現行の職員育成にも課題がある。実際に子どもに楽しみや達成を与える力を身につけることを目的としたソーシャルワーク上のトレーニングは、専門的・職業的にほとんど存在しない。ソーシャルワークにおける教育においては、子どもの問題に焦点化した欠陥モデルもよく見かける。これによって、リスクを嫌う過度なマニュアル的かかわりが助長される。ケアするひとに対しては、若者へのサッカーの指導法や、釣り糸を結んだり、鷲と隼の見分け方を教

えたり、クリスマスの飾りつけをする技術などは教えられていない。こうしたことが可能な場合は、たまたまその職員がそれまでの人生で身につけた技術を活用しているからである。しかしこのような技術があってこそ、子どもたちが活動において達成し楽しめる環境を生みだすことができるのだ。

ユーモア

　達成するためには楽しむことが不可欠だとすれば、レジデンシャルケアには楽しむ機会が用意されるべきである。施設で働いたことがある者であれば誰であれ、笑いが生まれる場を作り出す影響が絶大であることが理解できるだろう。しかし、職員がケアについて考える際に、笑いを組みこむことは稀である。笑いが起こるときには、「誰かが笑いものにされているのではないか」という疑念が生じがちである。毎日のケアに果たすユーモアの役割が誤解されることによって、レジデンシャルケアが不毛な場になっている。子どもたちは笑いを通じて楽しむことを学ぶものである。エモン（Emond, 2004）は、からかい、冷やかし、ふざけなどのユーモアが、グループの結束に大きな役割を果たしていることを明らかにしている。同様に、ホワイト（White, 2008: 153-4）も次のように述べている。「笑いやユーモアの機会が生じることで、子どもたちは誤りや不一致、思いがけない言葉や文化、逆境やストレスや緊張との上手な付きあい方を学ぶことができる」。さらに、「人生の面白みを真に理解している子どもは、そうでない子どもに比べ、他者との関係を容易に結ぶことができる」（White, 2008: 154-5）のである。ユーモアが適切に用いられる場面では（たとえばニックネームを使うなど）、ユーモアが健康的に作用し、色々な立場の人々とのつながりや親しみのある会話を生んでくれる。それゆえ、ユーモアはケアに欠かせない。ディグニー（Digney, 2005: 12）は「ユーモアによって若者は、気遣いや共感を感じとることができる。たとえば笑いを共有することで、共感と思いやりを、脅威を与えない方法で伝えることができる。若者の場合、はっきりと伝えられるよりもユーモアを用いた方が、自分が気にかけ

られていることを受け入れやすい」と述べている。

まとめ

　施設職員に役立つ、子ども・若者が潜在的な学びの楽しみと達成の力を最大限発揮できる "学びの環境" が生まれる重要な要素の多くを示した。ケアするひとは、学びの体験の手配と支援において中心的な役割を担う。レジデンシャルケアの実践においてはさまざまなアクティビティを活用し、楽しみを経験すると同時に、関係構築や生活スキルや社会的能力を発達させる機会が提供される。職員がどれだけ事務室で時間を過ごすのかを考えてほしい。そしてその時間と、豊かな学びの環境で子ども・若者と過ごす時間を比べたときに、どれほど成果が異なってくるのかを考えてほしい。ケアするひとの役割は、単に子どもたちを保護するだけでなく、目的を持った関係性のなかに巻きこんでいくことである。最も優れた保護とは、子ども・若者とのかかわりによって達成される。そうした振る舞いによって、ケアするひとは共に過ごす子どもたちから尊敬を得ることとなる。達成——ささやかな達成、素晴らしい達成、そして目立たなくても非常に個人的に意味のある達成など——を祝う機会を積極的に作り出す必要性についても多くを述べた。ユーモアもまた、若者とケアするひとの関係性を深め、施設を確かな成長の場に変容させる愉快な方法である。私たちがこのような、幅広く楽しい、子どもたちを自由にする可能性を持つ方法を用いて教育を考えていくことによって、ケアシステムにおける教育成果の低さに関する真剣な問題提起へと踏みこむことが初めて可能になるのである。

事例を振り返って

　事例では、楽しい状況のなかで学ぶ機会を生む多様な試みが行われている。学びの機会を生じやすくする背景要因がある。職員集団としては教師とケアワーカーが、休日の集団活動のために協働した。この集団は今日風にいえば学際的活動、あるいはチームによる活動と呼ばれるかもしれない。

また彼らは、交通事故から集団での問題行動に至るまでさまざまに想定される潜在的リスク状況に自らを置いた。状況に応じて行事は縮小されたかもしれないが、このような危険性の多くは、事前に計画や集団の関係性を良好に保つことによって最小限にすることができよう。

　学びが生じる状況を生みだすいくつかの意図的な働きかけがある。携わった職員たちは、釣りが格好のアクティビティになるであろうことを予想しており、先を見越して必要な品を荷造りしていた。田舎道のサイクリングと共同生活の活動が行われて数日が経過後、グループの絆は深まり、雰囲気も良く、冗談を言いあえるようになった。そこには明らかに遊び心があった。ターンブルはこの集団力動のなかに、"キッパー"の試みを投入した。彼はブレンダンが何に興味があるかよく知っており、自分に反論してくるのもお見通しだったのかもしれない。彼はブレンダンの反応を文字通り、「教育の好機」として活用した。それは教師が感じとり理解しうる機会であり、生徒に気づきを促すチャンスでもある。これは教育における生活場面面接に相当するものであると考えられる。

　ターンブル、ブレンダン、そして集団内の他の子どもたちとのあいだでそれまでしっかりと培われてきた関係を通じて、絶好の機会が最大限に活かされた。事例の登場人物たちは、それぞれの好みや興味や反応しやすい状況をお互いに理解し、生活空間と時間を共有することを通じて関係性を発展させていった。このような環境であれば、ニックネームの使用は、礼を欠くものというよりは、健康的な関係性の表れといえる。ユーモアは人と人の交流に欠かせない要素である。ブレンダンとターンブルの交流においてユーモアはなくてはならないもので、ふたりの関係のみに留まらず、職員と子ども集団全体に波及していった。そして、ユーモアの活用によって、グループ全体でキッパーとは何かを学ぶことができたのである。

第5章　達成と楽しみ：広い意味での教育

実践に向けた考え方

● 子どもが達成感を持ち楽しむことができるように支援するためには、これらの性質を促進する文化を育てることである。これは、今日的には「学習する組織[5] (learning organisation)」と呼ばれるかもしれない。このような組織では、学びの精神が組織内のあらゆる側面に浸透している。基本的には、職員はホーム内の子ども文化の一部として、読書の機会を設けるように努めるべきである。本がいつでも読めるように用意し、低年齢の（高年齢でも）子どもたちには就寝前に読み聞かせをしたり、図書館に連れて行ったり、子どもたちが好みそうな本を調べたり、読んだ内容について話しあえる働きかけが求められる。

● 新聞によって、子どもたちはこの広い世界で何が起きているかを知ることができる。新聞を身近に用意し、スポーツ欄からでも良いので、一読を勧めよう。好奇心を刺激しよう。質問を遮ってはいけない。新聞記事やテレビの内容を活用し、話題になっていることを話しあってみよう。

● 子どもが学校で活動していること、特に与えられている宿題に関心を持とう。職員がさらなる学びに取り組んでいる場合には、子どもたちにも宿題に取り組むように励ますことができる。若者は職員が勉強している姿にふれ、勉強は大変そうでストレスもたまるが、上手に進めることで達成感を得られることを理解するかもしれない。そして、学びが人生においてずっと続いていく重要なものであることを感じとるだろう。

● 活動を計画する際にどのようなことが学びの機会になるかを考え、子どもたちが学びの機会に出会ったときに目を向けさせる方法について確認してみよう。あなたと子どもたちの視野を広げるため、新しく何かに取り組む機会と経験を準備しよう。

● 発達の最近接領域について考え、子どもが適度に挑戦できるア

クティビティを選ぼう。活動は子どものそのときの能力の水準より少し高めで、かつ能力の範囲で取り組めるものを提供しよう。

- 子どもと一緒に取り組もう。子ども・若者の傍で実際にやって見せることで、うまくいく可能性が高まる。活動に職員が参加することで、子どももやる気を見せることが多く、それによって関係性は深まる。こうした関係性が、将来の学びを促す強力な触媒となる。

- 子どもがやりたいことを見つけ、その興味をアクティビティにつなげるように促そう。その場合、興味を抱いた活動をしている地域の集団や資源にアクセスしよう。子どもに自分が関心を持っているアクティビティを教えよう。ケアするひとがアクティビティに情熱を持っている場合、その情熱は子どもにも伝わることが多い。

- 楽しもう。明るくユーモアのある取り組みは良好な結果をもたらすだろう。遊び心を持って、笑い、自分のことも笑い飛ばし、冗談を楽しもう。心から褒めよう（心からではない場合、子どもはそれに気づく）。毎日の生活のなかで「良くできたね」と言おう。

- 職員を雇用する選考段階においては、教育に高い価値を置く者を大切にしよう。また、職員がゆくゆくは子どもたちに提供しなくてはならない、色々な興味や技術を考慮しよう。さまざまな学びの経験を担える大人は、この上なくバランスよく有能な職員になれるだろう。

参考文献

再度ふれるが、ネル・ノディングスの研究は本章の内容と関連が深い。彼女の幅広い教育についての考察の中核の要約は以下を参照：

www.infed.org/thinkers/noddings.htm

第 5 章　達成と楽しみ：広い意味での教育

ケアレス・ガラバーギは、レジデンシャル・チャイルドケアは、治療よりも広い教育的
な考えに基づくべきであるという重要な示唆をしている：

Gharabaghi, K.（2012）'Translating evidence into practice: supporting the school
performance of young people living in residential group care in Ontario', *Children and Youth Services Review*, doi:10.1016/j.childyouth.2012.01.038.

ヨーロッパ 5 か国における公的ケアのもとで暮らす若者の教育をより高めようとする
YiPPee プロジェクト報告は次の通りである：

http://tcru.ioe.ac.uk/yippee/Portals/1/Final%20Report%20of%20the%20YiPPEE%20
Project%20-%20WP12%20Mar11.pdf

訳　注

1）マーク・トウェインの小説『トムソーヤの冒険』や『ハックルベリー・フィンの冒
険』の登場人物で、野性的な少年。
2）ケアと教育を統合的に提供するために、ソーシャルペダゴジーの考え方に基づいて、
学校および生活のさまざまな場面における潜在的な学びの機会を活かすためのガイド。
3）ブラジルの教育学者パウロ・フレイレが『被抑圧者の教育学』のなかで用いた用語
であり、社会的・政治的な矛盾を認識し、向きあうことを目指した学びを意味する。
社会的に剥奪された者が、支配者によって生みだされ広められた否定的自己像から自
らを解放することが意識化の目標のひとつである。
4）教えが最も効果を発揮する最適な機会を指す。「pedagogical moments」ともいわ
れる。
5）所属メンバーの継続的で自主的に学びとその相互作用（学びあい）を通して、既存
の枠にとらわれない新しい考えや望むものを生みだしていく、自己改革型の組織のあ
り方を指す。

6

アクティビティ：目的感

事　例

　ジェーンは 10 歳のひとりっ子で、白人の母親とアフリカン・カリビア
ン系の父親とのあいだに生まれた。彼女は 5 年前に母親のもとから分離さ
れた。その後は里親に委託され小学校に通っていた。彼女は父親のことは
何も知らず、入所以前の母親の養育は不安定でネグレクト状態に置かれて
いた。母親は対人関係とアディクションの問題を抱えていた。学校でも里
親宅でもジェーンのかんしゃくと反抗的な態度にうまく対応できず、里親
委託は不調に終わっていた。心理士によるアセスメントでは、注意欠如・
多動症（ADHD）とアタッチメントの課題があると見立てられていた。彼
女は会話に集中することが困難で、大人への無差別的なアタッチメント傾
向があった。そして支配的な態度と高い攻撃性の結果、友人関係で苦労し
ていた。学校生活においては、集中力が持続しないため成績は低かった。
その一方で、彼女は非常に可愛らしい部分が見られるようになってきてお
り、他者に優しさや思いやりを示すこともあった。

　レジデンシャル・スクールの職員のジョンは、ジェーンが音楽と歌うこ
とが好きなことに気づき、ある晩にジェーンとカラオケをする機会を計画
した。ジェーンにマイクを持たせ、彼女の好きなバンドの音楽を使ってビ
デオを作成しようとしたのである。ジョンはこのセッションの最後に、彼
女を海外ツアー中のスターのように扱い“ソファー上で”インタビューを
しようと考えていた。彼はインタビューごっこの際にマイクを自分と相手
に交互に差し向けることで、ジェーンが会話に集中し、順番交代の練習に
なることを意図していた。

　ジェーンはオリジナルの振り付けで、そのバンドの新曲を熱唱した。彼
女はジョンと一緒にソファーのところに来た。ジョンは彼女の出来栄えを
褒め、インタビューごっこを始めた。

　ジョン：(愉快に元気よく)「ジェーン、素晴らしい歌声だったね！
　　この歌詞を覚えるのにどれくらいかかったの？」(マイクをジェー
　　ンと自分に交互に向けることを繰り返す)

第 6 章　アクティビティ：目的感

　　ジェーン：「3 週間くらいかな」
　　ジョン：「すごいね。このバンドはいつから好きだったの？」
　　ジェーン：「このバンドは私が生まれたときからずっと好きで、マ
　　　　マに次のコンサートに連れて行ってほしいと思ってるの」

　会話のなかにジェーンの母親のことが出てくることは予期しない事態
だった。この展開で、これまで培われたジェーンとのつながりを大切にし
つつ、機転を利かせた最善の対応を考える必要があった。

　　ジョン：「ということは、ママと一緒にコンサートに行きたいとす
　　　　ごく思っているということ？」
　　ジェーン：（マイクに向かって）「そうね」（うなずく）
　　ジョン：「ジェーン、最後にママと会ったのはいつかを教えてくれ
　　　　る？」
　　ジェーン：「5 年前かな……（間をおいて、天井を見つめ）それくら
　　　　いだと思う」
　　ジョン：「ママに会えなくて寂しがっているように聞こえるけど」
　　ジェーン：（きわめて冷静だがきっぱりと）「ママに会えなくてすごく
　　　　寂しいし、どうして自分がここにいるのか全然わからない」
　　ジョン：「あなたとママの状況が変わってほしいと願っているんだ
　　　　ね」
　　ジェーン：「うん」

　やりとりはこの後 20 分ほど続いた。ジェーンは時折そわそわしたり集
中できなくなったが、ほとんどの時間、彼女は前の学校と養育者との体験
について語っていた。最初は以前の場所では全てがうまくいっていたと語
り、なぜレジデンシャル・スクールに移ったのかわからないと話した。
ジョンが穏やかに話題の方向性を導き質問することで、彼女は以前の委託
中に体験した困難や不調を素直に話すようになった。
　会話の結論としては、今のレジデンシャル・スクールで、ジェーンは以

139

前よりもうまくいっていることがいくつかある、というものだった。彼女の大切にしている願いは、「学校でもっとうまくやれるようになりたい」「友達を作れるようになりたい」ということだった。ジョンは、ジェーンがこれまで大変なことを経験してきたこと、彼女の傍に母親がいないことがどんなに辛くて寂しいことかを理解した。そして、彼は最後に「あなたがもっとうまくやれるように、友達ができるように手伝いたい」と話し、このふたつのことがどうやったらうまくいくか、これからも時々話しあいたいと伝えた。

はじめに

　本章では目的を持ったアクティビティ〔活動、スポーツ、遊び、作業など〕を取りあげ、このアクティビティを施設養育における中心的特徴およびストレングス要素として扱う。ホロコーストの生存者であるハンガリー人のユージン・ハイムラーは、10代の少年の頃に政治犯としてふたつの強制収容所とアウシュビッツを含むふたつの絶滅収容所を経験し、同時代の作家と同様、それらの経験についての著述活動に生涯を費やした。アウシュビッツ収容所の入り口には「労働は自由への道」という言葉が掲げられていた（Heimler, 1975）。当時ティーンエイジャーだったハイムラーは、収容所の調理場で働く子どもたちをケアすることになった。子どもたちへジャガイモの皮剥きを指導したり、警備員の食事の準備を手伝ったりした。ジャガイモの皮や残飯にありつけたことで、ハイムラーと何割かの子どもたちは生き残り、後に西洋諸国に再定住することができた。

　他の生存者と同様、後にハイムラーは収容者が従事させられていた無意味な労働という心理学実験について述べている。当時収容所では、連合軍の爆撃による瓦礫を片づける必要が生じれば、収容者は自ら志願し片づけを手伝っていた。このような作業には目的が伴っており、収容者はこの作業によって自らの人生に意味を持つことができた。ナチスの心理学者は"無意味な労働"の効果を検証しようとした。それは、収容者に収容所内の瓦礫を移動させ、再びそれらを元に戻させる作業を何時間も繰り返させ

第6章　アクティビティ：目的感

るものだった。それによって、収容者は自ら電気フェンスに身を投げ自死するか、脱走を試みた結果、射殺されるかのどちらかだった。

後に未就労期間が長い青年や、いわゆる"仕事嫌い"の青年の専門的支援に就いたハイムラーは、目的を持ったアクティビティの情緒的な重要性について述べている。目的のある活動は、子ども・若者の学び全般とウェルビーイングの向上を支える上で大切になる。しかし、さまざまな事情から、施設においてアクティビティが占める役割は軽視されている場合が多い。「子どもたちをとりあえず忙しくさせ、大人たちが自分の勤務を乗り切るためのもの」というように、各種の活動が単なる時間つぶしとしか捉えられていない場合もある。多くの場面でアクティビティのために用意される資金は、子どもたちに"あたりまえの体験"をもたらすという考えのもと、個々の子どもたちの地域での活動のために用いられる。旅行や映画鑑賞といったものに費用が使われることが多く、そこでは職員と子どもの交流が生じることはほとんどない。これは、「子ども同士で集まったり友達とぶらぶらすることにお金を使わせることに意味がない」というつもりはなく、「ありきたりなゲームやテレビは奨励できない」というつもりもない。職員がそこに存在する対話の機会に気づき、子どもの発達を促す体験を活用できるならば、こうしたことも生産的になりうる。しかしこのようなアクティビティには、職員側に多少の見通しと目的性、会話のなかに現れる手がかりを逃さない感受性が求められよう。

子ども・若者とのかかわりにおいて、重要な役割を果たすアクティビティの価値は低く置かれている。その理由のひとつとして、第1章で述べた救貧法から継承されている価値観が挙げられ、公的な福祉は楽しいものであってはならず、"ワーク（仕事）"をすべきだという根強い思いこみがある。ここで用いられるレジデンシャルケアにおける"ワーク"という用語は、支援計画策定において一般的に用いられることが多い。こうした支援計画は、多くが子どもの社会的・情緒的・認知的な欠点に焦点を当てているように思われる。このような背景のなかで、遊びも子どもの成長と発達の支援を促進する"ワーク"になりうると考えることは難しいかもしれない。平均的な子どもの発達において、遊びとアクティビティは中心的役

141

割にふさわしいと考えられておらず、正当に評価されていない。その結果、これらの遊びや活動は、問題行動があった場合に取りあげられてしまう特権のような扱いになってしまっている。同じ発想として、「子どもが問題行動を起こしたときは、追加の作業に従事させるべき」という考えも正当なものとして見なされてしまうだろう。

　アクティビティがしかるべき注目を集めない他の理由としては、前章でも述べたが、ソーシャルワーカーおよび社会福祉職の養成課程においてアクティビティの重要性にほとんどふれていないことが挙げられる。日常での業務に計画的に組みこむことが役立つと思われるような技術さえ、職員が習得できるようになっていない。これはソーシャルペダゴーグの養成と対照的である。ソーシャルペダゴジーではカリキュラムの３分の１を超えない範囲で、実践的・文化的レクリエーション活動を業務へ活用する方法を教えている。このようなアクティビティに特化したトレーニングを欠くことで、職員が個人的スキルや趣味を職場内で活かせるかどうかは、個々の職員任せになってしまっている。

　世間一般が思い描く“専門職”のイメージとは裏腹に、施設で一定期間働いた者が最も印象深く輝かしい瞬間として思い返すのは、あらたまったカウンセリングの面接中ではなく、何らかのアクティビティのときが多いのではないだろうか。フェラン（Phelan, 2001a: 1）は子ども・若者とのかかわりにおける“ワーク”と遊びの対立状況を以下のように記している。

　　子どもたちの世界と、彼らが人生のなかで出会うあらゆること
　——楽しみ、ゲーム、マリンスポーツ、山登り、散歩、アイディア
　や知恵——をつなげていくこと。私たちは問題を抱えた子どもたち
　に、最悪の事態を想定して、葛藤の解消、問題の解決、アンガーマ
　ネージメント、護身などのお決まりのスキルを提供しようとする傾
　向があるのかもしれない。このようなスキルは、セーリング、野菜
　栽培、サッカー、ボンゴ、自転車の修理といった機会を通して習得
　していくことが必要ではないだろうか。このようなアクティビティ
　に基づいた計画は、できていないことに焦点化するよりも、真の意

味でのストレングスになりうる。

遊びの重要性

遊ぶことは、学びと発達の強力な媒体として広く認識されている。遊びは、想像力の質、創造性、順番を守るスキルなどを高め、認知的・社会的成長を促進する。遊びの質は年齢と発達段階によって変化していく。遊びの全てが組織化される必要はない。10代の少年たちが目的もなくぶらぶらしたり悪ふざけをするのは、幼児が積み木で遊ぶように、この世界で自分の居場所を感じるために重要な役割を果たしている。児童保護の領域においては抑制されがちではあるが、特に男児にとっての悪ふざけは成長の自然な一部である。ビダルフ（Biddulph, 2003）は、少年たちとうまく付きあうためには、レスリングを学ぶべきだと述べている。身体的な遊びの結果どのようなことが起きるか、そしてこのような活動を心地よく感じるか否かは職員間に個人差があることを認識する必要性がある。その一方で、多くの子どもに認められる正常な発達段階で現れる行動を"疾病"と見なすことは避けなくてはならない。児童保護における身体接触をめぐる懸念はイギリスでは主流となっているが、諸外国では見受けられない。たとえばデンマークでは、アンデルセン（Andersen, 2009）が、レジデンシャルケアにおける「タンブリング・ルーム（体操部屋）」の存在に言及している。この部屋では、子どもと職員が安全な環境で"取っ組みあい"をする。それによって、男児は自身の能力の限界を現実的に把握する力を育むことができるのである。

遊びとアクティビティの種類

アルトマン（Altman, 2002）は、良質なチャイルドアンドユースケア実践のためには、遊びが持つ意味とその本質的な価値について理解することが大切である、と子ども時代の遊びの重要性について言及している。さらに、子どもの遊びの観察を通じて、彼らへの個別的なかかわりを考える際

に役立つ性格特性を見出すことができると述べている。レジデンシャル・チャイルドケアにおいて、職員と子どもが行うアクティビティの種類は数えきれないが、以下のようなものが例に挙げられる。

> 表現芸術、スキルの発達（細かい手作業、道具の活用など）、音楽、歌うこと、演劇・舞台作品、ダンスや身体を動かすこと、スポーツや運動、身体的リラクゼーション活動、感情に気づくゲーム、集団でのゲーム、個人的な自主研究、協力的ゲーム、アウトドアや自然体験活動、写真、ビデオ撮影、オーディオ活動、料理、木工作業、建築、探検や発見の活動、ロールプレイや予行練習（Phelan, 2001a: 5）。

演劇やパントマイムでは、演者、照明、舞台設定、小道具、衣装の用意などが必要になる。固定概念を持たず、差別をせず、男児にも女児にもさまざまなアクティビティの機会が与えられることが望ましい。「ジェンダーへの平等な配慮」（Children in Scotland, 2008）は、男児と女児の多様なニーズを尊重し、支援においては彼／彼女らの個別のニーズに対応する義務があることを謳っている。アクティビティの計画に際しては、このような適切な配慮が求められる。

目的意識を持ったアクティビティの利点

個人ではレクリエーションやレジャー活動から、チームではスポーツや競技会から、多くの生活スキルを学び、それと同じぐらい楽しみを得ることができる。活動的な生き方、活動的な気持ち、活動的な思考、活動的な生活といった全てが、個人的な健康と幸福を高める手助けとなる。アクティビティ、趣味、有用な課題への取り組みが、レジリエンスを促進することを示す研究が増えている（MacLean, 2003）。同様に、ステックリー（Steckley, 2005）は、レジデンシャル・スクールのサッカーチームの役割に関する研究において、目的意識を持った活動によってレジリエンスが促

第6章　アクティビティ：目的感

進される可能性を明らかにし、またチームスポーツによって向社会的行動や所属感が養われる可能性を強調している。ヴァンダー゠ヴェン（Vander-Ven, 1999）も、子どもたちの体力を維持する計画的なランニングを重視している。ホワイト（White, 2008: 170）は、スポーツは、「バウンダリー（境界）、自己表現、トレーニング、チームワーク、勝負の結果を受け入れる、決められた場所と方法で遊ぶこと」などの日常生活で必要とされるスキルを予行演習する機会を、子ども（と大人）に与えてくれることを示唆している。その一方で彼は、全ての子どもがスポーツに興味を持っていたり、熟達しているわけではないことも指摘している。ソーシャルスキルは、あらゆるアクティビティからそれぞれに学び身につけることができる。例を挙げると、"忍耐力"は小物作りやボードゲームといった根気強く微細な運動スキルの駆使によって養われるかもしれないし、"チームワーク"の重要性を、チームスポーツはもちろんのこと、皆で音楽を演奏したり演劇をする機会を通して身につけていくかもしれない。

適切な水準にアクティビティを調整する

　アクティビティを設定する際には、内容に関する判断がある程度は必要になる。選択したものが身体的・認知的な負荷がかかりすぎる活動だった場合や、微細運動が要求されすぎる場合、学習性無力感（Seligman, 1992）を強めてしまうかもしれない。学習性無力感とは、過去にうまくできなかったと感じた体験が、その後にアクティビティを行う際にも引き継がれてしまうことを指す。その一方で課題が易しすぎる場合は退屈を感じ、学びが深まることは少ないかもしれない。アクティビティを決めるコツは、子どもの能力を次の段階に押し上げられるようなものにすることである。この点では、アクティビティを計画する際に第5章で論じたヴィゴツキーの発達の最近接領域の概念が、参考になろう。発達の最近接領域の考え方では、大人であれ同級生であれ、そのことにより熟達した他者のかかわりが次の学びに向かう"足場"となる。卓球やビリヤードを思い浮かべてほしい。自分よりも遥かに上手い相手と対戦する場合、結果は散々になるだ

ろう。反対に、相手が弱い場合はイライラしたり退屈になるだろう。上達するのは自分より少しだけ上手な相手と対戦する場合であることが多い。他領域のアクティビティ、たとえばアートなどで、子どもは手本を見ながらより洗練された技術を徐々に学ぶ。アクティビティの開始や適切なレベルの調整にあたっては、意図を持つことが求められるのである。ヴァンダー゠ヴェン（VanderVen, 1999）は、学習理論に基づいて、子どもたちがアクティビティの傍観者から積極的な参加者に移行できる、徒弟学習モデル[1] や状況的学習モデル[2] を紹介している。

時間、空間、アクティビティ

ケア環境で可能と考えられるアクティビティの種類は、広さ、空間、時間の活用の仕方など構造的要因によって促進あるいは制限される。アクティビティはホームでの生活のなかで実践されるのが望ましいという前提に立つならば、こうした要因がどのくらいアクティビティを促進／制限するかを考慮しなくてはならない。単純に考えると、アクティビティの実施に大きな影響を及ぼすのは施設規模である。先に取りあげたサッカーチームの例は、おそらくレジデンシャル・スクールでしか実施できないが、小規模の施設であっても、子どもと職員のフットサルは実施可能かもしれない。チームスポーツを希望する子どもを、地域の各種団体とつなげるように支援する必要もあろう。そして、サッカーチーム、ボーイ／ガールスカウト活動、演劇、音楽レッスンといった各種の地域コミュニティの社会活動への参加を促進しなくてはならない。しかし、これらの活動はレジデンシャルケアの日常的な活動に代わるものとして設定するのではなく、あくまでも補助的なものと考えるべきであろう。

時間の活用

職員の勤務ローテーションは、レジデンシャルケアにおける時間の使い方を大きく左右する。ローテーション作成にはさまざまな要因が入りこみ、そのほとんどは経済的な効率性や職員の希望に基づいている。ローテー

ションのあり方がアクティビティの計画に及ぼす影響は、ほとんど考慮されない。実際、よくある標準的なローテーションのパターン（早朝勤務と夜勤によって組まれたもの）であれば、午後の半ばに職員は退勤／出勤することになり、アクティビティの計画が立てにくくなる。このような条件が前提にある場合、事前の計画が必要になったり職員の勤務時間を柔軟に調整せざるを得ず、宿泊や日帰りの旅行などが困難になる。シフトのパターンを厳密に設定しすぎると、意図を持ったアクティビティの欠如につながる。こうした傾向は、ローテーションの補充を非常勤の職員に頼る施設では顕著かもしれない。

空間の活用

　ヘンリー・メイヤー（Maier, 1982）は、レジデンシャルケアにおいて私たちが創りあげる空間が、どれほど私たちをコントロールし、言動に影響を及ぼしているかについて述べている。したがって、ケアに携わる者は自らが働く空間にコントロールされてしまうのではなく、居住環境におけるあらゆる空間や設備の活用に意識的である必要がある。施設において成長を促しうるアクティビティを探求する場合、自分が子どもになったことを想像しながら施設内を歩いてみたい。色々な部屋や空間に入り、それらの場所でよく行われているアクティビティについて立ち止まり振り返ってみよう。部屋や空間の違いによって、色々な可能性が生まれる。

キッチンやダイニングでのアクティビティ

　食は子どもたちの心に届き、大人と子どもの養育的関係を促進する中心である。これは、料理をすること、オーブンで焼いているときの匂い、あたたかさ、お茶、コーヒー、ジュース、心地よい会話などによって、キッチンやダイニングはレジデンシャルケアにおいて、「管制（mission control）」センターとなることを意味している。集団生活を支援し関係性を育むために、料理、オーブンでの調理、テーブルを整えること、食事の片づけや食器洗いなどキッチンにまつわる作業に積極的に誘うようにしたい。ケアするひとはキッチンでの仕事を雑用と考えるよりも、かかわりや学び

の機会に結びつくアクティビティと捉えれば、より前向きにこの作業に取り組めるようになるだろう。料理の準備や調理は、ジェンダーの固定観念を見直す絶好の機会になるし、夕食に各国の料理を作ることを通じて、自分と異なる文化について話しあうこともできる。食事の時間そのものが、ソーシャルスキルを育てる豊かな基盤となる。特に職員が子どもの傍に座り一緒に食べることが、適切な食器の使い方や夕食後のリラックスした団欒のモデルとなり、集団における規範や文化を育てる大切な要素となる。

寝室でのアクティビティ

寝室では、洗濯、服の片づけ、アイロンがけ、ベッドの整理、部屋の掃除機かけ、ゴミ箱を空にすること、その他色々なことを習得する機会がある。繰り返すが、これらは単に家事に関するルールを導入することが目的ではない。むしろ、ケアするひとにとっては、子どもたちが生活スキルを学ぶ機会として捉えた方が有用である。感性豊かなケアの担い手との双方向的なやりとりを通じて生活スキルを身につけていく過程は、関係構築のプロセスでもあり、課題志向型の学びのプロセスでもある。寝室は子どもたちが本を読んだり音楽を聴いたりできるプライベートな空間になる。また、小さい子どもへの就寝前の読み聞かせのように、子どもと職員が一対一で過ごす機会も得られる。

公共空間でのアクティビティ

ほとんどの施設には公共の空間があり、皆が集まってテレビを見たり、音楽を聴いたり、DVDを見たり、コンピュータゲームをする。毎週ホーム単位での話しあいを行うところさえある。個人的空間には出入りや使用に関するルールがほとんどないのに対して、公共空間の多くは大まかな基本ルールが設定されている。施設の公共空間では、椅子の配置や座席の並びなどに注意を払う必要がある。子ども・若者は自分の座る場所にこだわりがあるため、入退所時には座席の調整をめぐって、集団力動が顕著に現れる。基本ルールは一般的にテレビやビデオのリモコンの使用権に関して適用されるが、「この番組はいつも見ているから」といった暗黙のルール

第 6 章　アクティビティ：目的感

に及ぶ場合もあろう。スポーツ好きな者は大きな試合の放送をよく予約するだろうし、多くの家庭と同様に実録番組の視聴がホームでの生活の話題の中心になることも多い。

　皆が集まるリビングルームには、アクティビティを共有するさまざまな場面が日々存在する。各種のボードゲームで遊んだり、絵画や工作の材料を自由に使えることが、社会的学習経験やスキルの発達につながる。ビデオカメラを用いたドラマや映像の制作はスキルの向上を促すだろうし、演技が自らが体験してきた世界から "一歩外へ踏み出す" 転機になるかもしれない。その場に応じて機転を利かせた対応を学ぶことも、重要な生活スキルのひとつである。テレビやDVDやスポーツ行事のために、皆が集まる特別な時間を設けることは、自分はコミュニティの一員であり価値があると子ども自身が感じる大切な機会になる。

グラウンドや園庭でのアクティビティ

　ホームの外には、一般的にテラスや中庭、園庭がある。園庭の規模としてはとても小さなものから広大な緑地まで、植物が生い茂る茂み、遊び場と色々な形態があるだろう。園庭の規模にもよるが、ペット（金魚から馬に至るまで）を飼うことによって、子ども・若者が全く新しい世界に開かれることがあるかもしれない。テラスや中庭があれば、バーベキューやピクニックもできる。十分な広さがあれば、園庭はサッカー、バドミントン、テザーボール[3]、犬とのボール遊びなどができるだろう。園庭や植木鉢で色々な植物を育てることが、養育や世話や成長に関連したケア感覚を促進する機会になるかもしれない。テラスや中庭や園庭をそれまで利用したことがない子どもにとってはためらいもあるだろう。しかし、そのほとんどがこうした個人的・公共的なアクティビティができる公共空間を楽しむようになる。広い園庭での遊びは、どの年代の子どもに対しても貴重な体験をもたらしてくれ、重要な生活スキルの学びにつながる。

アクティビティの調整

　アクティビティによっては一日の特定の時間帯に行った方がよいものもあれば、その日の様子次第でアクティビティのペースを調整した方がよいものもある。午前中は（少なくとも学校期間中は）、子どもたちが学校生活に向けた用意が調い、気分良く過ごせるよう明確な狙いを持つべきである。それ以外の時間帯では、年齢や環境によるが、アニメのDVDは想像を膨らませたりイラストを描く活動などにつながるし、フットサルは集団でのかかわりを育む。アイスクリームを食べに外出することで気分が変わるかもしれないし、iPodで音楽を聴き、"ひとりの時間" に浸れるかもしれない。ヴァンダー＝ヴェン（VanderVen, 2003）は入浴や就寝前の本の読み聞かせなどのような、一日の終わりに "ゆっくり過ごす" ときに用いられるさまざまな種類のかかわりを示している。個々の子どもの年齢や環境に合わせた就寝前の日課は個別にかかわったり子どもの世話をする絶好の時間であり、本を読む際には、子どもの読み物に登場するテーマについて話しあうこともできるだろう。

アクティビティとリスク

　子ども・若者はさまざまなスポーツ活動、レクリエーション、余暇活動に頻繁に参加する。ラウミラー（Loughmiller, 1979）はアウトドア活動が、教育的機会や人間形成の機会になることを以前から指摘している。このような活動に子どもが従事する際に避けられないことだが、一定の怪我のリスクが付きまとう。その結果、アクティビティに対する指導と規定が蔓延している。リスクに基づく考え方が主流となりつつある社会風土においては、数多くの誤解や神話がはびこっている（Gill, 2007: 1）。その程度は、子どもを監視なしで遊ばせることへの不安のため子どもの自由を制限するものから、子どもの身体的・精神的・情緒的ウェルビーイングを制限するものまでさまざまである。ある国際会議において、デンマークの施設長は、施設内にあるアスレチック遊具について、周囲から「もし子どもがそれで

怪我をしたらどうするのか」と頻繁に尋ねられたことを報告した。彼は、「怪我は時々起きるが、心が折れてしまうぐらいなら腕が折れる方がまだましだ」と応答したという。また、テキサスにあるレジデンシャル・スクールの施設長は、施設で暮らす若者がロデオ・ブル・ライディング[4]に参加すると話し、周囲の者は驚愕していた。職員が子どもとアウトドア活動を実施しようとする際に、地方自治体が定める多くのつまらない障害が立ちはだかり、危険度の低いハイキングや海岸でボートに乗る際にもアウトドア教育の資格が求められる。このような障害により、天気が良いときに、あるいは子どもからの特別な希望に、柔軟に対応することが妨げられている。チャイルドケアワーカー、教師、アクティビティの指導者は万が一のことが起こった場合に非難されるのを恐れるようになっており、リスクに敏感な文化に拍車がかかっている。これは、子ども時代が過度に統制され、専門家や「関係機関が多くのリスク回避の要請に応じざるをえない」(Gill, 2007: 3) 風潮では無理もないことかもしれない。ギル (Gill, 2010) は、専門職としての子どものケアの立場が低いことにより、社会的養護のもとで暮らす子どもたちが過保護に置かれることに抗えなくなっていると述べている。

　イングランド主席学校調査官であったデイヴィッド・ベルが述べるように、現実的には、「アウトドア教育の恩恵は非常に重要であり廃止するものではなく、事故が起きるリスクを遥かに上回る」ものである (Gill, 2010: 2 で引用)。確かに、良き親がこのようなアクティビティに従事するときのように、職員は事前に注意を払う必要がある。実際、インケアの子どものアクティビティを計画する際に、地域の子どもたちに対する責任にも配慮しなくてはならないこともある。このような理由から、職員はあらゆるアクティビティに従事する前にリスクアセスメントが求められる。しかし、実際には、こうした要請に応じる形で行われるこの種のリスクアセスメントは、かなり有用性に乏しく有意義とはいえないことが学術的にも認識されるようになっている。有識者も「実際にどれほどこれらが現状に即したものになっているのだろうか。自分たちが現実にはほとんどコントロールできない状況でも、それなりにしっかりやっていると自分と周囲に

言い聞かせるための"偽装"になっているのではないか」と真っ当な疑問を呈している（Cree and Wallace, 2005: 126）。

当然のことながら、職員はアウトドア活動を実施する際には入念な安全策——計画したアクティビティに対する的確な準備、天候についての留意、危険が生じる可能性やどのルートを辿るかについての理解、自分たちがどこにいるかを知らせる手順の確認や施設と連絡を取りあえるような調整など——を講じる必要がある。しかし、少なくとも手続き的に定められた要件と同じくらい大切なのは、かかわる職員集団の専門的な能力と威厳である。基本的なかかわりの技術と威厳なくしては、この分野で広がっているリスクアセスメントの書式や各種の同意書は役に立たないだろう。「青少年のためのエジンバラ公国際アワード（The Duke of Edinburgh Award Scheme）」の『冒険ガイド』では、安全かつ無事に冒険を成功させた参加者に備わっていた全ての資質のなかで「最も重要だったのが、確かな判断力である。確かな判断力は、責任と成熟とともに、長年積み重ねたさまざまな経験に伴う効果的な訓練により培われる。判断力を訓練する機会なくして成長はない」（Gill, 2010: 6 で引用）と記述されている。単にマニュアルに従うだけでは、このような判断力の成長は期待できないばかりか、むしろ成長が阻害されるのかもしれない。

「体験の手配者（experience arrangers）」としての大人

フェラン（Phelan, 1999: 25）は、「チャイルドアンドユースケア・ワーカーの重要な仕事は、子どもが自分の能力と希望を信頼できるような体験を用意することである」と述べている。彼は、チャイルドアンドユースケアにおける主要な強みは、"言語的なカウンセリングの手法"や面接室で行われる治療的な対話、あるいは過去の経験を振り返ることで得られる洞察とは異なると主張している（Phelan, 1999: 25）。レジデンシャルケアでかかわる子どもや家族の多くは、相談室で行う治療に取り組むのが難しい。過去の体験は、凝縮して一人ひとりの人生の脚本となっている。それは自己破壊的なものかもしれないが、ソーシャルワーカーやケアワーカーによ

る過去の体験を表面化させようとする善意——大抵はその後どうするかよく考えていない——に対しては、防衛や抵抗が生じる。子どもや家族からの自然な話は、意味のあるアクティビティの最中になされることが多い。そうした場合、子どもや家族は逆に職員をリードする形で、自発的に会話を進めていく。

　アクティビティの役割、そしてアクティビティの手配者としての職員の役割は、フェラン（Phelan, 2001a）のいう「経験のギャップ（experience gap）」という考え方を導入することである。これは、子どもが囚われている自己破壊的なストーリーにさざ波を生じさせるものである。そこに希望や潜在能力といった要素を含んだ別のストーリーの可能性を提示することが、自らの人生を考え直す契機になるかもしれない。それゆえ、自らを希望がなく無価値だと感じていたり、あるいは万能だと思いこんでいる認識を克服し、徐々に他の実現可能な考え方に基づく脚本に置き換え、最終的にはそのような別の生き方ができるように、アクティビティを手配する必要がある。フェラン（Phelan, 1999）は、このようにストーリーを書き換え発展させていくのは容易でないと述べている。硬直した個人のナラティブを覆すためには、長年にわたって配慮された体験の積み重ねが求められる。したがって、目的を持ったアクティビティによって得られるものは、その場しのぎのイベントではなく、プロセスであるのかもしれない。

関係性——コモン・サード（共通の第三項）

　子ども・若者とのアクティビティは、手段ではなく関係性に基づいている。職員は、客観的な存在ではなく、従来モデルにされてきた一定の距離を置いて接するセラピストでもなく、「旅の同伴者」（Phelan, 2001b）である。これを表現したのがソーシャルペダゴジーの「コモン・サード」の考え方であり、ペダゴーグと子どもの両者がアクティビティの着想から実行の段階まで共通の権利を有する。アクティビティによって「日常生活のルールから解き放たれた」「自由空間」（Phelan, 2001b: 3）が生まれる。ある者は、職員と子どもがコンピュータゲームを一緒にする姿を思い浮かべ

るかもしれない。そして、子どもの方が職員よりもゲームが上手いことが
わかるかもしれない。あるいはキャンプ旅行で子どもたちの方が同行する
職員よりも薪集めに長けている場面を思い浮かべる者もいるかもしれない。
このような状況は、普段の上下関係を反転させる力を生みだす。アクティ
ビティの共有によって構築された関係性のなかには、平等感と共通目標が
はっきりと存在している。これは日常生活のなかに持ちこむことも可能で、
互恵性と尊重に基づいた、より心地よく信頼できる本物の関係性に近づく。

　ガーファットとフルチャー（Garfat and Fulcher, 2011）によって明確に
されたチャイルドアンドユースケア・アプローチの原則のひとつは、ワー
カーは子どもの「ために（for）」または子どもに「対して（to）」行うので
はなく、子どもと「共に（with）」行うべきである、ということである。
これはケアするひとがどのように子どもにかかわるかを示し、子どもが保
護下にあっても、共に行うことを通じて、子どもの学びや育ちを支援する
ことである（たとえば、Delano and Shah, 2011）。ケアするひとは子ども・
若者の後ろから指示を出すのではなく、かかわりを共にし、ガイドとして
隣を歩く。この"共に行う"プロセスにおいて、ケアするひとは、子ど
も・若者との相互的な関係のなかに継続的に身を置き、関係性のなかで変
化する体験と状況に注意を払わなくてはならない。保護下にあったとして
も、家族と一緒であっても、田舎の庭でも、他のアクティビティに従事し
ているときでも、ケアリングの中心は子ども・若者と「共に」あり「共
に」行うことである。この考え方はトリーシュマン（Trieschman, 1982）
の次の記述に要約されるかもしれない。「若者に何かを行う場合、共に行
わなければうまくいくことはない」。

まとめ

　長きにわたり、レシテンシャル・チャイルドケアにおけるアクティビ
ティは、明確な目的を有するものとは考えられていなかった。アクティビ
ティは子ども・若者の暇つぶし、気晴らし、娯楽であると考えられてきた。
別の視点では、ノーマライゼーションの考え方に基づいて、アクティビ

ティの時間を子どもの好きなようにさせているようにも見える。こうした事情によって、子どもたちが楽しんだり、数々のスキルを伸ばしたり、おそらく最も重要である活動に共に参加する大人と子どもの関係性を育む機会を最大限に活用することができずにいる。アクティビティの共有によって育まれた関係性は、子ども・若者へのフォーマルな介入よりも、強力で有用なことが多い。

　施設の日課のなかでアクティビティを用いない理由や議論の中心には、資源の乏しさから、健康面や安全面、またはリスクの視点によるものまでさまざまな要因が挙げられている。これらのほとんどは、職員や管理職が適切に想像力を働かせて工夫することで克服できよう。

事例を振り返って

　本章で紹介した事例に戻り、ジェーンにとって意味のあるアクティビティが成立するために何が起きたかを考えてみよう。ジョンが比較的短期間にジェーンと信頼関係を築き、感性豊かに応答しているのは明らかであった。概略に留まるが、彼はこの関係性の初期段階において、ジェーンの家庭環境と無秩序・無方向型アタッチメント（Howe, 1995）の課題に対応できる力があった。

　応答的に関与するためには、子ども・若者の日常生活で起こる出来事を鋭敏に扱うことが求められる。会話の内容に注意を払うことや、あるいは"参加する"ことが、あらゆる関係性において重要になる。職員はジェーンに対して注意深く上手に言葉を選びつつ応答した。彼は母親が傍にいないジェーンの寂しさの表現を受け入れつつ、「傾聴と確認」（De Jong and Berg, 2002）に努めた。ジェーンが行ったことを繰り返し、別の言葉で言い換えることで、ジェーンが会話を進めることを促し、会話を無理に方向づけたり急かしたりせずに彼女のペースを尊重した。

　ジェーンの映像を構成する際に、ジョンは若者が好むアーティストに関するカルチャー（サブカルチャー）についての知識を活用した。この種の暗黙知により、ジェーンとジョンのあいだで共通点を生みだす「人間関係

の糸口」（Trieschman et al, 1969）や、あるいはソーシャルペダゴジーの「コモン・サード」が築かれた。

　ジェーンが取り組みそうなアクティビティについて考える際に、ジョンはジェーンの社会的なやりとりの難しい部分、特に順序交代の克服を意図し、これについて練習できるアクティビティを構成した。彼のかかわりには目的が込められていた。ジェーンが得意で興味のあるポップ音楽と歌を歌うこと、また、この音楽を活用したコミュニケーションスキルの上達を通じて、彼は遊び心のある楽しいアクティビティを創りあげている。このような実践のなかで、彼はダン・ヒューズ（Dan Hughes, 2006）が提唱する、（特に会話が困難な）子ども・若者にかかわる際の手引きとして提供されたコンセプト「PLACE：遊び心を持って（playful）、愛情豊かに（loving）、受容的で（accepting）、興味を持って（curious）、共感的に（empathic）」に留意している。

　ジェーンは思いがけず、自らの人生のなかに母親が存在しないという哀しみに満ちた内的世界に職員を招き入れた。これに対しては、即座の応答が求められた。彼はジェーンが予期せずに差し向けた会話の方向性の変化に反応し、波長を合わせながらも、ジェーンが一連の思考を展開させ感情を整理できるように心がけた。こうしたことに留意する一方で、会話を発展させる媒介としてインタビューごっこを続けた。それによって、ジェーンが苦しんでいる話題に焦点を移し、より伝統的なカウンセリングの方法に近づきながらも、彼女にとっては侵襲的な体験にならず、自分をコントロールすることが可能になった。

　インタビューが進むにつれ、職員はジェーンが感じている苦悩から、現在の変化について考えられるよう、対話の焦点を巧みに移行させた。この生活場面で思いがけず起きた出来事は、その後にジェーンと取り組むべき課題を示唆するものである。そして、最も重要な点は、ジョンのなかにジェーンとのつながりや信頼の感覚が生まれたことである。この後に彼女が、このつながりに支えられて過去の強い情動や感情を言葉にしたり、将来について考えるかどうかはわからない。それでも、少なくともジョンは、今後の会話のために自分自身を素材として活用してもらえるよう意識して

第6章　アクティビティ：目的感

おり、ジェーンはそうした方向に向かって歩んでいくだろう。

　この事例のように、アクティビティが治療的な方向に結びつく場合もあるが、アクティビティの主要な動機が治療のためであってはならない。アクティビティによってもたらされるのが治療的利益のみであると見なすことは、あまりにも人生を生真面目に考えすぎている。アクティビティは楽しみをもたらすこと自体に価値がある。子どもも大人も楽しいと感じている時間こそが、子どもの成長と発達を支援する大切な場を形成していくのだ。

実践に向けた考え方

- レジデンシャルケアにおいて、ケアするひとが子ども・若者と共に目的を持ったアクティビティに携わる機会は事実上無限にある。キーワードは、"意図的"である。これにより、日常的でありふれていると考えられていることが、楽しみと学びの可能性に満ちたものへと高められる。そのために、ケアするひとは自分が行うアクティビティやその目的について、より意識的になり、より想像力を働かせることが求められる。

- 職員集団は一日あるいは一週間の予定に定期的なアクティビティ——ジョギング、フットサル、夜のゲーム大会、夜のお化粧大会、夜の料理大会など——を組みこむことを考えるかもしれない。これらは施設の文化に浸透していく。

- 公園での鬼ごっこや夜のハイキングなど、お金をかけずに子どもにとって魅力的に映るアクティビティについて考えてみよう。

- ボードゲーム、芸術品や手芸用品、書籍、カラオケの機材、サッカー、楽器、自転車、キャンプ用品など、アクティビティに使用する可能性のある機材や装置が揃っているか確認しよう。

- 子ども・若者の支援計画に目を通し、どのような課題があり、それに対してどのような取り組みが提示されているのか、支援

計画のなかにアクティビティが含まれているかを確認しよう。適切に考え抜かれたアクティビティを通して、特定のスキルが身に着いているかどうか検討してみよう。

- 繰り返しになるが、建物の物理的配置や職員の勤務ローテーションが特定のアクティビティの増加／減少に与えている影響を職員集団として吟味し、アクティビティのあり方を見直そう。

- 職員は自分にどのような興味やスキルがあるかを考え、それらをどのように子どもと共有できるか考えてみよう。必要があれば、その後職員がさらに勉強をし、これらの興味を発展させることができるよう支援しよう。

- 職員が子どもをただ監視するだけではなく、一緒にアクティビティに参加するように促そう。

- 罰としてアクティビティへの参加を控えさせる場合は、非常に慎重な検討が必要である。アクティビティへの参加は、「〔報酬や罰などの〕条件を付けない」（Whittaker, 1979）方がよいといいたいわけではない。一日中職員を罵り続けている子どもに楽しいアクティビティを提供するのは確かに適切ではないかもしれない。しかし、安易な処罰の手段としてアクティビティを用いることも適切ではない。実際に、適切に工夫されたアクティビティによって、反抗的な若者との距離が縮まることもあるかもしれない。

参考文献

カレン・ヴァンダー＝ヴェンはチャイルドアンドユースケアにおけるアクティビティの第一人者であろう：

VanderVen, K. (2005) 'Transforming the milieu and lives through the power of activity: theory and practice', *Cyc-online*, no 82, www.cyc-net.org/cyc-online/cycol-1105-vanderven.html

ジャック・フェランのアクティビティに関する論文は有用である：

Phelan, J. (2001a) 'Another look at activities', *Journal of Child and Youth Care*, vol 14, no 2, pp 1-7, www.cyc-net.org/cyc-online/cycol-0107-phelan.html

スコットランド・レジデンシャルチャイルドケア協会は、施設職員向けのアウトドア活動の案内書を作成し、健康面・安全面の想定がアクティビティを妨げていることを指摘している：

CELCIS（Centre for Excellence for Looked After Children in Scotland）（2010）『野外に出よう：レジデンシャルケアのアウトドア活動促進のためのガイドおよび効果的実践（Go outdoors: guidance and good practice on encouraging outdoor activities in residential care）』www.celcis.org/resources/entry/go_outdoors_ guidance_and_good_practice_on_encouraging_outdoor_activities

訳　注

1）職場における熟練者から新人が学び教わることを通じ、知識や技能を習得させていくことを指す。
2）個人間の知識の伝達による学びではなく、職場やコミュニティに参加しながらそれぞれの環境における文脈に息づく知識や技能について学ぶことを指す。
3）ひもで吊るしたボールを手やラケットで打つ、ふたり用ゲーム。
4）カウボーイの仕事に必要とされる技術から発展した、暴れ牛に8秒間乗り切れるかどうか競う競技であり、北米ではメジャーなスポーツである。

7

尊重と責任：
シティズンシップ
（市民性）の概念

事　例

　ジェイドは 15 歳の女性、マークは 14 歳の男性で、共に白人であった。
彼らは大都市郊外にある青少年施設（adolescent unit）[1] のリビングにい
た。居室が 6 部屋ある独立した家屋で、ジェイドは 4 ヶ月間そこに住んで
おり、マークはちょうど 2 週間を過ぎたところであった。職員のリズと
スコットはダイニングにいた。

　ジェイドは肥満のため、食事と運動をコントロールしようと努力してい
た。彼女は気分の変動が激しく、不安定になってしまうことがあるため、
身体拘束が必要な場面が何度かあった。激高して我を失い、他の若者や職
員に攻撃的になったのである。彼女はそれらの出来事を非常に後悔してい
た。自分の感情と怒りを制御したいと思っており、助けを求めていた。こ
れまでのところ、ジェイドが不安定になるのは、自分の気持ちを言葉にで
きないときや他者からの脅威を感じたときのようであった。

　マークはこれまでにそれほど多くの問題行動は見られず、施設に来て以
来、静かに過ごしていた。彼には、学校で深刻な困難を抱えてきた経緯が
あり、現在は教師に対する暴言のために停学処分を受けていた。

　リズとスコットは、声を聞きつけ、確認のために駆けつけた。まず、
マークの「お前のママはー」という声を聞いた。

　　　ジェイド：「お前のママ、じゃねえ！」
　　　マーク：「"お前のママじゃねえ" だってー。俺は昨日の晩、お前の
　　　　ママとヤッたよ。ママはお前よりデブだな、このデブ！」
　　　ジェイド：（マークに向かって行きながら）「てめえがヤれるのはどう
　　　　せ小さい男の子だけだろう。このゲイ野郎！」

　ジェイドはマークを押した。マークはジェイドのもとに近づき、殴りか
かりそうな勢いだった。しかし、職員の姿を見て脇に逸れた。ジェイドは
マークに向かって突進していった。リズとスコットは、今にも暴力を振る
いそうなジェイドを施設で用いられている身体拘束法で止めなくてはなら

第7章 尊重と責任：シティズンシップ（市民性）の概念

ないと考え、実行した。ジェイドはマークに暴言を吐いたが、マークは職員に言われたように部屋を出て行った。すると、ジェイドは怒りを職員にぶつけてきた。

> ジェイド：（スコットに向かって）「何してんだ、このペド野郎が。
> お前ができるのは小さな女の子を押さえつけることだけだろ？
> 今うちの尻をさわっただろう？　この小児性愛者が！　見てろよ、
> 問題にしてやるからな」

　ジェイドは数分間、暴力を振るい喚いたが、職員の呼びかけに応えられる程度には落ちついた。ジェイドは泣きながら、マークが朝から彼女の体重について悪口を言い、からかってきたことがどれだけ嫌だったかを訴えはじめた。ジェイドはマークにやめてほしいと頼んだが、言えば言うほどマークは悪口を言い続けた。ジェイドが言うには、職員が部屋に入って来たときには、マークを押しのけて部屋から出ようとしただけだったとのことであった。
　リズとスコットは部屋に来たときに自分たちが見たことについて説明し、全体像を理解していなかったことを詫びた。また、ジェイドを身体的に拘束したことについて、誰かが怪我をするのを予防するために必要だったと説明し謝罪した。また、職員がマークと話をすることを約束し、マークが再び嫌がらせをしてきた場合にジェイドがどのような対応をするかについても話しあった。

はじめに

　誠実に行動し他者を大切にする尊厳ある生活を送っている者には、尊重をルールとしても理解できるだろう。尊重は、他者を敬い、その返報として得ることができるもので、私たちの世界では重要な関係性の基盤となる。その定義や表現は文化や状況によって変化するかもしれないが、相手への接し方と、相手からの態度に影響を与えるという基本原則は変わらない。

163

この点で、尊重はすぐに獲得できるものではなく、経験を通して学んでいくものであるといえよう。「愛情と尊重に基づいて養育された子どもは、自分が価値のある人間だと信じられるようになる」（Brendtro and du Toit, 2005: 27）。本章では、尊重と同時に責任についても取りあげる。ここでは、子ども・若者が他者を尊重したり責任感を身につけられるよう手助けする必要性を強調するために、「尊重力」と「応答力」という概念を導入したい。そして、新たな行動の学習や、これまでの行動の学習棄却（アンラーニング）のモデルとなる、適切な大人の存在の重要性を述べる。生活場面は、他者を尊重する行動や責任ある行動を養い、実行に移すための実践の場と定義されよう。

背　　景

　歴史的には、レジデンシャル・チャイルドケアを利用する主な目的は、人格の発達であった。これは、主に宗教的な養育理念を起源としており、多くの施設が宗教を背景にした慈善団体による、信仰上の規則に則って運営されてきたことによる。養育者の多くは、善良なキリスト教徒の男女としてケアの場に参入してきた。現在では、そのような明らかな宗教的動機は、過度に信心深く狭量で堅苦しいと考えられるようになり、クリスチャンとしての敬虔さを宗教的ではない方法で表現することが多くなっている。また、子どもに当然のように大人の権威の尊重を求める一方で、それは必ずしも尊重に値しなかったり、子どもからの尊重に対して同じように応えることはなかった。

　犯罪行為は悪しき性格の表出と見なされており、多くの場合に施設養育は道徳的失敗の元凶として真っ先に批判された。こうした批判に対する露骨な対応が、厳しい規律と行動管理に重点を置いたケアの構築であった。

　1920年代のフロイト以降の心埋学の発展は、養育の焦点を宗教に根ざした魂への関心から、心への関心に転換させた（Smith, 2012）。ここ数十年間のレジデンシャルケアの現実的な展開は、子どもの行動を理解する際に、道徳的判断ではなく心理学的根拠に基づく理解への移行と、それに対

応した"治療"モデルの探求であったことは疑いようがない。現実に、レジデンシャルケアのもとで暮らすほとんどの子どもたちは、非常に不利な立場に置かれており、過去にトラウマ体験を被っていることが多い。結果として、彼らのニーズの多くはいまだ満たされていないか、満たされていても不十分であり、問題行動に発展している。

"治療"モデルの普及に伴う宗教の影響力の低下と、社会全体の世俗主義や道徳的相対主義[2]の台頭によって、子育てのなかで道徳的特性に注目することが困難な状況が生じている。また、大人は自らが養育している子どもに自信を持って人生観を示すことができず、再びトラウマを与えることを恐れてもいる。さらに、子どもたちは現在、法によって固有の権利（第9章参照）を保障されている。子どものケアに関しては大人が最善を知り、重要なことは大人がすべて決定すると言いきれた風潮はいくぶん弱まり、曖昧になりつつある。かつて宗教団体が運営する施設においては道徳的指針が良くも悪くも明確であったが、その後は養育者が子どものケアに関してできること／できないことが不確かになってしまったのである（Webb, 2010）。

心理学的理論に基づく理解とかかわりを重視する姿勢やケア、子どもの意見の配慮といった転換は、どちらも歓迎されるべき進歩であった。しかし、単に子どもの潜在的な情緒的ニーズに目を向けるだけでは不十分である。施設職員もケアに関してより広義の道徳的な意図を持ち、どのように人格形成に積極的に寄与するかについて考えることが必要である。このような責任を果たせなければ、子どもをレジデンシャルケアの後の自立に向けて、準備不足のまま送りだすことになってしまう。

政府は、子どもの権利を強調してきたが、同時に"反社会的な"若者に対する厳罰化を強化してきた（Reeves, 2012）。このような政策は、犯罪行為に対処する少年司法の専門職の拡大に如実に現れている。その結果のひとつとして、少年司法の"エキスパート"の存在によって、日常生活における子どもの犯罪行為に施設職員が対応する責任が免除された[3]。ケアの概念は、統制と指導の名のもとに形骸化されたのである。

子どもの行動へ適切に対応できなければ、子どもが他のシステムに措置

されるという有害な結末を招いてしまう。多くのケアシステムがモデルとする子どもを甘やかし積極性に欠ける養育スタイルは、彼らの学びと行動に否定的影響を与えている（Cameron and Maginn, 2008）。元イングランド・ウェールズ少年司法委員長（Youth Justice Board）のロッド・モルガン（Morgan, 2006）は、教師や施設職員が子どもの間違った行動に対するしつけをためらうようになった結果、多くの子どもが刑事裁判所行きになっていることを指摘している。同様に、スコットランドのファストトラック・チルドレンズ・ヒアリングの調査（Hill et al, 2005）においても、反復的な非行問題を抱える子どもの多くは、インケアの時点から同じ診断を受けていることが明らかになっている。ケアの結果が犯罪に直結するのは、ケアシステムの現実的な欠陥を露呈している。施設入所の有無と犯罪歴を安易に結びつけるべきではない（Taylor, 2006）。とはいえ、多くのケア現場に溢れるこの結びつきに対処するためには、子どもの権利の表面的な理解に留まらず、彼らのニーズの包括的理解に基づいて、行動や人格の発達に向けて取り組まなければならない。

　支援者に対しても、法的・契約的アプローチがケアのなかで拡大している。フルチャーとエインスワース（Fulcher and Ainsworth, 2006）は、こうしたアプローチが職員を訴訟などの法的行為に曝されやすくしていると指摘する。換言すれば、困難な場面に直面したときに職員が自分の安全を守り、丁寧な支援を行うことに根源的な不安が付きまとうことが容易に想像できよう。実践面では、「子どもの権利侵害に相当するのではないか」という職員の不安は、子どもの間違った行動を指摘する際にも影響を与える。このような、施設内で高まる「〜してはならない」という風土は、子どもからの主張に基づいたものではない。さらに、職員の支援を制限するばかりではなく、「子どもの行為の結果や責任は子ども自身が引き受けることが当然である」と見なす風潮を生んだ。しかし、こうした権利に関する表面的見解は、若者がケアを離れた後の司法制度にはもちろん存在しない。

　レジデンシャルケア、学校、その他の社会的サービスなど子育て全般における取り組みの失敗は、社会的・政治的な懸念と結びついて、少年犯罪

第7章　尊重と責任：シティズンシップ（市民性）の概念

に対する厳罰化につながっている。大人が十分に自信を持って、子どもの行動に対処することができないと、システムに頼りがちになる。これは、過去数十年間の閉鎖施設の拡大や、犯罪・違法行為など若者の反社会的行為に関する法案の制定において明らかな傾向である。

　メディア等でも、若者は他者の尊重と責任感を欠いていることが報道されている。イギリスの前政権は、日常生活の質を確保するために、「尊重の女帝[4]」の任命にまで至った。このような社会的関心を受けて、学校においても、尊重と責任を促進するための新たなシティズンシップ教育[5]への関心が高まっているが、尊重と責任の質に関する議論はほとんどない。現在の自己責任論の高まりによって、子ども本人に対する"責任転嫁"がなされ、社会的背景は十分に考慮されていない（Goldson, 2002）。ここでいう"責任"とは少年司法における懲罰の検討を意味する。

　尊重と責任を押しつけるこうした外からの意見のほとんどは、「道義的責任の喪失によって尊重と責任が失われた」という前提に基づく誤った解釈である。また、子ども・若者が理性ある主体として、意図的に誤った行動や不法行為を行っていることを前提としている。このような尊重と責任に対する見解は、法律や厳罰化を招くだけに過ぎない。しかし、社会的養護で暮らす子どもの多くは他者の尊重や責任感を学んでいない。そのため、尊重を表す態度や責任感を行動で示すことは困難であり、気づいたときには"騒ぎになって"しまっているように見える。ネイティブアメリカンのことわざに「傷つけられた人は他者を傷つける」という尊重と責任の欠如を意味するものがあるが、多くの若者は成育史のなかで過酷な経験を重ね、良い養育体験を欠いていることは明白である。

　政策や多くの専門家の考えによって、尊重と責任の発達が、訴訟手続きや反社会的行動への法的措置にすり替えられているかもしれない。しかし、現実には、そのような特質は日々のケアの経験を通して現れるものである。レジデンシャルケアは、尊重と責任を育む条件を満たすものでなければならない。ジョーンズ（Jones, 2010: 23）は、国家が子どもの道徳的発達を保障できていないのであれば、「子どもたちの人格は未発達のままであり、彼らに責任を求めることはできない」と述べており、責任に関する懸念を、

167

異なる角度から見直すことを求めている。それは、単に子どもが責任について学ぶことを意味しているのではなく、大人も子ども・若者の育ちについての責任を引き受けるということである。フレディ（Furedi, 2009: 3）によると、ケアと教育の第一歩は、大人の責任感の行使である。しかし、往々にして、またわかりやすい理由として「大人側が、若い世代への責任を果たす務めから遠ざかるようになっている」。

ルールに基づいたアプローチ

　「子どもたちはルールや政策または技術の適用によって健やかに育つ」という誤解から、レジデンシャルケアには、トークンエコノミーや行動契約[6]、いじめ問題などへの対処を示した政策、ソーシャルスキルやアンガーマネージメントなどの数々の商標プログラム、法的権利の書類とそれに対する不服申し立て手順などが取り入れられてきた。これらは、社会規範を示すという観点から限定的環境では有用だが、尊重や責任の発達に寄与することはほとんどない。システムへの過度な依存は、実践上の難問の放棄につながる。ルールは、矛盾を孕んでおり、子どもはその矛盾点を意識的に暴いたり挑戦してくるため、ルールの価値が下がったり、あまり意味のないものにされてしまう。

　子ども・若者の行動に対する最善の対応のあり方を追求するためには、心理的・法的枠組み、手続き上の配慮を超え、哲学的視点を含めて考えなければならない。他者とかかわる際のルールと契約に基づくアプローチは、倫理的な伝統と18世紀のプロイセン人哲学者イマヌエル・カントによる考えとの融合が起源になっている。カント派の倫理は、世界共通のルールと常識があり、ある状況において正しいことや善いことが一般的に応用できるよう定められている。このような考えは、西洋式思考のなかに深く埋めこまれている。不平等な扱いによって生まれる混乱や "不平等感" に対する恐怖を排し、皆を同じように遇し「ルールはルールである」とする方針によって、平等で一貫した配慮をもたらすものである。しかし、すでに述べたように、子どもは一人ひとりが異なる存在であり（Maier, 1979）、異なる対応が必要である。したがって、子ども・若者を平等性の名の下に

第7章　尊重と責任：シティズンシップ（市民性）の概念

等しく扱うのは誤りなのだ。

ルールと権利を超えて

　複雑な力動を含むケアリング関係に、法的・手続き的な考えを持ちこむことを疑問視する声が高まっている（Meagher and Parton, 2004; Smith and Smith, 2008）。ケアの仕事にかかわる専門家は、カントに代わる倫理パラダイムに目を向けつつある。そのひとつは徳の倫理に基づいており、ギリシャ人哲学者アリストテレスの伝統に立ち戻ることになる。徳の倫理は、概念的なルールよりも個々の倫理的個性に目を向ける。アリストテレス主義者の考えを子どものケアに援用するならば、子ども・若者が善い行動を発達させるためには、道徳的習慣の習得を忍耐強く励まし続けることである。十分な結果を得るまでには時間を要する。子どもはすぐに何かを得たり、報酬を欲しがるものだが、将来に起こりうることを考え、その価値を意識するよう支援することによって、正しい優先順位の感覚が発達していく（Jones, 2010）。

　正しく道徳的な行動は、特定の行動を経験した後に、自分でもそれに取り組み、反復することによって、時間をかけて学ぶものである。そうした形式は人格特性のなかに組みこまれ、最終的にはあらゆる行動に影響を与えるようになる。これはドイツ語では「ビルドゥング（bildung）：人格形成・陶冶」といわれ（第1章参照）、フランス語では「フォルマシオン（Formation）」となり、直接英語に移された。しかし、英語圏では、人格形成は宗教団体を除いてはそれほど明確な概念ではない。だが、そこにはおそらく子どもの養育や人格形成に必要なものが包含されている。人格形成は、子育ての一部なのだ。

　ソーシャルワークの分野で注目されている他の倫理的アプローチは、本書の考えにも影響を与えているケアの倫理である。これは、関係性の成熟に応じて道徳的行動が生じるという考えを前面に押し出したものである。ノディングス（Noddings, 2002a）は、権利と司法に焦点化する倫理哲学に対して、関係性に基づくケアの倫理を提唱し、人と人との関係性、責任感、

他者へのケアリングの概念を強調している。ノディングス（Noddings, 2002a）の述べるこのような性質は、著書のタイトルに「家庭で始まる」とあるように、早期の家族的関係のなかで育まれる。ケアの経験を通じて他者への思いやりを学び、身近な関係性を超えて他者をケアし思いやることから他者の尊重と責任感が育ち、最終的には良好なシティズンシップと社会正義の概念を獲得する。このような観点から見れば、シティズンシップは学校の教育課程で学べるものではなく、他者を思いやる経験や練習によって時間をかけて身につくものである。

　ノディングスは、道徳性の発達は、本質的に「モデリング、対話、実行、確認」（Noddings, 2002b: 148）を含んだ社会的なプロセスであり、生活場面モデルの実践に適していることを指摘している。これは、社会的学習理論（Bandura, 1977）と共鳴する部分がある。社会的学習理論では、若者が向社会的行動を学ぶために、最初はロールモデルを通じて例を示しながら日々特定の行動基準を強化していく。職員の正直さ、関心、かかわりなどの個人的属性と、明確な役割定義はこのモデルの効果の鍵となる（Trotter, 1999）。しかし、ブレンドロとデュトワ（Brendtro and du Toit, 2005）によると、重要な要因はケアを担う大人の共感性と平等性である。子どもはロールモデルに囲まれて育つ必要があり、平等に扱われているという実感や倫理的なフィードバックが人格の発達には不可欠である。「フィードバックとは、間違いを指摘するだけではない。それがなぜ間違いなのか、どのような意味で間違っているのかを子どもと共に振り返り、将来同じ間違いを繰り返さないように理解や洞察を得ることも含まれている」（Jones, 2010: 24）。

　徳とケアの倫理に関する理念には、チャイルドアンドユースケアに共通する考えが見られる。メイヤーの『ケアの中核』（第2章参照）をもう一度参照するならば、個別的な行動トレーニングが有効なのは、明らかに予測可能で信頼できる人間関係が成立しているときのみである。そうした人間関係の発展や、行動に影響を与える機会は、生活場面で起こる。しかし、当然のことながら、多くのインケアの子どもたちは、不適切なアタッチメントや逆境的体験によって、信頼できる関係性に基づいた幼児期からの一

第 7 章　尊重と責任：シティズンシップ（市民性）の概念

貫性のあるケアを受けていない。人格を形成する幼児期の学びが不十分だと、後になって多くの行動が表出されることになる。キルブランドン（Kilbrandon, 1964）の少年非行に関する先駆的な報告書によると、このような子どもには、大人による一定の権威や強制力が必要な、対立も辞さない特別な教育・養育の手立てが求められる。クライポエツザス（Kleipoedszus, 2011）は、関係性は衝突を経て徐々に構築されていくものであるという歓迎すべき論を展開している。子どもたちは、衝突を恐れて争いを回避するのではなく、創造的にかかわってくれる大人を必要としているのである。ときとして、「家庭や学校、コミュニティの生活に強制力が求められることがある。ここでいう強制力とは支配的な意味ではなく、対話の後に用いられるべきものである」（Noddings, 2002a: 202）。表面的な配慮ではない、真の意味での関与と対話によって構築される関係性が、長期的に見れば職員を勇気づけ、困難な養育状況を変えてくれるのだ。

尊重の文化を発展させる

　秩序や構造の基準化が求められる社会情勢にあっては、レジデンシャル・チャイルドケアにおいても尊重と責任を伴う行動が求められるようになっている（Moos, 1976）。第 2 章の繰り返しになるが、おそらく望ましいのは、施設職員が困難な感情・言動を“抱え”“包容する”ことによって、子どもも大人も安心・安全を感じられるような環境を創り維持することである。子ども・若者は適切に包みこまれたと実感することによって、経験や感情に適切に対処することができるようになり、さらには自分を取り巻く人々とのより適応的なかかわりができるようになる。コンテインは、基本的なケアと境界の設定によって成立する。しかし、ある程度の外的な統制が必要とされる一方で、施設内のルールのみで秩序がもたらされる可能性は低い。第 2 章で述べたように、境界の設定はルールではなく、リズムに沿って行われる方が望ましい。侵害行為をも受けとめ包容するとともに、許容・尊重・理解をもたらすような全体的な雰囲気の醸成が求められる（Steckley, 2010）。そのような環境では最終的に、子どもは自分の感

情や経験に向きあい理解することができるようになり、より向社会的な方法で対応する力を高めることができる。

　子どもは養育者とのあいだに重要な関係性を育んでいく。適切な関係性の構築によって若者は尊重される経験を積み重ね、他者への尊重を学ぶ。長期的に見れば、それが責任を伴った行動の基盤となる。子ども・若者と大人が生活を共にすることによって、「ひとりの人間として社会で活躍し、社会の繁栄に貢献することができる」という考えを育むことが可能になる（Jones, 2010: 25）。正しい日常のリズムを獲得することで、子どもは受け入れられ、尊重され、理解されていると感じることができる。しかし、いくつかの外的要因によってケアの健全な文化が阻害されることがある。特にアドミッションポリシー（入所に関する方針）によって、多様な子どもたちをひとつのホームで一緒に過ごさせることが難しくなっており、優れた職員であっても、効果的に対応できる範疇を超えてしまう状況を招いている [7]。このような状況が、やむを得ないことであるが、外部からの統制、ときには身体拘束への過度な依存に結びついている。

衝突への対応

　感情、親密さ、無秩序、曖昧さはレジデンシャル・チャイルドケアと切り離せないものである。実践は理想にほど遠く、誤解に曝されたり不平不満に終わる場合さえある。マニュアル的には、子ども同士の二者間の問題であれば、いじめ対応手順に依拠したものになるかもしれない。仮にその状況に大人が関与していれば、不服申し立てや虐待防止などの法的手順を踏んだものになるだろう。全てではないが、最も極端なケースでは、ほとんどがこうした方法できちんとした個人間の問題解決が行われる。現実的には、共に暮らす者同士は対立し、これに取り組む必要が生じる。しかし、法的対処がそのような "取り組み" を阻害し、対立から学ぶことを妨げることがある。クロス（Cross, 2008）はこのような例を次のように巧みに表現している。

第7章　尊重と責任：シティズンシップ（市民性）の概念

　……他者を責めるのではなく、愛情と気遣いを持って接してくれ、正しいことは何かを教えてくれたり、葛藤を解決してくれる大人と暮らすことで、子どもはこれらの価値や考え方を身につけ、同じように振る舞うことができるようになる。彼らは正しい行いが喜ばしい体験であることに気づき、自分に自信を持つようになる。

　子どもは、望ましい行動の範疇に収まらない相手を前にしても、それぞれに応じた対応が求められることを理解していく。子どもは大人に共感できるようになり、大人が間違いを起こすことがあることや、激しい感情には疲弊することを理解し受け入れるようになる。これは、かかわりのある大人から傷つけられた状況でさえ起こるようになる。

　自分の過ちを認めることができる大人は、常に"正しい"回答を持ちあわせているわけではなく、何かがあるたびに感情が揺れ動く。しかし、こうした大人は、一般的な見解に反して子どもから尊敬されやすい。もちろんこれは、他者に傷つきや苦痛をできる限り与えないように、大人が自分の感情をコントロールする必要はない、というつもりではない。その一方で、感情のコントロールは常にうまくいくとは限らないことを心に留めておきたい。責任が問われやすい環境下では、大人は自分の感情を合理化し、行動を正当化する。それは子どもに対する公平なかかわりとはいえない。そして、「大人も動揺することがあるのだし、それを受けとめなくてはならない」という事実や、「たとえうまくいかなくても、その後に修復や謝罪が可能である」という事実を学ぶ機会が失われる。目の前の大人は子どもの重要な手本になるのである。

　今日、児童保護の名のもとに重視される事実の記録や説明責任は、個人間の自然で建設的な問題解決を妨げている。

身体拘束

コンテインメントをスペクトラム（連続体）として捉えたときに、場合

によっては身体拘束の使用がその最端に位置づけられることがある。近年、この身体拘束は政治的な注目を浴びているが、多くの場合は権利および乱立する商標プログラムの観点から議論されている（Smith, 2009）。本章の目的は身体拘束の方法を指南することではないため、レジデンシャルケアにおける手引きは、他に譲ることにする（Davidson et al, 2005）。ステックリー（Steckley, 2010; 2011）も、身体拘束の複雑性や力動について非常に優れた論考を展開している。拘束は虐待的に捉えられることもあれば、反対にケアの安心感を促進する場合もある。大人と子どものあいだで展開する関係性が、拘束という経験を捉える際の中核的な役割を果たすという事実が徐々に明らかになってきた。以下に挙げるように、身体拘束は適切に用いられれば、相互の信頼と尊重を高める効果的な体験となる。

> 「ああ、身体拘束を受けるまでブラウンのことは好きじゃなかったよ」
> 質問者：「身体拘束のなかにも信頼につながる要素があったということ？」
> 「そうだね。もし誰かがあなたを拘束することがあっても、相手を再び信頼できるようになれば問題ない。拘束されれば相手のことが嫌になるし、信じられなくなるだろ。でも、適切に拘束が用いられれば、俺とブラウンのように再び相手を信頼できるようになるんだ」（Steckley and Kendrick, 2005: 19）

　これが事実だとしても、拘束を用いることだけが治療的介入として捉えられたり、正当化されるべきではない。拘束は、ときとして子どもが安心感を得たり、尊重しあう関係を発展させたり、感情的コンテインメントを提供し抱える環境を作り出すといった目的のために必要となることがある。しかし、関係性が深まるにつれ、拘束の必要性は減少する。毅然とした声かけや注意、落ちついて眉を少し動かすなどの非侵入的な方法で、若者が自らの行動を制御できるようになるのである（Steckley, 2005）。
　行動の安定が関係性の上に成立するのであれば、ケアするひとは自らを

関係性の中心として活かすことが重要である。繰り返しになるが、行動化による表出は、その下に潜むニーズの表れとして推察することができる（たとえ周囲の子どもたちに自分を誇示しているように見えたとしても、もっと深い部分に原因があることもある）。したがって、このような深いニーズに対応を試みうまく解決に至ったり、早期に介入したり、ニーズを満たす代替案を示して注意を逸らすことができるようになれば、優秀な施設職員の証といえる。ガーファット（Garfat, 1998）によれば、効果的なかかわりとは、対象の子どもに「ぴったり合うもの」を職員が直感的に理解し、リズムに同調し、オーダーメイドの的確な応答をすることである。若者のなかにはきっぱりした言葉に反応を示す者もいれば、穏やかな説明が必要な者もいる。どのような技法を用いるにせよ、その目的は「ここで期待され許容される行動とはどのようなものか」を伝え、それが時間の経過のなかで内在化されていくことである。

　同じように、現在注目を集めている修復的司法の考え方は（このアプローチが修復に重きを置くというよりも、司法裁判上の法的概念の具体化だということを受け入れたとしても）、日々の対立を解決するさまざまな方法を示している。ブレンドロとデュトワ（Brendtro and du Toit, 2005）は、処罰モデル対修復モデルの論争に着目している。彼らによると、処罰モデルでは、「他者を傷つけた者は苦しまなければならない」と考え、修復モデルでは、「他者を傷つけた者は壊れた絆の修復に努めなければならない」と考える。実際のところ、過度な法的アプローチは壊れた絆の修復の妨げになるのかもしれない。

尊重を学ぶ

　子どもは、他者を尊重できるようになる以前に、自分自身が尊重されなければならない。これは、時間をかけて、周囲とのかかわりや関係性のなかで大切にされることによってのみ可能である。自尊心は、日々の生活のなかで、歯磨きをすること、毎日入浴をすること、清潔で適切な衣服を着るなどを大人が望むことによって育まれる。子どもが自分や他者を尊重で

きるようになるために、また多くの社会的養護のもとで暮らす若者が自分を大切にしないことによって起きる危険な行動を防ぐためには、自らの身体を通して心地よさを感じとる必要がある。さらに、虫歯やニキビや肥満などは、子どもの自尊心やアイデンティティに深刻な影響を与えるため、健康面の課題に優先的に取り組みたい。スポーツ活動や他の身体的アクティビティへの参加は、自分のからだへの自信や自尊心の向上につながり、自分自身をより肯定的に感じる助けになる。子ども・若者が自分に自信を持ちはじめると、他者への応答もより尊重を伴ったものに変化していくことが多い。

　子どもと職員がお互いに尊重しあえる枠組みを形成することが、日常的なかかわりのなかに尊重を生みだす最初のポイントである。他者とどのように話をするのか、どのような言葉遣いが許容される／されないのかについて明確な境界が必要である。「～してください」「ありがとう」などの言葉遣いや食事が終わってから席を立つことなどが、中流階級だけの気取ったマナーではなく、相互尊重の文化には必要不可欠だということを模範として実践するとともに、子どもにも要求しなければならない。暴言は社会的養護のもとで暮らす多くの子ども・若者にとって深く浸透した習慣になっているが、施設の外を一歩出たさまざまな社会的場面で若者が尊重と責任を伴う行動を取るためには、許容すべきではない。ここでは、文化的相対性やサブカルチャーの保障を考慮しなくてもよい。そのような行動が許されない一般的な文化的・社会的環境に身を置けば、暴言に慣れた者でさえ自分の暴言や言葉遣いが許されないことにすぐに気づき、謝罪できるものである。子ども自身が混乱した場面であっても、社会のなかで誤解されることのない感情表現へと導かれるべきであり、生活上のストレスに対処する適応的な方法を身につけられるような支援が求められる。

　尊重は相互的である。尊重しあえる関係性を築くためには、相手を尊重する気持ちを返せるよう、かかわりあっ全ての者から尊重されているという実感が必要になる。子どもが暴言を吐くことや他者を虐げることを許すのは、その大人のためにもわがままに振る舞う子どものためにもならない。そのような場合に子どもたちは、大人は自尊心が欠けていると受けとめる。

第 7 章　尊重と責任：シティズンシップ（市民性）の概念

望ましい行動を示せないままに子どもを養育しようとする大人が、強い影響力を持つことはない。子ども・若者はそんな大人をひ弱で "影響力のない友人" と見なすだろう（Brendtro and du Toit, 2005: 89）。ケアするひとは、子ども・若者を育む観点と、（規則に従わせるのではなく）高い期待や責任を伝えることとのあいだでバランスを取り、彼らの自己効力感を育むことが求められる。それによって、子ども・若者は何らかの責任を取ったり、自分の人生をコントロールすることが可能になっていく（Brendtro and du Toit, 2005）。暴力に対峙する際に、職員が自信を持ち、そうした行為が許されないことを明らかにするためには、所属機関から支えられているという感覚が不可欠となる。最終的な権威はホームの外の人物が握っているような環境では、子どもがそれに気づいてしまえば、現場の職員の自信は簡単に失われてしまう（Emond, 2004）。

　施設職員が仕事中の振る舞いによって示す無言のメッセージは、信頼につながる。特に、施設現場では、態度は言葉より雄弁に語るものである。その場にふさわしい服装をしたり、日々の業務をその時々に適したやり方で確実に遂行するといったあたりまえのことが、尊敬を得る上で大切なことである。職員は、朝食のテーブルを準備すること、登校のために洋服を並べて用意すること、学校から戻った子どもを迎え入れるなど、多種多様な場面・状況の推移への対応が求められる。依存や信頼の感覚、および日常生活のなかで支援者が示す威厳が尊重につながっていく。それは、自然に生まれるものではない。当初はルールや外的な境界に基づいていたものが、関係性の深まりに応じて時間の経過のなかで、威厳と信頼に基づくものに発展していくのだ（Garfat, 2001）。

責任を学ぶ

　社会的養護のもとで暮らす子ども・若者の特徴として、無責任さが挙げられることがよくある。このような仮定に基づいた実践は、逆に子どもたちの責任の発達を阻害することになる。特にリスクを避けようとする文化では、支援者は子ども・若者に責任を委ねた場合に、彼らの失敗によって

177

もたらされる結果を恐れがちである。しかし現実には、若者は責任を委ねられることによってのみ、責任感を学ぶことができる。レジデンシャルケアにおいて、責任感は日々の生活を通して発達を遂げていく。子どもは自分の生活の場で、必要に応じて大人の支えや励ましを受けながら、ベッドメイクや自室の片づけなど責任ある行動を取ることを期待したい。このような経験が、より広い社会に出たときに、テーブルを準備し綺麗にする、掃除機をかける、床を掃除する、風呂掃除をするなどの雑務を引き受けることにつながっていく。実際には、多数の子どもが入所している施設では清掃員がより丁寧に掃除をするのだが、「自分の生活環境は自分で手入れする責任があるのだ」というメッセージを子どもたちに伝え続けなくてはいけない。

　子ども・若者に責任を果たすよう期待することが、所有感や自尊心、さらには所属感の高まりにつながっていく。毎日の日課に加えて、たとえば、植物の水やりや魚のエサやり、運動器具の整備や夕食のテーブル準備など子どもに特別な責任を任せることがある。年長のしっかりした子どもであれば、年少児や不安な子どもの世話をすることもあるだろう。

　責任感と信頼を伝える効果的な方法は、子ども・若者をガーデニングや壁紙の張替えといった生活に必要な作業に巻きこみ、手伝ってもらうことである。このようなごく普通の実践は、誤った解釈によって、健康・安全の指針や安全なケアの指針の犠牲になったり、「子どもを搾取し、安価な労働力を得ようとしている」という捉え方をされてきた。このような実践の真価が、誤解されてしまったのである。実際には、家庭的環境において子どもは“本物の仕事”と見なされていることを手伝うこと、殊に子どもが好意を寄せ尊敬する大人と共に作業することを誇りに思うものである。子どもを家庭に招き、頼みごとをするほどの信頼を伝えることが、その子どもを受け入れているという強いメッセージとなる。こうした実践を行う者は、このような状況で子どもを信頼することはほとんどの場合、良い結果に結びつくことを知っている。前述のような配慮された状況で信頼されること、信頼に応えることは、人生の他の場面においても信頼と責任を発達させる足がかりとなる。対極の関係としては、大人と子どものあいだの

178

第7章　尊重と責任：シティズンシップ（市民性）の概念

隔たりや相互の不信感が表面化した、信頼に乏しい状態であろう。

　子どもが自分の行動に責任を取れるようになるのは、多くのケースで見られるような罰や制裁と同義である"結果"を大人に押しつけられたときではなく、物事がうまくいかなかった結果に自ずと直面したときである。ときには子どもの失敗を許容し、次の機会にはもう少し上手に振る舞えるよう手助けをする必要があろう。しかし、リスク回避に傾いた文化では、"失敗"は学びの機会ではなく、子どもの過失もしくは子どもを監視する大人の過失と捉えられてしまう。リスクアセスメントへの傾倒は、子ども・若者が責任を学ぶ機会を妨げてしまうのである。

まとめ

　私たちは、他者への尊重を欠いた行動や無責任な行動が、施設で暮らす子どもたちに必ず伴う特徴であると見なしたり、そうした見解を受け入れるべきではない。そして、子ども・若者が社会で許容される行動を身につけるまで、忍耐強く一貫性や繊細さや毅然とした態度を持って、受け入れ難い行動を指摘し続ける必要がある。「肯定的な方法に基づいた人格形成は、子どもを社会の一員として最大限の役割を果たす大人へと成長させる。そうした大人の貢献によって、社会が豊かになっていくのである」(Jones, 2010: 27) という言葉に集約されよう。レジデンシャルケアにおいて「尊重力」と「応答力」の形成を支援するためには、次の要素が求められる。

- 身体的・心理的に安全な環境：ケアするひとが共感的で情緒的に安定していること。
- 鍵となる支援者との関係性が、子どもを情緒的に"抱える"ものであり、彼らが経験と感情を理解する助けになること。
- 明確かつ予測可能な境界・日課・構造が確立されており、それらは子ども中心で柔軟であること。
- 感情表出や行動の誤りを許容する範囲が、子どもにとって予測が

でき、発達に沿っており受け入れやすく、処罰的でないこと。
- ■ ケアするひとが、所属する組織から支えられており、治療的コンテインメントに関連するニーズが満たされていること。

事例を振り返って

　レジデンシャルケアでは状況が激化することが多く、職員は極端な感情への対応が求められ、他者に起こりうる危険性に対処しなくてはならない場面に遭遇する。本章の初めに北米のことわざを引用したように、「傷つけられた人は他者を傷つける」のである。よくあることだが、個人的な傷つきは重要な対象に投影され、生活のなかでは侮辱する相手を求める。その相手は往々にして母親であったり、傷つきを性的挑発として表現することも多い。相手にとって重要な他者や性的嗜好を標的にすることは、その両方ともが加害者自身の安全をめぐる潜在的不安を反映している。

　激発のきっかけがどんなものであったとしても、ときには迅速で果断な行動が求められる。こうした状況では、自分のコントロールを超えてしまうという職員の不安を誘発し、事態が複雑になってしまうことがある。スコットとリズは適切な意図に基づき、ジェイドの身体拘束を行った。ジェイドはからかいの被害者であると思われ、マークが悪いと主張していたものの、他者を傷つけずにやりとりすることが難しい状況であった。

　困難な状況を最もよく統制するためには、職員が"存在感"を示すことである。それは、子ども・若者に安心感と安全感を伝えることができる。"存在感"を言葉にするのは難しいが、それに注意を払うことやそれを経験することは容易である。威厳や尊重の感覚を有した職員は、言語的なやりとりがなくても、周囲に落ちついた安全な雰囲気を作り出すことができる。まだ経験が浅く安心感に乏しい職員の場合は、自分の不安を無意識のうちに投影し、感情を煽ってしまう。個人的な威厳の感覚は、講義やトレーニングだけで身につけることはできず、時間を要する。新しい職員は、経験豊富な職員の傍で働き良質な実践にふれ、合わせてスーパービジョンと同僚からのフィードバックを受けることによって、実践に自信と安心感

180

が生まれていく。

このような手法は、月並みないじめ対応戦略や政策にはあまり馴染まない。マークは暴言を振り返ることが必要である。理想的には、自分の言動の過ちを認められるよう話しあい、ジェイドに謝罪するようにしたい。マークにも彼なりの理由があることは間違いなく、それに耳を傾ける必要もある。いったん頭が冷えたら、マークとジェイドを集めて何が悪かったかを話しあう場を設けることが有益だろう。関係が壊れた後の修復的実践を通じて、癒しと成長がもたらされるのである。

別の問題としては、このような状況に介入を求められる職員が、さまざまな感情を抱えて取り残されやすい点である。スコットは、性的虐待の訴えに直面したが、それは表面的に過ぎず、ジェイドの傷つきと苦痛の表現として解釈された。このような申し立ては、特に虐待の兆候に過度に反応する社会情勢（Sikes and Piper, 2010）のなかでは注意すべき点であり、同僚や上司と話しあい、報告書に記録しておかなくてはならない。こうした状況で職員は、介入が早すぎたのではないだろうか、あるいは事情を十分理解していなかったのではないかと絶えず悩まされる。不確実な事態においても落ちついた対応が求められるが、まずは将来への学びのために今回の一件を振り返ることが必要である。

実践に向けた考え方

- 職員チームは、期待すべき行動について、とりわけ人と人同士、若者と大人が話しあう方法に関して議論し、明確にしよう。さらに重要なことに、子ども・若者に対して毎日のかかわりのなかで期待する行動の模範が必要である。このなかには、期待に添っていないときに不承認や落胆を示すことや、ここで望まれる／望まれない方法かどうかを伝えることも含まれる。
- 子ども・若者が安全や尊重を感じられるケアのリズムをどのように確立するかについて考えよう。

- 子ども・若者が安全感や"抱えられている"ことを感じられるように、親密でありながら適度に威厳のある関係を構築するために何が求められるのかを考えよう。これは、子どもに文句を言ったり口うるさくなるのではなく、大人の自信と公平さに基づくものでなくてはならない。
- レジデンシャルケアにおけるほとんどのことと同じように、小さなことを通して尊重と責任を伝えていこう。若者や同僚を尊重するとともに、尊重されることを期待しよう。「～してください」「ありがとう」と伝え、同様に他の人にもそうすることを期待しよう。
- 自分が間違ったことをしたときにそれを伝え、謝罪しよう。これは、子ども・若者に対する最も強力なかかわりのひとつになる。同じように、間違いを許し受けとめる手本になろう。それは、「次の機会にはもっとうまくやろう」という気持ちを維持することにつながる。
- 子ども・若者が、責任感を持ち他者を尊重して行動することを認めよう。
- 家事や日課を決め、子ども・若者と一緒に行おう。彼らに責任を与え、彼らが過ちを犯すかもしれないことも受け入れよう。それが、互いに責任を分かちあうことにまで広がっていくかもしれない。
- 子ども・若者が自分のしたことに満足感を覚え、自尊心を育むことができる体験を手配しよう。
- 機会に応じた適切な装いをし、子ども・若者にも同様の振る舞いを促そう。

参考文献

ネイティブアメリカン・サークル・オブ・カリッジ（The Native American Circle of Courage）の文献は、子どもが責任をいかに学んでいくのかを考える上で有用であ

る：

Brendtro, L., Brokenleg, M. and Van Bockern, S. (2002) *Reclaiming youth at risk: our hope for the future, Bloomington*, IN: Solution Tree.

Brendtro, L. and du Toit, L. (2005) *Response ability pathways: restoring bonds of respect*, Cape Town: PreText Publishers.

ジューン・ジョーンズは人格形成に関する歓迎すべき見解を述べているが、十分に顧みられていない：

Jones, J. (2010) 'Raising children: a character-based approach to residential child care', *Scottish Journal of Residential Child Care*, vol 9, no 2, pp 22-7.

ネル・ノディングスの業績は重要であり、再び紹介したい：

Noddings, N. (2002b) *Educating moral people: a caring alternative to moral education*, New York: Teachers' College Press.

訳 注

1) 児童養護施設のなかでも、特に高齢児を対象にした小規模ユニットを指す。

2) 神を道徳の源泉であるとする絶対主義に対して、道徳は絶対的基準に基づくものではなく、状況や文化や感情によってさまざまであるとする考え方。

3) 原著者によると、少年非行に対応するためには特別なスキルが必要であるという考えに基づいて、本来は施設職員が担うべき責任や対応を、少年非行の"専門家"に委ねつつある現状があるとのことであった。

4)「respect tsar」の訳で、2005年にブレア首相が反社会的行動に対処するための「リスペクト・アジェンダ」の一環として、特別対策チームの責任者に任命されたルイーズ・ケイシーを指す。

5) 他者の尊重、個人の権利と責任、人種や文化の多様性の理解、政治や社会参加など、市民として社会のなかで十分な役割を果たすために必要な能力や価値観の育成を目指した教育。欧米諸国を中心に学校教育での導入が進んでいる。

6) 行動分析学の用語で、行動を管理するために結ぶ約束。標的行動と実行期限、約束を守ったときと破ったときの結果を明記する方法。

7) 原著者によると、子どもの入所にかかわる判断が施設ではなく行政レベルでなされるため、同じホームで暮らす子どもたちのグルーピングが困難となっている現状があるとのことであった。

8

貢献：寛容な精神を育む

事　例

　ジェイソンは 14 歳のアフリカ出身の黒人で、4ヶ月のあいだ、大都市の
はずれにある児童養護施設で生活していた。施設に入る前、ジェイソンは
母のキャロルと 3 歳年下の妹と暮らしていたが、地元で軽微な犯罪や破壊
事件に加わるようになり、たびたび、母親を罵ったり暴力を振るうなど、
次第に母親の手に負えなくなった。また、喧嘩や教師への反抗的な態度に
よって何度も学校を停学となり、ついに除籍処分となった。ジェイソンの
父であるデイヴィッドは、2 年前に家族を残して家を出ており、それ以降
は連絡もなかった。地域行政は、ジェイソンは母親がコントロールできる
範囲を超えていると結論を下し、母親も彼を施設に措置することに同意し
た。

　入所した当初、ジェイソンはとても反抗的な態度だったが、現在はずい
ぶん落ちついており、ホームの規則や日課を受け入れていた。また、他の
子どもや職員と良い関係性を築き、親しみやすく愉快な子と評された。ス
ポーツも得意で、地元の学校への出席も増えはじめた。彼は、担当職員の
アンジェラと、特に強い関係性を築いていた。アンジェラは、ジェイソン
の世話に時間と労力を費やし、ときには勤務後も居残ることもあった。

　しかし、ジェイソンと母親との関係性には、困難が残されたままであっ
た。彼は、父親が去った後に母親が交際していた男たちに対して、多大な
怒りを表出していた。キャロルは、ジェイソンの父は虐待的で良いところ
がなかったと感じており、その父親とジェイソンが似ていると強く感じて
いた。キャロルは、ジェイソンは施設で甘やかされており、見せかけの行
動上の変化で職員を騙しているのだと思っていた。こうした難しい関係性
にもかかわらず、キャロルはジェイソンのもとを週に 1 回は訪れ、彼との
関係改善を望んでいた。ジェイソンは、気に入らない男たちと母親が出か
けてしまい困るようなことがなければ、もう一度家で暮らしたいと話して
いた。

　毎年、施設では地域のお祭りに参加しており、今年は、本格的な競技ラ
ンナーだけでなく、地域のあらゆる年齢の人が楽しく走ることのできる

第8章 貢献：寛容な精神を育む

10キロのロードレースがあり、そこでソフトドリンクとお菓子の屋台を出した。売上金は、アフリカに学校を建てる計画にかかわる地元の教会と、地元の色々な組織の支援に分配される。アンジェラは、キャロルが訪問する日に合わせて、ジェイソンに施設が出す屋台を手伝ってほしいと頼み、キャロルには、もしよかったら同行しないかと尋ねた。

　初め、ジェイソンは気が進まないようだった。「何のためにそれをする必要があるの？」

　　アンジェラ：「慈善活動のためよ、ジェイソン」
　　ジェイソン：「アフリカの学校って！　僕は何かもらえるの？」
　　アンジェラ：「これはただアフリカの学校のためだけじゃないの。
　　　お金はお年寄りが外出するためにも使われるのよ。週に1回くら
　　　いしか外に出ることがない人たちにとっては、とても重要なの。
　　　ああ、それから、お金はあなたが入りたいって言っていたサッ
　　　カーチームが、新しいユニフォームを買うのにも使われるそう
　　　よ」

　ジェイソンも母親も不安はあったが、最終的に屋台を手伝うことに同意した。ジェイソンの母親は、ジェイソンがお金を扱うのは信用できないと話し、冗談めかして、彼が飲み物もお菓子も全部食べてしまうのではないかと言っていた。ジェイソンは、母親が、新しい学校の友人の前で恥をかかせるのではないかを特に心配していると話した。

　アンジェラ、ジェイソン、キャロルと地元の教会グループのメンバーたちは、ひっきりなしに客の来る屋台で4時間働いた。キャロルもジェイソンも客に対して愛想良く、社交的で、打ち解けていた。ジェイソンは、何人かの新しい友人たちと笑いあった。1日の終わりにキャロルは、ジェイソンの新たな可能性が見えた、彼のユーモアや頼もしさは好ましいものだったとアンジェラに言った。ジェイソンの方も、母親の傍で働くことは「大丈夫」だったし、母からぐちぐち小言を言われなかったという事実を認めた。

片づけが終わった後、ジェイソンは、「楽しかったね。それで、お金は何に使われるって言ったっけ？」とアンジェラに尋ねた。アンジェラは、高齢者のグループの話を繰り返した。

　　ジェイソン：「それは良いね。僕はボーイスカウトにいたとき、お年寄りの家でお手伝いをしたことがあるよ。僕はお年寄りとお喋りするのが好きだったんだ…それと、アフリカで学校を建てるのを手伝っている人、彼は良い人だね。教室の大きさや子どもたちが本や物を手に入れるのがどれだけ大変か、僕に教えてくれたんだ」

はじめに

　「貢献する」ということは、他者の助けになるように肯定的で思いやりのある行動を取ること、物事がうまくいくように自分の役割を果たすことである。貢献しようとする若者は、他者のことや彼らのウェルビーイングを気にかけることができ、他者の感情や経験から影響を受ける。また、貢献するためには他者の感情、文化、価値観、信念を理解する能力を必要とする。肯定的な貢献のなかには、単に他者のために行動することだけではなく、自分の行動が他者にどのような影響を与えるかについての配慮が含まれる。ときには、衝動の制御も含まれる。たとえば、若者が怒り、誰かを罵ったり殴りたいという衝動に駆られたとする。このときに、自分を落ちつかせて問題解決に向かうならば、肯定的な貢献へとつながり、自己と他者双方のウェルビーイングに貢献することになる。子ども・若者が他者のウェルビーイングに貢献するとき、彼らは寛容さを顕し、他者の利益のために自己を投じる。寛容さは、健康な人間に備わる基本的特徴だとする主張もある（Brendtro and du Toit, 2005）。
　本章では、寛容をテーマとし、それに沿ったいくつかの概念について解説する。寛容さは、毎日の出会いや日々の親切のなかにある、生活のありふれたことから生まれる。他者を助け、自分以外の人の人生に積極的な貢

献をすることによって、若者の自尊心は高まっていく。寛容は、ケアし、ケアされるための能力の中軸を成す。しかし、寛容は培われる必要がある。寛容が培われれば、自己や他者に対する価値観が若者を反社会的行動から向社会的行動へと導いてくれる。社会貢献の方法は、伝えられて身につくのではなく、自分がどのように扱われるかを通して身につくのである。

　子どもたちにとって（当然大人にとっても）、寛容さを発達させ実行に移す利点は、哲学、心理学、さらには神経科学などの多くの学問的知見によって支持されている。

　まず、哲学から始めよう。バウマン（Bauman, 2000）によれば、聖書の登場人物であるカインが「私は弟の番人なのですか」と神に反問したとき、全ての人間の不道徳が始まったとされる。カインが弟や妹、隣人の世話をする立場にあったことは明らかであったはずである。この義務感への疑念は、「他者に手を差し伸べることは人間らしいことである」という感情に不協和を生じさせた。困難な状況であるにもかかわらず、見知らぬ人に手を差し伸べた「善きサマリア人の喩え」にあるように、古代ギリシア人は、さまざまな種類の愛のひとつであるアガペを無私の奉仕であるとした。これを、私たちの人間性の一面として描いているのである。

　トロント（Tronto, 1994）は、現代的な倫理的思考の多くが、スコットランド啓蒙主義の哲学者に根ざしていると述べている。たとえば、後にグラスゴー大学の道徳哲学の教授となるフランシス・ハッチェソン（1694～1746）は、人間は本来、慈悲の感情で満たされた存在であると主張した。生来の感情が、道徳的判断を知らせる本来的な感覚をもたらし、道徳的行為を導くのであり、寛容さを伴って他者に手を差し伸べることを可能にするのである。

　こうした考え方は、「感情よりも理性が人間の行動を規定し導くべきであり、感情と理性は切り離されるべきである」という啓蒙主義の支配によって失われた。理性や冷静さが顕著となり（Tronto, 1994）、特にソーシャルワークが専門職として発展するにつれて影響を強めた。専門職としての優越的立場は理性や冷静さをもたらし、ケアの本来的な衝動を消滅させ、ケアリング関係を義務と契約上の責任に基づくものへと変えた。"プ

ロフェッショナル”についての支配的な考え方によれば、〔慈善の感情から〕他者に手を差し伸べることは、“プロフェッショナルではない”と解釈された。

利他主義と共感

他者のウェルビーイングを慮り、善い行いをすることは、一般的には利他主義と呼ばれる。身体的・精神的ウェルビーイングにおいて、利他的な人間には明らかに強い恩恵があることを最近の研究数の増加が示唆している（Brendtro and du Toit, 2005）。しかし、利他主義の定義自体が、抽象的である。たとえば、私たちが慈善事業にお金を贈ることも利他的行動であるが、これは慈善の対象への直接的なかかわりを伴うわけではない。共感は、利他主義を具体的な個人の感情の領域に取り入れ、私たちが他者視点に立つことを可能にする。共感（empathy or sympathy）と呼ばれるものを次の水準へ引き上げるのが思いやり（compassion）である。苦しみを和らげるために何かをしてあげたいという願いを含んでいるという点で、思いやりが共感を次の水準へ引き上げるのである。

心理学者のマーティン・ホフマンは、共感を「他者に対する関心に火を灯し、社会生活を可能にする接着剤である」と述べている（Hoffman, 2000: 3）。ホフマンは共感を、利他的行動を導く生物学的な基本的な性質であり、他者からのさまざまな行動に応答するよう誘う幼児期からの明確な傾向、と捉えている。子どもたちは、他の人を気遣ったり、貢献したり、他者を助ける経験を喜ぶものである。

共感に対する哲学的および心理学的な見解は、神経科学の発展からも支持されている。私たちは、共感によって強く結びついている（Iacoboni, 2008）。私たちの脳にあるミラーニューロンは、他者の行動・表現・感情によって活性化され、観察者自身が同じ経験を共有しているかのように働く。驚くことではないが、他者に対する神経科学的基盤は、社会的条件および社会的経験によって影響を受ける。社会的養護のもとで暮らす多くの子どもたちは、過去の体験によって共感性の発達が歪められたり混乱させ

第8章　貢献：寛容な精神を育む

られている。彼らは、適切なケアを受けられず、自分で自分をケアしなくてはならなかったかもしれない。その結果、大人そのものや大人の寛容さの表現に疑いを抱くことがある（Smart, 2010）。彼らは、利己的で、強欲で、拒絶的であるかもしれない。優しさに抵抗したり悪用することで、かつての経験を生きのびてきたかもしれない。また、以前の人間関係に特徴的だった不誠実さや拒絶を誘発しようとするかもしれない。あるいは、家庭で起こった悪い出来事に責任を感じて、罪悪感に苛まれているかもしれない。決して適応しなくて良いものなのだが、子どもたちのこういった"その世界に存在する"ための方法は、彼らの安全を保ち、自分が状況をコントロールしていることを感じさせ、人生に意味と体系を与えてきたのかもしれないのだ。

　共感は、大切に育てられ相互に助けあう関係性を経験し実感することによって高められる（Perry and Szalavitz, 2010）。安定して育ち情緒豊かな環境で育てられた子どもはミラーニューロンの活動が刺激され、共感的な応答を学び発達させていく。一方、ネグレクトやケアの分断を経験した子どもたちは、この種の脳活動を経験していない。しかし、これは永久的な減損を示すものではない。脳神経科学の視点の問題のひとつは、社会的環境が決定論的に解釈されすぎてしまうことである。実際には、脳は驚くべき可塑性を示し、生涯にわたって発達し続ける。つまり、子ども・若者は、促進的な環境に身を置けば、他者にもっと上手にかかわる方法を学ぶことができるのだ。したがって、レジデンシャル・チャイルドケアの課題のひとつは、子ども・若者のなかに放置され休止している「麻痺した価値観を解きほぐす」（Redl, 1966）ことである。

　共感の感覚は、共感的に反応できない場合に、罪悪感や良心の呵責につながる可能性がある。ケアするひとは、子どもに罪悪感を感じさせないようにしながら、良心の発達に注意を払う必要がある。養育者は、ケアリング関係のなかで、子ども自身の行動が他者にどのような影響を及ぼし、どのような感情をもたらすかを、しつこい小言や偉そうな態度ではない方法で指摘する必要がある。これは向社会的行動を発達させるために不可欠になる。

自閉症

　自閉スペクトラム症を持つ一部の子ども（特に男の子）は、脳の器質的要因によって他者の親切を認識し、応答するのが難しい場合がある（Baron-Cohen, 2008）。バロン＝コーエンの研究は、自閉スペクトラム症の症状として、共感性の乏しさを明らかにしている。社会のなかで自閉症児が経験するこうした種類の苦しみは、周囲の人々から社会的な手がかりをつかみとることの難しさ――共感の難しさから生じる。共感性はスペクトラムを成しており、ある者は別の者よりも共感性に優れている／劣っていることを心に留めておくことが役立つかもしれない。

親切――苦労を重ねて

　私たちが思いやりの心で行動するとき、その行動は親切な行為になる（Long, 2007）。疑念を抱くのではなく、親切を有益なものとして経験するかどうかは、信頼感に左右される。信頼は、勝ちとることも与えることもできない、人と人のあいだの感情的な絆と定義される。それは、時間の経過のなかでゆっくりと育まれなければ得られない関係性に基づいている。誰かを信頼することは、その相手が自分の信用を悪用したり、裏切ったりしないと信じることである。これは、第2章で議論されたメイヤーが概念化した『ケアの中核』と共通しており、関係構築の過程で発展する「予測力」と「頼る力」と同じものである。したがって、信頼を築くには、時間が必要なのだ。

寛容を妨げるもの

　個人や個人の権利および自己責任の優位性を強調する新自由主義の政治・経済システムが、寛容さに対する脅威であることはあまりにも明白である。こうした価値観のもとでは、ケア、使命、他の人に手を差し伸べるという概念は、奇妙なものあるいは疑わしいものと見なされることになる。ケアは、経済的概算の最低ラインまで削減され、市場原理と管理に基づいた未熟な運営がますます増えている。ブラネンとモス（Brannen and Moss,

2003: 202) は次のように述べている。

　　"新しい資本主義" は、個人主義、道具的合理性、従順さ、短期
　的関与、自由化を奨励し、確かな関係性や実践およびケアリング関
　係（道具的な関係性ではなく、信頼や時間をかけたかかわりやある程度
　の予測可能性に基づいた深い関係性）の解体を求めている。

　実践は、「何が効くか」あるいは測定可能で効果的な介入を約束する
"エビデンスに基づいた" プログラムを、深く考えずに追求する方向に向
かっている。多くの面において、これは誤った前提である。「何が効くか」
という考え方は機能していない。そして、見せかけの改善と近代化が語ら
れる一方で、ケアの場は必ずしも子どもにとって良くなってはいない。そ
れは、道徳性と専門家としての目的を失ってしまったからである（Webb,
2010）。

　学術的な議論（たとえば、Meagher and Parton, 2004; Smith and Smith,
2008; White, 2008）は、現代ソーシャルワークや公的福祉のなかで、ケア
と関係性の概念が経済的・行政的な枠組みに組みこまれる現状に疑問を呈
している。彼らは、ケアリングのより広範な道徳的・倫理的な目的――
ルールや規制を超えた目的意識――を取り戻し、寛容な精神で他者に手を
差し伸べるという合理的でも測定可能でもない本来の欲求に立ち戻ること
が必要であると主張する。バウマンは、「道徳は、計算不可能であるとい
う意味では、特有で救いようがないほど非理性的である。したがって、非
人間的な規則として提示されることはない」（Bauman, 1993: 60）とまで述
べている。彼はさらに主張する。

　　責任を引き受けること、気にかけること、道徳的であることは、
　全くもって非合理である。道徳を支えるのは道徳そのものだけなの
　だ。関係を断つより、他者を気遣う方が良い。無関心であるよりも、
　他者の不幸に付きあう方が良い（Bauman 2000: 11）。

しかし、ケアリングは、必要なときに他者に手を差し伸べる道徳的衝動に応える、というだけの単純なものではない。他者の苦しみに直面するのが感情的に苦痛になることもあるため、私たちは、ケアリング関係において感情を排除するか、少なくとも最小限に留めようとする。60年近く前に、メンジーズ・リス（Menzies Lyth, 1960）が、同様の組織的力動を明らかにした。彼女は、『不安に対する防衛としての社会システムの機能に関する事例研究』という精緻な論文において、急性疾患の患者のケアにあたる病棟看護師について研究した。そして、看護師が患者によって引き起こされた激しい感情から身を守る多くの戦略を明らかにしている。これらの戦略全ては、ケアの対象と距離を置くことによって機能しており、専門書のなかでは"専門的距離"の必要性として正当化されることもある。

　"距離"は、対人援助職における課題のひとつであるが、官僚的な制度のなかではますます顕在化している。バウマン（Bauman, 1993）は、他者と直接的に対面することのない社会的距離は、自分の決定が現実の人間や状況に及ぼす影響を考慮しない脱人間化した実践と強く結びついている、と主張している。ルールと手続きを優先するレジデンシャルケア実践においては、このような社会的距離が顕著に見られる。こうした実践に共通するのは、大人と子どもの関係性の深さや意味合いが表面的である点である。ケアするひとは、実践的にも感情的にも、冷静で不自然な存在へと変わった。彼らは、感情を奪われた人間味のない無菌化されたケアを、客観的に提供する役者なのかもしれない（Ricks, 1992）。

ケアの倫理からの寛容さへのアプローチ

　フェミニスト哲学者たちは、ケアリング、思いやり、愛などの利他的性質を道徳性の焦点にすべきだと主張してきた。これらの哲学者は、ルールではなく関係性が倫理観の重要な点であり、私たちの関係性のほとんどは親密なものだけではなく、非自発的に成立していると述べている。私たちは、共に暮らす子どもたちとのかかわりから引きだされる強い感情から多くの面で逃れることができない。しかし、現行の考え方では、こうした感

情は「プロフェッショナルではない」と考えるように強いられている。このような専門職観に基づいたケアのあり方は、ケアリング関係の中核に求められる真の親密さを否定することになる。

　支援者と利用者を区分するソーシャルワークの動向のなかで、施設で暮らす子どもたちが、大人とどのような関係性を築くことを望んでいるのかについて、再考が迫られている。マクラウド（McLeod, 2010）は、インケアの子どもたちは、自らのウェルビーイングが、ソーシャルワーカーとの肯定的・持続的・個人的な関係性を通じて促進されたと感じていることを明らかにした。優れたソーシャルワーカーは、"友人" や "仲間" として感じられているのである。また別の研究では、かつての入所者は、ケアするひとを「素晴らしい人で、今でも一緒にいてくれる素敵な人」と振り返っている（Halvorsen, 2009: 72）。彼らは、自分のために時間を費やしてくれ、話をしてくれた大人を大切に思っていた。ハルヴォルセン（Halvorsen, 2009: 76）は、専門職からの支援を受けている人は、「クライエントでもなく援助者でもなく、平等な条件のもとで出会うごく普通の親密さ」を求めていると結論づけている。ケア経験者の声は、彼らにとって何が大切だったかを教えてくれ、"プロフェッショナル" の意味を考え直すべきであることを示唆している。私たちがかつて、かなり一般的に行っていた、子どもを支援者の自宅に連れて行くといった実践に関する議論は、今日では禁止されているものの、再開する必要がある。これは異端的な意見に聞こえるかもしれないが、私たちのパーソナル／プロフェッショナルな関係についての理解は、必ずしも現在のそれと同じではなかった。教授であり、ソーシャルワーク部門の元責任者であるレイ・ジョーンズ（Jones, 2009）は、次のように述べている。

　　1970年代には、ソーシャルワーカーとして体の弱い年配女性の自宅を訪ねたときに、石炭のバケツをいっぱいにしておいたり、暖炉に火をつけることは、私にとってあたりまえのことだった。チームマネージャーだったときには、近所に短期の入退所を繰り返していた3人のきょうだいが近くに住んでいたので、私の家に上がって

もらい、ふたりの小さな実子と遊んでいることもあった。

　彼は、人間味を表現することよりも、制度〔を維持すること〕に与えられた優越性が公共分野全般で標準になりつつあり、人々が他者とかかわることへの後退につながっていると主張している（子どもを自宅に連れて行くという特別な実践については、www.cyc-net.org/threads/boundaries2005.htmlを参照）。

賃金労働における寛容と感謝

　専門家によるケアと、家族による世話や日常的な友人関係を区別するのは、一般的に職員には給与が支払われているという点である（キャンプヒル・スクール（運動）やラルシュ・コミュニティ[1] などのいくつかの環境では、共同体での生活をコンセプトとしているため、必ずしもそうでないこともあるが）。給料をもらっている支援者の寛容な対応に対して、借りを作ったような不快感を覚えることもある。一方で、肯定的に捉えられた場合には、寛容な行為が感謝につながることもある。借りを作ったと感じるか、感謝を抱くかの違いは、ケアするひとが職務ではなく好意から行動しているという感覚の有無であり、相手を尊重した方法でケアが提供されているかどうかではないだろうか（Mullin, 2011）。借りを作ったという感覚とは異なり、感謝の気持ちは、ケアをする者とケアを受ける者との相互的・肯定的な関係性の発展と関連している。このような感謝の心は、ケアするひとには賃金が支払われているだろうという事実を超越する。それは、敬意を払われ相互的なケアを経験している者は、ケアするひとが金銭のためだけに働いているのではないことが理解できるからである（Mullin, 2011）。

　繰り返しになるが、「ケアすることとは何か」「ケアを受けるとは何か」など、ケアの基盤になる他者に対する関心や感情について、ケアの倫理は有用な見解を提供してくれる。トロント（Tronto, 1994）はケアの倫理的要素として、〔注意深さ、責任、能力、応答性という〕4点を提示している。ケアするひとは、ある瞬間に、子どもを特別な存在だと思っているという

第8章 貢献：寛容な精神を育む

感覚を伝えることができるよう、彼らが必要なときに対応できる注意深さが求められる。子どもを施設に押しこみ、彼らに注意を払うことなくせわしく働くことは、あまりにも簡単である。自分自身や同僚のことを思い浮かべたときに、「後でね」と子どもに伝えてごまかす傾向があることを、おそらく私たち全員が認めるだろう。

ケアリングは、ケアするひとにケアリングの責任を引き受けることも求めている。ケアをしているというだけでは不十分であり、行為として示す必要がある。どのような方法を採るかは、定められたルールではなく、不文律の文化的慣習に従っている。たとえば、子どもが転んで傷ができてしまったとき、私たちは、それぞれの文化に応じて子どもたちを慰める方法を知っている。ほとんどの文化では、傷口を消毒すること、手当てすることなど、身体に対する心配を表現するだろう。しかし、決められた規則と規制はこのような状況での対応を制限し、文化的習慣に基づいた気遣いを妨げてしまう。特定の状況で特定の子どもにどのように対応すべきか心得ていることはあっても、あらゆる状況で普遍的な"最善の実践"と呼べるものはほとんどないのである。

他者のケアにおいて、良心だけでは十分ではない。トロントが指摘する第3の要素は、ケアは能力を必要とするということである。意図がどうあれ、子どもの人生への介入が利益よりも害を及ぼすのであれば、その介入は意味をなさない。ケアするひとは、自分の行為に関して意識と意図を持つことが求められる。

最後の要素は、応答性である。ケアするひとは、他者の傷つきやすさを認識し、彼らのニーズに対して、彼らが望むであろう方法で対応しなくてはならない。メイヤー（Maier, 1979）が「十人十色」と述べるように、服の仕立て屋のように個々のニーズに合わせたオーダーメイドのケアが必要である。さらに、応答性は、力関係、偏見、依存が人間関係にどのように入りこむのかを認識するよう求めている（Ward, 2007）。

ケアの倫理では、ケアをする者とケアを受ける者は、「両者の感情とニーズが存在する、複雑で非直線的（手段的というよりは感情的）な力動を持つ関係性のなかに一緒に投げこまれている」と見なす。寛容な精神と道

徳性はこうした人間関係のなかで創られ、発展していくのだ（Ricks and Bellefeuille, 2003）。

精神の寛容さ

　精神の寛容さは、きわめて魅力的な特質である。それは、私たちを開放と好奇心に満ちた状態へ近づけ、他者に支えの手を差し伸べることを可能にする。精神の寛容さのさらなる次元が、赦しである。赦すという行為は全ての宗教の普遍的原理のひとつとして確立されている。赦しは、過ちと罪悪感を包みこみ、解放感や親切心をもたらす。過去を水に流し、不利な条件を付けずに再びやり直す機会を与えてくれる（Long, 2007）。

　赦しは、人間の過ちの犯しやすさを前提にしている。“過ちの犯しやすさ”という考えは、失敗するゆとりと柔軟性、そしてそこから学び適応する力につながる。この双方の特徴の根底にあるのは、謙虚な姿勢である。生活場面において、子どもたちの過ちは、学びと成長の機会と捉えるべきものである。しかし、この考え方が有効なのは、施設に子どもの失敗だけではなく職員の過ちも同じように受けとめる風土がある場合にのみである。非難の文化によって歪められた環境は、大人が間違いを認めることを危険なものにする。しかし、「人は過ちを犯すもの」という考え方のなかに、人間的な何かが存在するのである。真摯なケアの取り組みのなかで生じた間違いは、赦されるべきものというだけでなく、成長と学びの機会を与えてくれるのだ（Steckley and Smith, 2011）。

他文化における寛容の見解

　新興国や先住民族の文化では、寛容を教えることを、子育ての中心に据えている。ツツ大司教（ツツ，出版年記載なし）は次のように述べている。

　　アフリカ人はウブントゥ（Ubuntu）と呼ばれるものを持っている。それは人間であることの本質にかかわるものであり、アフリカ

から世界に贈ることができるもののひとつである。それは、歓待、他者へのケアリング、誰かのためのいっそうの尽力を示す概念である。人は他者の存在によって人となり、私の人間性はあなたと密接に結びついている。私があなたを非人道的に扱うことは、必然的に私自身を非人道的に扱うことになる。この意味では、"孤独な人間"というのは矛盾している。あなたは皆の利益のために動いているからである。あなたの人間性は所属から生まれているのだ。

『リスクを抱えた若者の更生』（Brendtro et al, 2002）や「若者の更生」運動は、ネイティブ・アメリカンの育児習慣に基づいており、課題のある若者と活動する方法のモデルを示している。ネイティブ・アメリカンの伝統では、

　　美徳は、寛容さの持つ優れた価値を反映している。ネイティブ・アメリカンの育児の中心的目標は、寛容で無私であることの重要性を教えることにある。ラコタ長老の言葉には、「心臓の鼓動を早めることなく、あなたの最も大切な所持品を譲ることができるようになりなさい」とある。他者を助けることで、若者は自分の価値を証明し、他者の人生に肯定的に貢献するのである（Reclaiming Youth International, 2012）。

　他者への施しとコミュニティに対する恩返しは、多くの先住民族文化の中核的な価値である。先住民族の文化では大人は若者に、全ての人の利益のために貢献する寛容さと無私の精神を伝える。他者を助けることが、若者に他者とのつながりや相互関係を教える。彼らが、コミュニティのなかでお互いがかかわりあっていることを学ぶことは、他者に対する責任感と自分の家族を超えたケアリングの感覚を形成する（Lickona, in Smart, 2010）。

　他者に奉仕する機会のある子どもたちは、利他主義、分かちあい、友愛、共感、向社会的態度・行動などの思いやりの性質を発達させる傾向が高ま

る。寛容な行為を経験する機会がなければ、子どもたちは親切さを欠き、利己的で、搾取的で、反社会的行動に手を染めるかもしれない。寛容な精神は、若者が他者の気持ちに共感し応答することを促す。他者を助けることは、助けられた者に自己価値感を与え、つながりと相互関係の感覚を教えてくれる（Fulcher and Garfat, 2008）。一度そうした感情が芽生えると、日常的な関係性の価値が高まり、ルールや規制に囚われにくくなる。たとえば、理解することや赦すことを言葉にし行動することを通して、さらなる成長の機会へと開かれていく。

　気分を害してしまった人への謝罪もまた、寛容な行動を示すひとつの形といえよう。それは人を謙虚な立場に置くからである。より影響力を及ぼすのは、傷つけた人までをも赦すという寛容さである。彼らが赦しに値しなければしないほど、得られるものは大きくなる。このような寛容さは、傷つきや憎しみを癒してくれる（Brokenleg, 1999）。

職員の親切

　これまで述べてきたように、親切は思いやりの感情につき動かされる行動である。思いやりは、私たちが他人の苦境や苦難を真摯に受けとめることによって育まれ、次第に思いやりの行動につながるだろう。レジデンシャルケアにおける親切な行為は、子どもの痛みや苦悩に対応しようとすること、あるいは彼らの幸せを求める気持ちから生じるのかもしれない。

　親切を示すための明解な方法は、贈りものの授受である。行動規範が制限された“プロフェッショナルな”風土においては、そのような行為は怪しまれるか、禁止されることさえあり、最低でもそうした例が記載されたさまざまな手順が絡んでくる。こうした組織の思惑は、自然な人間同士のやりとりや交流のなかに存在する自発性や誠意を阻害する。子どもたちは自分で作ったものを職員に渡し、快く受けとってもらえるべきである。ケアするひとは、誕生日やクリスマスにちょっとしたプレゼントを子どもに贈りたいと思うだろうし、それは非常に意味深い、特別な関係につながるだろう。プレゼントを、“施設”からもらうのと、好きな人からもらうの

は、全く異なるものである。子ども・若者に自分のお金でジュースやアイスクリームを買ったり、遠慮しながら領収書を要求することなく昼食に連れ出すなどの小さな行動は、子どもたちに象徴的な重要性を伝える。さらに、些細なことであっても個人的な方法で子どもに自分の気持ちを表現したいと思っている支援者にやりがいを与えてくれる。他の実践と同じように、「誰となぜ贈りものを授受するのか」についての振り返りと判断の訓練が必要となるが、そうした決定はマニュアルによって定めるのではなく、むしろマニュアルから廃すべき事柄である。

これまでに、寛容な行為を経験することや、プロフェッショナルな関係性において職員が贈りものをすることが、肯定的な副産物をもたらす可能性を示してきた。以下の引用は、非行少年と彼の保護観察官との関係性が、向社会的行動のさらなる発達にどのように関与したのかを明解に示した例である。

> 「もし、俺が今トラブルに巻きこまれたら、俺はパムをがっかりさせたように感じると思う。あなたが母や父に感じるように。俺たちの関係は、そういう関係なんだ。彼女を失望させたことに、俺は失望するだろう。俺のソーシャルワーカーが——彼女が俺に話してくれるとは期待していなかったけど——すごくくつろいだ雰囲気で俺に個人的なことを話してくれたことに救われたんだ。だから、俺も彼女に話をした。それが、人間関係について、互いに信頼し、尊重するということだ。俺は、自分が変わったように感じている。もう二度とトラブルに巻きこまれることはないだろう」(Mark, Cree and Davis, 2007: 150 で引用)

子ども・若者集団のなかの親切

施設における子ども集団のなかで、親切な行為が生じる可能性を否定するのは簡単である。エモン（Emond, 2004）が指摘するように、入所者集団に関する議論は、あまりに多くが虐待や加害についてであり、主要な経

験は仲間からの圧力やいじめであると認識されている。しかし、実際には、インケアの子どもたちは、お互いの重要な支えになり、優しくかかわり、否定的・攻撃的な行動よりも肯定的で思いやりのある行動を多く示している（Emond, 2004）。特に、共に暮らす仲間には支援や助言をし、所有物を共有している。エモンは、歴史的に施設で暮らす子どもたちは、お互いの面倒を見ていたという仮説を示し、彼女のカンボジアの孤児院に関する研究（Emond, 2010）のなかで、他の文化では依然としてかなり多く行われていると論じている。同様に、フランプトン（Frampton, 2004）は、バーナード孤児院で育てられた体験を描いた自伝のなかで、お互いにケアしあう入所者集団の重要性を示している。

　本章の冒頭で述べたように、寛容さ、親切、貢献といった性質は大切に育まれる必要があり、これらの発達を促進する関係性が重要である。ホワイト（White, 2008）は、愛が育まれる環境をコンポストヒープ〔生ゴミを堆肥へとリサイクルする容器〕になぞらえ、たとえば、約束の遵守、お祝い、スピリチュアリティ、健康的な生活パターンといった社会的コンポスト（堆肥）全てが、愛を育む土壌として提供される必要があるとした。当然、施設のコミュニティもそのような環境になりうる。そして、寛容さを促進するために、生活空間内に特定の要素をどのように導入し、組みあわせるかは、意識的に考えるに値することなのだ。

まとめ

　私たちは、与える側／受けとる側という見方によって、寛容を一方向の〔与えるだけの〕経験であると考える。しかし、寛容さは、より動的で相互的な過程である。与えることによって、私たちも受けとっているのである。多くの知見から、寛容さや他者に手を差し伸べることは、生得的な人間の本能であることが明らかになっている。多くのインケアの子ども・若者の本能は、過去の経験によって鈍くなってしまっているかもしれないし、強固に閉じこめられているかもしれない。大人もまた、他者に善い行いをしたり、手を差し伸べるという道徳的な欲求を、客観性や距離感を重視する

第8章　貢献：寛容な精神を育む

専門性の観点によって覆い隠しているかもしれない。寛容さは、子ども・若者との関係のなかで、私たちが親切心を表すことを通じて、模倣が可能となる。そのような関係性では、階級的で表面的な"プロフェッショナル"による障壁が緩和され、子どもたちは日常の"親密なかかわり"の価値を認識する。このような親密性や人間のつながりの経験を通して、子ども・若者は寛容さに応える最初の一歩を踏み出すことができるのである。

事例を振り返って

　ジェイソンの家族の抱えた困難は、多くの関係性の崩壊とジェイソンの反社会的行動への関与をもたらした。ある面ではこのことが原因で、またある面では14歳の少年であるジェイソンが人の役に立つことが格好良いとすぐには思えなかったことが原因で、彼は当初、お祭りを手伝うという提案に抵抗を示した。特に彼は、これまでの経験とはあまりにかけ離れているため、人を助ける理由に自分との関連を見出せなかった。アンジェラは、コミュニティにもたらされる即時的で目に見える形での利益を説明することによって、彼の参加を促す必要があった。ただ本質的には、彼女は向社会的な関与に向けてジェイソンを励ましている。アンジェラはジェイソンに手を差し伸べ、彼のために「苦労を重ねて」支援してくれた人と認識されたことが功を奏した。屋台の手伝いには多くの利点があった。また、活動の共有によって、ジェイソンと母親のあいだで、以前よりも心地よく楽しい関係が再構築された。これは、ソーシャルペダゴジーの「コモン・サード」の一例と考えられ、3つ目の共通項であるアクティビティによって媒介された関係性である。また、この行事に参加することによって、ジェイソンは「善い目的のために自分の時間を提供することは大切なことなのだ」と感じることができた。それによって、彼は心のなかに自分の行動を受けとめてくれた人（最初の例では地元の高齢者）とつながりを形成しはじめ、そのつながりを通じて、さらに遠くへと視点を広げた。今後さらに、彼は自身に受け継がれた〔アフリカの〕文化についても思いを巡らせるかもしれない。ジェイソンの行動は、さらに広いコミュニティとのつな

がりへと彼を促す扉を開いた。このお祭りに参加したことで感じた肯定的感情は、母親との関係性においても肯定的・修復的な副産物をもたらすかもしれない。母親もまた、ジェイソンが他者に思いやりを持って接し、その結果他者からも親切にされている姿を目にしたことで、ジェイソンが施設で「甘やかされている」という見解を考え直すのかもしれない。

実践に向けた考え方

- 子ども・若者は、周囲の人々からの寛容な行動を体験することで、最も効果的に寛容さを学ぶだろう。職員は、どのようにして彼らの寛容さの手本になることができるのか考える必要がある。他者への寛容を意識し、それについて話をするよう心がけよう。子どもや同僚の誤りではなく、うまくいったことを取りあげよう。

- 取っておいたおやつを子どもに譲ったり、アイスクリームを買ってあげるなどの小さな行動によって寛容は示される。ときには自分のお金を使ってそうすることもできる。業務外で何かをすること、たとえば就業時間外に子どもと一緒に外で何かをしたり、子どもの学校での遊びやクラブのサッカーを見守ることなどによって、子どもたちが寛容な行動に気づくことがある。

- 子どもたちに、個人として、仲間として、そして平等な関係性として、彼らのことが好きであり、彼らと一緒にいることが好きであると知らせることは、望ましいかかわりである。

- 子どもが日々の生活のなかで他者を手助けする方法を見つけ、何か自発的な行動をするように促そう。「あなたのためにしてみるね」「あなたのためにしてもいい?」といったシンプルだが力強い表現は、日常的に他者に対する優しさを向上させるのに役立つ。

- 慈善事業への協力を促進できるかもしれない。特定の目的のた

めに募金を集める行事の実施を検討しよう。

● 寛容な精神の特質と、それがレジデンシャル・チャイルドケアにおいて何を意味するのかを考えよう。肯定的で楽観的になろう。多くの子どもたちが不当な扱いを経験しているという事実があっても、世界は良い場所にできるというメッセージを伝えよう。

● 人生において寛容な行為を受けた経験に関する話を共有しよう。私たちは皆、そのような経験をしており、そのことを子どもたちに伝えることは良いことである。あなたの話と同じように、彼らもあなたへの感謝を経験するだろう。

● 間違ったことをされたときには赦し、間違ったことをしたときには謝ろう。

● 他者のウェルビーイングのために、与えること、親切にすること、貢献することの重要性を示した宗教や政治、その他の人物の重要性について話しあう機会を持とう。

● 子どもたちにとっては、ペットの飼育が寛容さを発達させる良い方法になることもある。ペットから私たちの行動がどのように見えているか、好奇心を持つことができる。エサやりやグルーミングを通してペットを世話することができる。ペットに居場所を作り、散歩に連れて行き、健康を保つよう手助けできる。

参考文献

繰り返しになるが、ネイティブ・アメリカン・サークル・オブ・カレッジの資料は、子どもにとっての寛容行為の必要性に関する入手可能な優れた資料である：

Brendtro, L., Brokenleg, M. and Van Bockern, S. (2002) *Reclaiming youth at risk: our hope for the future*, Bloomington, IN: Solution tree

Brendtro, L. and du Toit, L. (2005) *Response ability pathways: restoring bonds of respect*. Cape Town: PreText Publishers.

ケアにおける道徳的目的と寛容な行動についての議論を含む他の書籍としては、以下を

参照：

White, K. J.（2008）*The growth of love: understanding the five essential elements of child development*, Abingdon: The Bible Reading Fellowship.

訳　注

1）ジャン・バニエにより設立された知的障害のある者とない者が共に暮らす共同体。国際的なネットワークであり、世界各国にコミュニティが設立されている。

9

包摂：コミュニティ感覚[1]

事　例

　スラム地区の児童養護施設では、さまざまな民族的背景を抱えた6人のティーンエイジャーが暮らしていた。職員集団は、主に白人女性で構成されていた。過去数ヶ月間にわたって、ホーム内の生活のさまざまな事柄を子どもと職員で話しあうコミュニティ・ミーティング[2]を毎週実施しており、物事を改善するために意見を出しあっていた。

　話しあいは、紅茶やコーヒー、ジュースやビスケットといった軽食から始まる。議題は年長児と職員が挙げた課題に基づいて事前に準備されるが、ミーティングのなかで話題となった事柄を取りあげてもよい。議長は、年長児と職員が交代で務めることになっている。議題は職員が用意するが、ときには自信のある年長児が用意することもある。こうしたことが、一連の経過に重要な位置づけと格式を与えていた。

　初めは子どもが議長を務めることができるのか、疑念を表明した職員もいたが、ミーティングに参加した者全てが、肯定的な反応を示した。コミュニティ・ミーティングへの参加は今や、全ての子どもから高く評価され、彼らの自尊心と自信の顕著な向上につながった。ミーティングで扱う議題は短期間で大きく広がった。討議のなかで、職員採用に子どもも関与したいという話題も出たが、これはまだ叶えられていない。

　最近の話しあいは次のようなものであった。15歳のアンワルの言葉から紹介しよう。

　　アンワル：「ここでは、どうして黒人の男性が働いてないの？　そもそも、男の人がほとんどいないよね。ここにいる男はみんな、全然格好良くないし、もっと男の人が働くべきだよ。まあ、女だってほとんど可愛くないけどね」
　　ジーン（話しあいに参加していたベテラン職員）：「そんなに簡単な話じゃないわ。私たちが黒人の職員や男性を採用しようとしていないわけじゃないの。採用面接は私たちが守らなくてはいけないルールに則った公平なもので、職員になりたいという応募者のな

かで一番良いと思う人を選んでいるの」

アンワル：「俺がここで働いてほしいと思う人種の男性は、きちんとした資格を持ってないのかもね。俺は文句を言ってるんじゃないよ。でも、俺のバックグラウンドは白人じゃない」

デイブ（14歳）：「そうだよ、アンワルの言う通りだ。この前来た最高にクールな男の人はどうなの。あの人はスポーツだってうまかったし、俺たちの音楽だって理解してくれた。彼にチャンスをあげてくれよ」

ジーン：「はっきりとは言えないわ。でも、面接に来ていた他の人のなかにも良い人がいたと思うけど」

デイブ：「うん。他の人よりも上手に話す人はいたよ。でも、言いたいのは、俺たちは彼のことが好きで、大人たちはそうじゃないってことだ」

ジーン：「あなたの言っていることはわかるわ。だいじなことは、あなたたちみんなが採用にかかわって、あなたたちの意見を聞く方法を見つけなくちゃいけないってことね」

アンワル：「そうだよ。どうすれば俺たちの選んだ通りになるんだよ」

ジーン：「わかったわ。どうすれば次の職員採用にあなたたちがもっとかかわれるのか、次回の話しあいで時間を取って考えるのはどうかしら。たぶんあなたたちも、守らなければいけないルールについて理解しなくちゃいけないし。私たちなら、一緒にうまくやれる方法を見つけられるわ」

　アンワルもデイブも他の子どもたちも、それはいい考えだと同意した。

はじめに

　「インクルージョン」は近年、政治的な関心の中心となっている。1997年の総選挙で大勝した新労働党政権は、ソーシャル・インクルージョン[3]

に関する社会的・公的政策を推し進めてきた。レビタス（Levitas, 1988）によれば、新労働党の目指すソーシャル・インクルージョンは、個人の機会の確保を通して、剥奪と不平等に取り組むことを指向している。しかし、このような個別化の考えに基づいたソーシャル・インクルージョンは、明白な構造的不平等から注意を逸らし、子ども・若者が社会の完全なる一員となることを阻む。最近の政治的な議論は、共通の目的意識の醸成とインクルージョンの実現を目指す「大きな社会[4]（Big Society）」の考えに集中している。

　しかし、インクルージョンへの焦点化は、同時にエクスクルージョン（排除）の存在を前提としている。排除に向かう力は、相手への無理解や構造的な不利益を背景に作用し、お互いの相違に基づく偏見や恐怖を生みだしていく。本章では、社会的養護のもとで暮らす子どもたちが、彼らを取り巻く社会経済的環境、ジェンダー、性的嗜好、文化的アイデンティティなどの性質によっていかに排除されているか、また施設養育は、彼らが身近なコミュニティや社会によって包摂されていると感じられる機会をどのように提供できるのか、を探っていきたい。手がかりになるのは、「子どもの権利」の概念および「参加」の考え方である。また、ソーシャルキャピタルの考え方は、子どもたちが社会のなかで健全で価値ある一員となるための有用な視点を与えてくれる。レジデンシャル・チャイルドケアにおける適切なインクルージョンの感覚は、子ども・若者の背景や指向にかかわらず、「理解されている」「心地よい」と彼らが実感できることが重要になる。インクルージョンの考え方は、子ども・若者や彼らの家族が、各種の催し物や事態の推移に関与する機会を与えてくれる（Clough and Nutbrown, 2005）というふうに私たちは考えている。ケアするひとは、日々のかかわりを通して、子ども・若者のインクルージョンの感覚や、彼らが「自分は価値のある人間である」という意識を高めていくことができるのだ。

第 9 章　包摂：コミュニティ感覚

排除の原因

貧困と不平等

　レジデンシャルケアはその歴史を通して、貧困家庭で育った子どもの養育という役割を果たしてきた。古典的な研究では、ベビングトンとマイルズ（Bebbington and Miles, 1989）が、1980年代のインケアの子どもたちの背景を、1960年代の研究と比較している。その結果、剥奪の程度が次第に増加していること、低収入、貧しい住まい、夫婦間の紛争、と不利が連鎖していくことを見出した。

　しかし、貧困そのものよりも、もっと重要なのは社会に存在する不平等である。不平等の程度は、人生への期待、殺人や暴力の発生率、学業的達成といった社会問題に加えて、社会内の信頼や結束にも影響を及ぼすことが明らかになっている（Wilkinson and Pickett, 2009）。不平等の拡大は、過去10年間のOECD加盟国のあいだでも明らかである。アメリカ、アイルランド、イギリスが高い水準を示しており（Moss and Petrie, 2002）、子どものウェルビーイングが最も高いオランダ、スウェーデン、デンマーク、フィンランドとの深刻な隔絶が明らかになっている（UNICEF, 2007）。新自由主義が最も熱狂的に受け入れられているイギリスとアメリカでは、子どものウェルビーイングの値は最下位となっている。この結果が示すのは、不安定な世代間の関係性と子どもたちの主観的なウェルビーイングの課題である。そして、施設で暮らす子どもたちは、平等と不平等の連続体のなかで、いつも決まって最悪の端に置かれている。

専門家の言説

　視点を変えれば、皮肉なことに子どもたちは政治的・専門的言説によって排除されているともいえる。1993年にリヴァプールで2歳のジェームス・バルガーが10歳の少年ふたりに殺害された事件以来、イギリス政府は少年司法において懲罰的・烙印的な政策を採るようになりつつある。ここ20年間で、反社会的行動禁止命令、電子タグ、夜間外出禁止令の導入とともに、閉鎖施設の利用が増加している。

リスクおよび児童保護をめぐる論議は、インケアの子どもたちをあたり
まえの経験（友人宅に泊まる、警察の審査なしに大人とフットサルを楽しむな
ど）から遠ざける方向に作用している。皮肉にもノーマライゼーションや
インクルージョンをめぐる言説のなかで、専門的な理念が排除を生みだし
ていることを、さまざまな例が示している。専門用語によってイデオロ
ギーによる偏好が合法化され、コスト削減のためにインケアの子どもたち
を一定数に留めようとする実例も数多く存在する。このような例では、
ノーマライゼーションやインクルージョンに関する知見が歪めて理解され
ている。レジデンシャルケアよりもコミュニティケアが優位であることを
主張する倫理的・経験的な理念は、誤って解釈・適用されがちである。
　たとえば、ノーマライゼーションの原理の支持者として頻繁に取りあげ
られるウォルフェンスバーガー（Wolfensberger, 1980）は、この概念を
発展させ、社会的に価値下げされるリスクのある個人や集団の社会的役割
を高めようとする「ソーシャルロール・バロリゼーション[5]」という考え
方を提唱している。周辺化された個人の価値は、レジデンシャルケアのな
かと同じように地域コミュニティのなかでも高められなくてはならない。
逆説的であるが、ジャクソン（Jackson, 2011: 3）は次のように述べている。
「理念が本来の意味で活用されるのではなく、多様性を許容しようとしな
い政策を支えるために活用されている。そこで提供されるのは真の機会で
はなく、うわべだけの機会である」。
　別の観点から見ると、家庭からの分離が、地域への参加ではなく地域か
らの孤立につながることを理由に、子ども・若者を家庭内に押し留めよう
とする専門的な理念が、社会的排除のリスクを生んでいる。もう一方で、
誤ったノーマライゼーションの考えのもと、子どもたちを広い世界へと送
りだし、多くの機会を与えることに失敗しているレジデンシャルケアの体
制こそが、子どもたちを有意義なコミュニティとのかかわりから排除して
いるのである。

ジェンダー

　レジデンシャルケアにおいて、個々の相違への適切な対応を考えたとき

第9章　包摂：コミュニティ感覚

に、ジェンダーの問題が浮かび上がってくる。レジデンシャルケアは明らかに一方の性に偏った実践現場である。職員の3分の2は女性であるが、反対に、措置される子どもたちは3分の2を男児が占める（Smith, 2010b）。ワード（Ward, 1993: 35）は、ジェンダーについての理解は「グループケアの文献のなかで、事実上無視されていた」と1993年の時点で述べている。こうした課題は、現状でもきちんと扱われておらず、男児と女児の求めるものは異なることが多いという事実に目を瞑り、"平等な機会"という構図のなかで物事を捉えようとしている。

　心理学の知見を踏まえ、性別間の違いを受け入れるならば、男児と女児は全体的にあらゆる次元で異なっていることを各種の調査が示している（Benenson, 2005）。彼らの反応や応答からも、すでにその違いは幼少期から明らかであろう。女児は一般的に安定的なアタッチメントを示しやすいが、男児は分離にうまく対応できず、母親との分離の際は特に顕著になる（Head, 1999）。また、男児の方が読み書きに関する課題、心理社会的困難、注意欠如・多動症を抱えがちであり、特別教育の70%を男児が占めている。

　男児と女児は助けを求めるときも、異なった反応を示すことが知られている（Daniel et al, 2005）。女児は大人に助けを求めることが上手であり、友人のネットワークを活用することもできる。虐待の影響やそれに伴う症状も異なっている。女児は性的な被害に遭いやすく、レジデンシャルケアのなかで過去の被害経験が明らかになったり、新たな被害―加害体験に結びつくこともある。男児にとっての性的被害体験は、彼らの男性性を脅かし、性アイデンティティへの不安を生じさせることもある（Daniel et al, 2005）。レジデンシャルケアの環境下では、こうした不安や恐怖が、男性性の過度な誇示として補償的に表現されるかもしれない。そのなかには、家具の破壊、凶器の携帯、自動車窃盗、といった深刻な攻撃性も含まれる（Smith and McAra, 2004）。被害体験が攻撃性と結びつかないこともある。モフィットら（Moffitt et al, 2001）によれば、思春期の"正常な"攻撃性をもたらす要因はどちらの性別でも違いはないが、生涯にわたる常習的犯罪を行う神経心理学的なパターンは女児よりも男児に一般的である

(Smith and McAra, 2004: 21)。

　施設で生活している男児と女児は、大人の特徴や傾向に異なった反応を示すように見える。女児は親しみやすく感じの良い職員、自身の感情を率直に表現し安心感が持てる職員、子どもが大変なときにそれに気がついてくれる職員を好み、男児は自分に話しかけてくれ冗談を言ってくれる職員、一緒に遊んでくれる職員、公平な職員を好むように思える（Nicolson and Artz, 2003）。腕白な男児に対する男性と女性の教師（またはペダゴーグ）の対応の違いを検討したヨーロッパの研究結果は、次のようなものだった。男性は女性よりも、遊びと攻撃性を適切に区別することができた。一方で、女性はやんちゃな遊びをより攻撃性と解釈し、男性は典型的な男の子の行動と解釈する傾向にあった（Tavecchio, 2003）。ここでもう一度、私たちはメイヤーの忠告に立ち返り、子どもたち一人ひとりのニーズや気質を意識し、それに応じて適切に対応するようにしたい。男児や女児独自の性質に由来する行動を、彼らの本質と捉えるのは過ちである。そうした行動に対しては特有の個性と見なすのではなく、性別の違いによるものと見なして対応するようにしたい。そして、やはりレジデンシャル・チャイルドケアにおいては、生物的・社会的な性を、全ての子どもを同じように扱う"平等な機会"という構図からではなく、より精緻に検討することが求められる。

　ゲイやレズビアン、トランスジェンダーの若者は他の若者と"違っている"と捉えられることが多く、ハラスメントやいじめの被害にたびたび遭う（Sutherland, 2009）。施設職員は、こうした若者が安全であると感じられる環境を構築する必要がある。ちょうど、他の若者が「ここはいい場所だ」と言えるのと同じように。性的なからかいは、多くの人にとっては単なる思春期の儀式として一笑に附されるだけのものかもしれないが、ゲイやレズビアンの若者にとっては絶対に隠したい秘密に影響を及ぼすかもしれない。なぜなら、彼らの性的指向は拒否されることが多く、暴力被害に遭うことさえあるからである。

　施設養育は、ジェンダー・アイデンティティとセクシャル・アイデンティティの双方に関して、個々の相違に対応する方法を考えなくてはなら

ない。イギリスで 2007 年に施行された法的な責務である「男女平等の義務（The Gender Equality Duty）」では、公的機関と公的資金を受けているサービスは、ジェンダーの平等を促進し、性差別の解消に取り組むことを求めている。この法律の内容は完全に達成されなかったものの、公的組織が男児と女児のそれぞれのニーズおよび子どもの両親への支援を表明したことには意味があろう。男女平等の義務は、以前よりも複雑で繊細な対応が求められるジェンダーへの対応の枠組みを定めている。北欧発祥のジェンダー・ペダゴジーの概念は、「少年も少女も、男性も女性も振る舞いは異なる。全ての子どもたちが男性と女性の両方からのケアリングを経験するべきである。ジェンダーを区別しないアプローチは重大な違いを無視している」という信念を前提にしている（Owen, 2003: 102）。

"人種" と文化

多様な文化の共生がますます進むこの世界のなかで、施設養育は亡命を希望する子どもへの対応など新たな挑戦を求められており、ケアするひとは文化を尊重した対応が重要になる。外見的な特徴から子ども・若者の人種を誤って見分けていることが多い。インテークのチェック欄は、南アジア、東ヨーロッパ、アフリカン・カリビアンなど一般化された区分に沿ってあまり考えずに回答できるが、外見的特徴に基づく人種の違いは回答が難しい[6]。子どもの文化的背景を考慮せずに人種や民族だけを記録した統計は、文化的人種差別[7]を強める。こうしたレッテル貼りに基づいた実践は、施設で暮らす不利を一層生じさせる。ホームや学校や近隣や広いコミュニティの日常のなかで、潜在的に阻害されている子どもたちが包摂される（あるいは包摂されていると感じられる）のは、ケアするひとが人種の違いに反応するのではなく、彼らを特別な存在として認めつながりを持てたときである。

文化的なアイデンティティや個人的な意味体系を無視し、人種の違いに基づいて一般化を図ろうとすることは、実践や包摂には役立たない。子どもたちが施設職員、ソーシャルワーカー、里親、教師、警察官や他の大人と出会う際に、少数民族の子ども・若者は、自分の知る社会内での経験に

頼るかもしれないし、「多数派の敵意や誤解に敏感」（Ballard, 1979: 152-3）に反応するかもしれない。

　さまざまな文化的背景を持つ子ども・若者とのかかわりは、ケアするひとにとっての挑戦であり、やりがいのある仕事になりうる。お互いに知らない者同士の、支援者と子どもの最初の出会いがどのような意味を持つかは、後々の関係性の質や強さを決定づける。人々が出会うときの儀式は通常、文化的な礼儀作法に基づいている（Leigh, 1998）。多くの西洋の国々では握手がそれに相当するだろうし、デジタル世代では各種のソーシャルネットワーキング上のしきたりが、それに該当するかもしれない。西洋化されていない国々では、出会いの儀式は深い重要性を帯びている。文化に十分に配慮するために、職員は装いや公的な場での振る舞い、挨拶や仲間入りの際のやりとり、会話や対人間のコミュニケーション、食事や飲み物の準備や提供の仕方、衛生意識やパーソナルスペース、階級制度や年上―年下をめぐる関係性の意識、同一の文化集団内での宗教・民族・社会的な異同など、さまざまな点を意識し、注意を払っておかなくてはならない。

　先に述べたように、文化的な安心・安全を感じるのは、全てを理解してもらえなかったとしても、社会的・文化的枠組みを尊重され、個人的なウェルビーイングにつながる体験を保障されたときである。文化的な安全のなかには、家族や親族への尊重や敬意に加えて（Ramsden, 1997）、子どもの将来に関する意思決定に家族が積極的に参画することも含まれている。文化的安全の概念は、人種への配慮以上に適用範囲の広いものである。ケアするひとは、そのサブカルチャー的な価値観がほとんどの職員と全く異なる、薬物乱用の家族などにも直面することが増えつつある。私たちは、こうした保護者を貶め、尊厳を与えないままにしてしまう。

　文化的な安心・安全の基礎は心の安定であり、かかわりあうなかでのリズミカルな相互作用や、子ども・若者やその家族のペースに合わせることが大切になる。自己の文化と他者の文化という、異なる文化間の交流が求められているのである。マルチカルチュラルな実践は、一般原則やコンピテンスの基準[8]と呼ばれるもの以外には、直接的なかかわりへの示唆はほとんどない。子ども・若者の安全の保障が求められている場合、あるい

は、彼らが他者の脅威となっている場合には、彼らが置かれている固有の個人的状況や彼らのコントロールを超えて発生している出来事の意味を共有することが支援の中心になる。その際には、子ども・若者が生活のなかで何が起こっているのかを理解できるよう、彼らが知っている言語（あるいは単語）などを用いることが必要である。

子どもの権利

　子どもの権利は、国家が子どもたちや子ども時代をどのように考えているかという観点から、政策面での注目をますます集めるようになっている。「権利を有した個人」という考え方は、18世紀ヨーロッパの啓蒙主義まで遡る。しかし、広く国家間の条約として明確にされ、私たちの近年の権利の捉え方に影響を与えている権利養護が重視されるようになったのは、ごく最近のことである。

　第二次世界大戦後の時代を特徴づける楽天主義は、人権への関心を急激に高めた。この動きは1948年の世界人権宣言で最高潮に達し、第1条では「全ての人間は、生まれながらにして自由であり、かつ、尊厳と権利とについて平等である。人間は、理性と良心とを授けられており、互いに同胞の精神を持って行動しなければならない」と謳われている。同胞の概念への言及は、大人も子どもも等しく、人間同士のつながりの精神を強調するものである。

　こうした一般的な人権の視点は子どもにも適用されるようになり、1989年には法的拘束力を持つ国際条約として、子どもの権利条約が定められた。しかし、子どもの権利条約は、不安定な政治状況のなかで採択され、子どもの権利条約の制定に至る社会民主的な衝動は、新自由主義による政治的思想、特にアングロ・アメリカ[9]の世界によって覆された。新自由主義の支配的な関心はあくまで“個人”に向けられており、人間の存在や人権にとって重要な位置を占めるつながりや同胞という広い意識ではなかった（Harvey, 2005）。したがって、子どもの権利は残念なことに、人権が有する広範な関心から切り離されてしまった。アドボカシー団体や非

政府組織による子どもの権利に関する議論の展開の多くは、法的および契約上の権利の水準に留まりがちだった。子どもの権利が人権の有する幅広い概念から乖離することによって、子どもの権利への不信が生まれた。そして、施設職員のあいだに、子どもの権利を公然と論じることをためらう風潮が生まれた。ヘロンとチャクラバーティ（Heron and Chakrabarti, 2002: 356）はスコットランドのレジデンシャルケアの研究において、権利の指針が表面的であり、施設養育の普及における対立的状況や複雑性を付加する必要性があること、実践者の倫理を過小評価していること、を論じている。

　適切に考えるならば、権利の視点はレジデンシャル・チャイルドケアの基本に位置づけられるべきであり、子どもの権利条約の思想はケアするひとの助けになるものである。このなかには、条約全体を理解する上で重要な人権に関する4つの主要原則、差別の禁止（第2条）、子どもの最善の利益（3条）、生きる権利と育つ権利（6条）、意見表明権（12条）が定められている（Mitchell, 2005）。権利に基づいたアプローチの際にこれらの原則は相補的に機能し、実践者は中心的概念である「最善の利益」の適用を目指し、差別の禁止を図るとともに、身体的・認知的な発達を促進し、子ども・若者が自由に意見を表明する機会を保障することが求められる。もちろん、優れた職員は子どもの最善の利益を保障し、彼らの安全を守り、差別をしたりしない。そして、子どもたちの年齢や能力に応じてケアする責任を理解しながらも、大人が判断する上での最も重要な情報提供者として子どもを尊重し、子ども自身が支援上の意欲的なパートナーになりうることも知っている。

　しかし、近年の子どもの権利をめぐる理解に関しては、政治色が強くなっており、権利をめぐる議論の変化が反映されている。バトラーとドレイクフォード（Butler and Drakeford, 2005: 218）は、権利についてのイギリス国内の一般的な理解は「法律に縛られた児童保護パラダイム」に牛耳られている、と指摘している。この風潮のもとでは、子どもの最善の利益を考える際に、子どもが主体になるのではなく大人が優先されがちである。もちろん、安全性と意思決定が適切に求められる場合があるが、児童保護

第9章　包摂：コミュニティ感覚

の考え方が支配的である場合、積極的な設計者としての子ども（あるいは子どもの人生のなかで重要な大人の共同設計者としての子ども）という考え方を排除する方向に機能する。

　優勢な児童保護の考え方によって子どもの権利の正しい実現が脅かされており、消費主義のもとで増大する権利をめぐる主張も同様の脅威となっている。参加についての権利に基づく理解は無視され、管理的・営利的な考えによって混乱が生じている（Pinkney, 2011）。頭に思い浮かべるのは、つながりのある隣人ではなく、消費する市民である。それゆえに、レジデンシャルケアにおいて、私たちは権利について発言し、手続きや子どもの権利擁護ワーカーや外部のアドボケーターや権利を責任と関係性から切り離して捉えることを促進する全てに対して、不服を申し立てるのである。

　施設養育のなかで、子どもの権利が意義のある達成につながるためには、子どもに関する捉え方をも包含した手続きのあり方を再検討する必要がある（Petrie et al, 2006）。こうした崇高で理想的な参加、インクルージョン、非差別において大切なのは、大人と若者がどのようにかかわるかであり、単なる政策の文言上の宣言や希望ではない。原則は法律や条約のなかに謳われるのかもしれないが、結局のところ、それが意味深く表現されるのは人間同士の関係のなかだけである。言い換えれば、文字で書かれた考え方を現実の経験に変えることができるのは、人間同士の関係性だけなのである（Hennessey, 2011: 3）。

参　　加

　施設の運営に子どもたちを参加させていこうとする風土は、かなり長い歴史がある。民主主義の原理に基づいた生徒による活発な集会は、1920年代にニールの創立したフリースクールであるサマーヒル・スクールの中心的な特徴である。そこには、「早期の民主主義の体験は、後の市民としての重要な練習の機会である」という信念が反映されている。

　レジデンシャルケアのなかで、子どもの権利について関心がもたれはじめるのは、1960年代から70年代にかけてである。こうした関心の焦点は、

主に子どもの声に耳を傾けることであり、サマーヒル・スクールに代表される全校集会のように、学校公認の子ども参加の仕組みが存在していた。1970年代のレジデンシャル・スクールのなかには、生徒が職員の任命に主要な役割を果たしていたところもあった。ある視点から見ると、これは、子どもの声に耳を傾ける理念へと移行する前兆であった。実践的な観点から見れば、「子どもたちに対する（doing to）」あるいは「子どもたちのため（doing for）」ではなく、「子どもたちと共に（doing with）」あるいは「子どもたちと並んで（doing alongside）」の取り組みの反映であった。

　子どもの参加は、子どもの権利の視点の中核にあることを述べてきた。そして、視点を広げれば、参加は政治的配慮の中心にも位置づけられてきた。しかしながら参加には、さまざまな段階がある。この段階を論じる際によく用いられるモデルが、アーンスタイン（Arnstein, 1969）の「市民参加の梯子」である。アーンスタインの梯子には、①世論操作から始まり、④意見聴取・協議、⑧市民主導などの8段階があり、市民の関与は、非参加、形式的参加、住民の力の行使へと進んでいく。レジデンシャルケアにおける子どもの参加の試みは、一般的にはこの梯子の低い段階に留まっており、形式的参加が一般的になっている。

　一方で、市民参加の梯子には批判もあり、市民主導が"最終段階"に置かれていることが疑問視されている（Tritter and McCallum, 2006）。これは、意思決定にかかわる参加者自身の動機と必ずしも一致するわけではない。出来事や経験の内容によっては、参加者は低い段階の参加で満足かもしれない。このように考えると、子どもとその両親の参加に関する希望は同一ではないこと、年齢・人種・文化・能力などによって支援への関与の段階や性質は異なること、を心に留めておくことが重要になる。繰り返しになるが、大切なのは職員と子ども（と子どもの力となるその家族）のあいだにはパートナーシップの感覚がなくてはならないという認識である。職員は、専門的な関係性のあいだに横たわる力の差を意識し、参加者を人権の観点から尊重することが求められる。これは、子ども・若者と大人の両方にとって大切である（Gallagher, 2010）。

　こうした人権観は、人権のなかでも最も壮大な、コミュニティ感覚の促

第9章 包摂：コミュニティ感覚

進に焦点を当てた基本的な施策とも一致している。子どもの権利条約の最終目標は、次の通りである。

　　子どもがひとりの人間として尊重されていると感じられ、彼らの活動や機会が生活のなかで自ずと発展し拡大していくような地域コミュニティを構築することである。社会の中心にある機関が地域コミュニティの中心にもなるためには、生活のなかでの大人（特に両親）とのかかわりと公的機関の職員とのかかわりを同列に論じることが望まれる（Melton, 2008: 910）。

　このような方向性で子どもの権利を認識することは、他者の権利の重要性を無視するものではない。むしろ、適切な権利意識は、「ケアリングと相互性の文化を反映し鼓舞するものである」（Melton, 2008: 910）。

ソーシャルワーク上の決定への子どもの関与

　意思決定への参加を促そうとするさまざまな努力にもかかわらず、子どもたちは自分が包摂されていると実感していない。子どもの参加が、主に大人側の必要性によるものなのか、支援のなかで真に子ども・若者を力づけるものであるのか、という課題が依然として残されている（Gunn, 2008）。ペトリー（Petrie, 2011）は、子どもとの適切なコミュニケーションが民主的な対話を促し、異なる見解を表明すること／聴くことを可能にする、と指摘している。大切なのは、政策による参加の指導ではなく、大人が子どもとどうかかわるのかを考えることである。

　効果的な参加のためには、「何を期待するのか」「どのくらい関与したいのか」についての希望を明確にする必要がある。たとえば、マクリード（McLeod, 2006）は、ソーシャルワーカーが子どもの話を聞き参加を促そうと努力することを報告する一方で、若者は「自分の意見を聴いてもらえている」「配慮されている」とほとんど感じていないことを指摘している。若者は"聴くこと"を自分が話したことに対する対応も含めて捉える傾向

221

がある一方で、ソーシャルワーカーは"聴くこと"を敬意を含んだ理解ある態度、開かれた態度、注意深さとして捉える傾向があった。若者の関与を促す試みの多くは形式的に過ぎないと感じられうるし、実際にもそうであるかもしれない。単に子どもたちに、支援経過の振り返りや支援計画の策定への参加が可能だと知らせたり、彼らの意見が大切なのだと伝えるだけでは意味がないし、後に彼らの声が無視されるようではなおさらであろう。組織風土はこの点に影響を及ぼしており、子どもの声をきちんと聴きとることと、階級的・官僚的・リスク回避的な専門文化は相容れないものなのである。リースン（Leeson, 2007: 274）は次のように述べている。

> 児童保護において過ちを犯すこと、誤った決定を下すことへの不安が存在している。これは、近年のリスク回避型のソーシャルワーク実践と一致しており、なぜ子どもたちが過ちを犯す権利、自分自身に関する結論を導き学ぶ権利、さらには考えを変える権利さえも否定されているのか、という重要な疑問につながる。

良好な関係の重要性

驚くべきことではないが、子どもの参加に関するレビュー研究（Gallagher, 2010）は、意思決定の際の子どもの関与に重要なのは、ソーシャルワーカーとの良好で長期にわたる関係性であることを示唆している。いくつかの研究は、関係の継続性が社会的養護のもとで暮らす子どもたちにとって大切であることを強調しているが、ソーシャルワーカーの頻繁な交代は一般的である。何気ない時間が関係性を深めることを、若者もソーシャルワーカーも報告している（McLeod, 2007）。

レジデンシャルケアにおける子どもの参加について、ホーランド（Holland, 2009）は、ケアの倫理の立場から、次のように述べている。子どもがケアをどのように経験したのか、自分が受けたケアをどのように感じているのか、ということを考えたときに、基準や手続きが要求する正式な報告よりも、日々の養育の営みがより大切になるのである。これは、法的・

第9章　包摂：コミュニティ感覚

マニュアル的観点との比較において、ケアの相対的な重要性を示唆するものであり、世界人権宣言においてエレノア・ルーズベルトが述べるところに呼応するように思われる。

　　家庭のような小規模の場は密接すぎて小さすぎるため、世界地図では見つけられない。しかし、そこで生活する一人ひとりが世界の一員なのであり、ある人が暮らす隣では別の人が暮らし、ある人が出席する学校や大学があり、またある人が働く農場や事務所がある。こうした場所で全ての男性や女性や子どもたちが、差別されることのない、平等な正義・平等な機会・平等な尊厳を求めている。もし、このような権利がそうした小さな場で意味を持たないならば、他のどこの場でも意味を持つことはない。家庭のようにささやかな世界で暮らす人を支えようとする、かかわりある市民の行動がなければ、大きな世界での進歩も結局は無意味なのである。

　ここで私たちが擁護したいのは、「家庭から始まり」、大人と子どもが共に暮らす地域コミュニティで、関係性を通して実現に至る子どもの権利なのである。

ソーシャルキャピタル（社会関係資本）

　ソーシャルキャピタルの考え方は、近年関心を集めており、子ども・若者がいかに家族やコミュニティとつながり、ストレングスを得るのかを理解する上で有用な枠組みを与えてくれる。主にフランスの社会学者ブルデュー、アメリカの政治学者パトナムと社会学者コールマンの3人の理論家の業績がもとになっている。彼らはこのテーマに対して、それぞれ少しずつ異なった関心を寄せている（Field, 2003 を参照）。パトナム（Putnam 1995: 56）は、ソーシャルキャピタルを「生活、ネットワーク、規範、信頼といった社会の特徴であり、人々の協調的な活動を促進し、共有された目的の追求をより効率的にしてくれる」と述べている。とりわけ、少年司

法の実践家はこの概念を用い、コミュニティによる支えが、若者が加害者になるのを思いとどまる命綱になると考えている（Whyte, 2009）。また教育学者は、子ども・若者の関係性およびネットワークと、学校内外での非行への関与との関連を理解する枠組みとして用いている（Allen and Catts, 2012）。

　ソーシャルキャピタルの視点は、この世界がどう機能しているかを考えるときに、直線的・機械的・官僚的な思考を和らげてくれる。広義のストレングスに基づく考え方であり、関係にまつわる事柄を前提にしている。人々はネットワークを通してつながっており、ネットワーク内の他の成員と価値観を共有する。これらのネットワークはお金と同様に一種の資本（キャピタル）を形成し、さまざまな資源や機会を与えてくれる。ソーシャルキャピタルは、ジャックとジョーダン（Jack and Jordan, 1999）によれば、「契約そのものというよりも、人々が契約を結ぶことを可能にしてくれる信頼である。集団の役割や構造というよりも、集団の機能を効果的に働かせるチームワークである。政治や選挙の過程というよりも、市民が政策を理解し参加する風土である」。このような意味で、ソーシャルキャピタルは表面に現れている物事の水面下で存在し続け、物事を円滑にしてくれる。ソーシャルキャピタルの構築の多くは、ブルデューが「ハビトゥス（habitus）」——経験によって蓄積されたある種の本能的な実践感覚——と呼ぶものをおそらくは必要とする。それによって個人は最大限に周囲の環境を理解し、交渉し、活用する。

　一般的に、人々をより深く知れば知るほど、一般的なものの見方をその人たちと共有し、ソーシャルキャピタルは豊かになっていく（Field, 2003）。この過程で出会うのは、必ずしも善意とは限らない。ブルデューが指摘するように、ソーシャルキャピタルは排除としても機能し、"学閥"のようなネットワークとも結びつくことがある。また、ソーシャルキャピタルの視点は、貧困や不利の構造的要因を覆い隠すために論じられることもある。たとえそうだとしても、社会的養護のもとで暮らす子ども・若者は、他の子どもたちが期待しその可能性を開くであろう、家族や地域コミュニティとのつながりを欠いている。こうした子どもたちにとって、

第9章　包摂：コミュニティ感覚

ソーシャルキャピタルがどのように増えるのか、どうすれば彼らにとって
最大限の利益をもたらすように作用するかを意識することが重要になる。

　ソーシャルキャピタルが豊かな地域では、経済的困窮の程度が同等であ
るにもかかわらず、信頼・互恵性・健康・福祉の指標が高い。同じように、
学校のエートス（道徳的特質）や信頼や期待の水準、共通の価値観などに
よって学業成果が変化することを、コールマン（Coleman, 1988）がカト
リックの学校で明らかにしている。このエートスに関する知見は、施設養
育に重要な示唆を与えてくれる。レジデンシャルケアにおけるエートスは
基本的に、そこで暮らす子ども・若者の達成に影響を与える。高いエート
スを掲げる場では、職員が子ども・若者にかかわりながら彼らの権利を擁
護しようとする。そして、若者の関心に応じた多様な機会や活動が用意さ
れ、より豊かなソーシャルキャピタルに結びついていく。

　ソーシャルキャピタルは、ボンディング（結束）、ブリッジング（橋渡
し）、リンキング（連結）の３つに分類される。「ボンディング型ソーシャ
ルキャピタル」は同質な集団成員の強い結びつきが特徴である。共通のア
イデンティティや安全感を育む上で有用である。家族は強い絆で結ばれ協
力的かもしれないが、若者には家族の期待に応えなくてはならない重圧が
のしかかる。ボンディング型ソーシャルキャピタルは、エモン（Emond,
2004）が「レジデンシャルケアの子ども間の密接で協力的な関係性」と呼
ぶものと一致し、子ども集団のなかにも見られる。ボンディング型ソー
シャルキャピタルの概念は、子ども集団の役割と、肯定的な価値観や動機
づけにつながる家族集団の役割について、施設職員に示唆を与えてくれる。
エインスワース（Ainsworth, 2006）およびバーフォードとハドソン（Bur-
ford and Hudson, 2000）は、国家ケアのもとに置かれている子どもたちの
長期的な予後に、意思決定への家族の参画がどれほど良好な影響を及ぼす
かを明らかにしている。

　「ブリッジング型ソーシャルキャピタル」は、身近な家や学校といった
場よりも広く異質な関係とのつながりが特徴である。人々が単に「何とか
やっていく（get by)」だけではなく、「うまくやっていく（get on)」こと
を手助けしてくれる（Catts and Ozga, 2005）。また、就職やキャリアアッ

プにおいても重要な役割を果たす。仕事を求める思春期の若者のために、保護者が就職先を斡旋してもらうことを目的に、友人や知人を頼ることがある。同じように、サッカーチームや他の子どもたちが参加しているアクティビティに加わる際に、こうした縁に助けられることもあるかもしれない。施設で生活する子どもは、このような家族を通したつながりに頼ることができない。そのため職員は、家庭において保護者が果たしているのと同様に個人的なつながりを駆使して、さまざまな機会に子どもたちを結びつけていくことが求められる。

「リンキング型ソーシャルキャピタル」は、社会的地位や立場を超えた個人・団体間のつながりを可能にする。たとえば、同じ学校に通っているが背景の異なる子どもやその保護者同士の結びつきなどである。リンキング型ソーシャルキャピタルは、あまり交流がない別種の個人や機関や支援を結びつける（Catts and Ozga, 2005）。家庭の場合、スポーツやアクティビティあるいはボーイ／ガールスカウトのような組織は、多様な社会的背景を持つ子どもたちが一堂に会する機会を与えてくれる。こうした活動の運営にかかわる大人は、一般的にインケアの子どもたちに対しても理解を示してくれることが多い。両親は、わが子を特定の活動に参加させ続けるために、特に練習やリハーサルのために遠方に行く場合などはかなりの負担を強いられる。施設職員も、子ども・若者をコミュニティのさまざまな層につなげ、職員の負担や子どもの送迎などの物理的な条件を解決し、子どもたちが習い事を継続していく術を考えなくてはならない。これは困難を伴うものだが、わが子にできる限りのことをしたいと願う親はこうした障害を乗り越えようとしており、施設職員も同じようでありたい。

まとめ

繰り返しになるが、本章では子どもの権利や参加における、関係性の重要性をあらためて検討している。非差別的な実践および権利の考え方は抽象的な原理として掲げるのではなく、関係性のなかで実現を図らなくてはならない。このような関係性に基づく適切な実践では、マニュアルを遥か

第9章　包摂：コミュニティ感覚

に凌駕する、社会的なつながりや大人との関係性のなかで実現される権利
のあり方を大切にしている。こうした権利の考え方は、子どもの支援の助
けになるものである。この営みのなかで大人は、子どもたちが社会の一員
として自らの居場所を得るための知識や能力を身につける上での、案内者
や協力者や助言者としての役割を果たすことが望まれる。

事例を振り返って

　事例では、効果的に機能しているコミュニティ・ミーティングの例が示
されている。初めに提起された子ども・若者が話しあいの議長を務めミー
ティングを進行する能力への疑問は解消され、むしろ子どもたちの意欲は
高まっている。会議のあり方はホームの理念に基づいて、文化的・構造
的・実践的に浸透している。アンワルは、討論に値する重要な問題を感じ
ていた。それは、職員採用について、一般的に子どもたちは排除されてい
るか、申し訳程度に参加しているという事実だった。ジーンは、最初はや
や不承不承であったが、アンワルやホーム内の他の少年の意見を受けとめ、
彼らが求める男性職員の不在という指摘が道理に適った現実であることを
認めた。このように責任を分かちあうことが、コミュニティへの帰属意識
を自然に育む。これは、フォーマルなコミュニティ・ミーティングの例で
ある。多くは、より自然でインフォーマルな夕食時などに、子どもと大人
の集団が同じ目的で議論を交わすことになるだろう。

実践に向けた考え方

- 職員集団で、子どもの権利について討論をしてみよう。皆の考
  えることは子どもの権利に適っているだろうか。皆は子どもの
  権利について、どのようなことを感じているだろうか。権利の
  視点とホームのケア実践は一致しているだろうか。
- ホーム内の子どもたちとかかわる際にどのようなことに配慮し

ているか振り返ってみよう。男児や女児のニーズに一致した活動や経験を提供しているだろうか。子どもに適切に対応するため、職員集団のジェンダー構成の影響を考慮しているだろうか。

●家族、学校、活動、休暇などに関する日々の計画に際して、若者をどれぐらい話しあいに関与させているだろうか。

●目的や要望に応じて、地域の子ども集団や活動（教会、ボーイ／ガール・スカウト、職業体験、スポーツクラブなど）に子ども・若者を関与させていこう。

●職員自身が自分の文化的集団と異なるコミュニティの活動に参加することが、若者が、この世界のなかの自分と異なる存在を認めるのに寄与するかもしれない。

●子ども・若者が、社会的な伝統を引き継ぐ生物学的家族や拡大家族の一員と感じられる機会を大切にしよう。

●若者たちの意見を積極的に聴き対応する方法について考えてみよう。フォーマルなミーティングは有効だろうか。こうした働きかけを彼らはどう受けとめるだろうか。おそらくは食後の会話などが該当するだろうが、より日常的で、けれども効果的な方法はあるだろうか。

●子ども・若者は家族やコミュニティとどのようなつながりを持っていて、こうしたつながりは彼らにどのような可能性を開いてくれるだろうか。子どもたちが活用できるこれらのつながりと、ホームでのケアはどう比較されるだろうか。こうした子どもたちに、どのように "影響を与える" ことができるだろうか。

参考文献

ソーシャルキャピタルの観点からの、子どものネットワークと支援に関する有用な文献は以下の通りである：

Allen, J. and Catts, R. (2012) *Social capital, children and young people: implica-*

tions for practice, policy and research, Bristol: The Policy Press.

サリー・ホーランドは、権利の概念において、司法に基づいたアプローチと毎日のケアのなかで子どもが望むこととのあいだに存在する対立について言及している：

Holland, S.（2009）'Looked after children and the ethic of care', *British Journal of Social Work*, vol 40, no 6, pp 1664–80.

メルトンは、より一般的な人権への関心のなかに位置づけられる、子どもの権利に関して繊細な解説を行っている：

Melton, G.（2008）'Beyond balancing: toward an integrated approach to children's rights', *Journal of Social Issues*, vol 64, no 4, pp 903–20.

訳　注

1）個々の成員がコミュニティやその構成員に対して感じる所属感や安心感、自分がコミュニティの一員であるという感覚、コミュニティを維持強化していこうとする意識などを指す。

2）治療的コミュニティなどで用いられる手法。構成員の意見や要望、コミュニティの課題や取り組みについて、生活実感を大切にしながら話しあいを重ねるなかでコミュニティの構成員同士の連帯を築き、課題解決のための計画を立案し実行していく取り組み。

3）「社会的包摂」や「社会的包含」と訳され、社会的排除の対立概念として位置づけられる。社会的に弱い立場に置かれた人々を孤独や孤立や排除から守り、社会の大切な構成員のひとりとして、その存在を受け入れ、包み支えあおうとする理念のこと。

4）2010年に就任した保守党のキャメロンが掲げたスローガンで、社会サービスの担い手として、企業やボランティア、NPO・NGOなどの活動を重視し、地方自治体に権限を委譲し住民の自治意識を高めることによって、地域のソーシャルキャピタルの再構築を目指そうとするもの。個人と地域コミュニティの結びつきを強化しようとする目的の一方で、歳出削減の意図も指摘されている。

5）「社会的役割の獲得」などと訳される。ノーマライゼーションが、"普通"への同調を過度に求めているとの批判から生まれている。社会の価値観に働きかけ、社会のなかで不当に低く扱われている者の価値を、社会内で確立・向上させることを目的とする。

6）イングランドの社会的養護児童の統計には、子ども・若者のエスニック・オリジン（ethnic origin）に関するデータも記載されている。「ホワイト」「ブラック」「ミックス」「アジアンまたはアジアン・ブリティッシュ」「ブラックまたはブラック・ブリティッシュ」「その他」といった項目に分かれている。そのなかでもさらに、「アジアンまたはアジアン・ブリティッシュ」であれば、「インディアン」「パキスタン」「バングラデシュ」「その他」といった細かい区分がなされている。

7) カルチュラル・レイシズム（cultural racism）の訳語であり、生物的・遺伝的な要因の代わりに、価値観や意識などの文化的な要因による差別のこと。

8) 多様な文化や民族にかかわる支援者は、文化的・言語的ニーズを理解し対応する（マルチ）カルチュラル・コンピテンス（多文化対応力）が求められる、とされている。この概念をもとにして、さまざまな基準や尺度が開発されている。

9) アメリカ大陸のなかで、イギリスとのつながりが特に深いアメリカやカナダを指す。

10

結　論

本書では、レジデンシャルケアにおける日々の実践の複雑さを描き、この実践を広範囲にわたる理論的背景のなかに位置づけようとしてきた。しかし、このような実践を取り巻くさまざまな状況がケアの質の低下を招いていることに私たちは気づいている。外部にはあまり良くない兆しがある。レジデンシャルケアはコストがかかり、さほど効果的なサービスではないと見なされており、今後経済的にさらに苦境に立たされるだろう。社会福祉サービスにおける市場原理の導入および民営化の推進は、ケアにかける資金の削減と専門性の低下を生じさせ、それは今後も続く可能性が高い。

　ソーシャルワークのなかで、レジデンシャルケアは長く続いてきた両価的な感情に曝されている。多くの批判に直面し、擁護者は煮え切らないままである。このソーシャルワーク内部に明らかに存在し続ける両価的な感情は、ケアをすること／ケアを受けることについての考え方を専門家が正しく認識できなかったために生じた。ある観点から見れば、このケアの性質および重要性に関する認識の誤りは、その理論的基盤を辿ったときに、主に心理学に依拠したレジデンシャルケアにおいて明確に現れている。心理学的知見がレジデンシャル・チャイルドケアにおいて有用な洞察を提供してくれる一方で、心理学は日々のケア実践の息遣いや複雑さを捉えきれていない。心理学の発展にもかかわらず、その理論は実践をより広い子どもの成長や育ちや幸福といった倫理・道徳的な目的ではなく、子ども個人の問題に位置づけようとしがちである。

　ソーシャルワーク内（および、一般的な公的サービス内）の動向のなかで管理的な文化が進行し、成果主義に舵を切っているように見える。この結果として、ケアは本書で取りあげたような哲学的・実践的・関係的な試みというよりは、短期目標と達成成績に基づいた技術的・論理的な仕事として概念化されている。ケアの倫理に関する考察においては、リスク、権利、保護、最良の実践、エビデンス、基準と査察、といった用語の強調は「正義の声」（Gilligan, 1993）と呼ばれている。この正義の声は、「愛情、つながり、落ちつきといったささやきに必死に耳を傾けていたケアの声を締め出す」（Steckley and Smith, 2011: 191）傾向にある。

　皮肉なことに、支援の改善を意図して構築された管理的な社会基盤は、

官僚化の進行を招いている。私たちは「倫理に基づくのではなく契約に基づく規制」とジョーダン（Jordan, 2010）が呼ぶ、悪しき規制を押しつけられている。契約的な規制のもとでは、ケアをする者とケアを受ける者によって顔を合わせて営まれるというよりは、外部の監査によって定められた一連の基準、登録要件、サービス水準に関する契約に基づくケア・ケアリングのあり方が想定されており、結果としてずさんな状況や倫理の曖昧さを招いている。

　過度のリスク管理は、日々のケアのあり方を、人と人のかかわりから雲の上の査察機関が求めるマニュアル的な要求に適うように変えた。これは、きわめて哲学的な問題と関連している。なぜなら、これまでに示してきたように、官僚主義によってケアの本質が遠ざけられたためである。こうしたことを考慮すると、実践の周りでいっそう過剰になるルールと規制は、すでに小さくはない、避けては通れない苛立ちの種なのかもしれない。それらは、ケアとそれに伴う"誰かのために"私たちが働いているという人道に根づいた情熱を鈍くするために存在している（Smith, 2011b: 3）。ミーガーとパートン（Meagher and Parton, 2004: 4）によれば、専門家によるケア概念の復権は、増大する管理主義への重要な対抗勢力としてであった。

　施設養育は、周囲の冷遇にもかかわらず、社会の片隅で最も過酷な状況に置かれた子ども・若者を支援するために存続してきたし、これからも存続し続けるであろう。存続のための微かな希望は、少なくとも学術的な領域には存在している。ボンディら（Bondi et al, 2011: 2）は、専門家のなかで支配的な、「効果的なケアリングや職員の専門性に必要な知識や合理的な判断は全て、"エビデンスに基づいた"技術的な論理性に還元することができる。それは、近代的な科学として専門家が切望するものである」という考え方に対して疑問を投げかけている。彼らはさらに、「社会科学もしくは自然科学のどちらか一方だけが人間の福祉や幸福を決定できるのかどうか」と問いかけている。スミスとスミス（Smith and Smith, 2008: 154）は、「官僚的な専門性は片隅ではよく機能しているかもしれないが、私たちは、人としての基準によって支援を行う余地を広げていく勇気を持ちたい」と示唆している。その自然な性質からしてみても、レジデンシャルケ

アの日々の営みには、人間的な基準が求められているのではないだろうか。

このような人間的な基準はまた、ケアの結果について、異なった角度から光を当てることを必要としている。それは、管理者側の遠大な目標の達成によってではなく、誤った尺度でケアを測りたい人間にはすぐには理解できないであろう、ささやかな出来事や発達的成果によって示されるものである。本当の成功とは、子ども・若者が起こす毎日の成功や達成なのである。このことを経験豊富なレジデンシャル・スクールの管理職は、カンファレンス内で次のように表現している。

　　　私たちが自らを、「ペダゴーグ」と呼ぼうが「養育者」と呼ぼうが「体験の手配者」と呼ぼうが「チャイルドアンドユース・ケアワーカー」と呼ぼうが、私たち誰もが日々の出来事に強い治療的な力があることを知っている。私たちの成功とは、
　　　■子どもがネクタイを結べるようになった
　　　■子どもが悪夢を見ずに朝を迎えることができた
　　　■子どもがおねしょをせずに夜を過ごせた
　　　■子どもがナイフとフォークを使えた
　　　■子どもが自転車に乗れた
　　　■子どもが字を読むのが上手になった
　　　■子どもがクリスマスの劇に参加できた
　　　■子どもと両親の面会がうまくいった
　　　■子どもが施設内のミーティングで自信をつけた
　　　■子どもが雪を払うのに助けを求めることができた
　　　■子どもがサッカーの試合に参加できた
　　　■子どもが資格を取得できた
　　　■子どもがガールスカウトやボーイスカウトに参加できた
　　　■子どもが泳げるようになった
　　といったものである（Gibson, 2011）。

ケアの成功には、専門家の関与による測定可能な成果と同じぐらい、そ

第 10 章　結　論

の過程も大切である。かかわりの性質と過程が適切であれば結果も伴いやすく、このふたつは分かち難い。ケアの提供方法には、倫理的な意図を注ぎこむことが求められるのである。ウェブ（Webb, 2010）は、現在の子どものケアに浸透しつつある看過できない流れを指摘し、行先を見失ったシステムを手厳しく非難している。私たちは、子どもの生活に変化をもたらすことができるという信念を取り戻さなければならない。ケアするひとは社会的共同養育者として、良き親が実子に望むのと同じような愛情や平穏や期待を子どもたちに与えることができる。現在このようなケアは、かろうじて行われている。それは、"システムによって" というよりも、"現在のシステムにもかかわらず" 行われているのである（DCSF, 2009）。

　子ども・若者のケアは目的を持って進めるべきである一方で、マグニソン（Magnuson, 2003: xxii–xxiii）の次の言葉にあるように、予測不能なものである。「発達や成長は神秘的・非同期的・非直線的な過程であり、動的である。子ども・若者へのケア全てはさらなる成長と変化を目的としている。…（しかし）その養育においては干渉的・直接的ではなく、間接的・協働的・誘起的である」。

　もちろん、神秘的でダイナミックな成長と変化に基づいたレジデンシャルケアの実践は、"常識的な" 政策や管理的なシステムが忌み嫌うものである。既存の考え方は確固たるもの、当然のものと見なされている。現在の水準にまで達した管理的な規制やコンプライアンスに疑問を呈するのは難しく、管理機関のないレジデンシャルケアを想像したり、それに代わるシステムを提案することは困難となっている。フィールディングとモス（Fielding and Moss, 2011: 1）が述べるように、私たちは「代わることのない専制政治」に囚われている。しかし、彼らは議論を続けており、この専制政治は覆さなくてはならない。そして、子どもや子ども時代に関して、また子どもの養育者としての私たちの役割に関して、別の考えを示す必要がある。これは想像力——心理学的・形式的な理解と同等にチャイルドアンドユースケアに基づく判断規準を中心に置いた特性——を要する課題である（Gharabaghi, 2008）。

　もし私たちが何もせず、ケアを改善しようという動きを封じている現行

235

の政治および専門職団体の動きに依存するままならば、今の考え方は変わらないだろう。しかし、イングランドとスコットランドの双方で、専門家が活発に躍動を始めており、レジデンシャル・チャイルドケアの未来に関する方針において声を上げるためにケアにかかわる人々が結集しつつある。アイルランドにはすでに独自の専門機関が存在する。この実践家の関心の多くはソーシャルペダゴジーの考え方に向けられている。こうした方向性は、ソーシャルワーク以上に実践に資するパラダイムを提供し、子ども・若者の最善のケアのあり方に多くの示唆を与えてくれる。

参考文献

Ainsworth, F. (1981) 'The training of personnel for group care with children', in F. Ainsworth and L.C. Fulcher (eds) *Group care for children: Concept and issues*, London: Tavistock, pp 225-47.

Ainsworth, F. (2006) 'Group care practitioners as family workers', in L. C. Fulcher and F. Ainsworth (eds) *Group care practice with children and young people revisited*, New York: The Haworth Press, pp 75-86.

Alexander, K., Entwisle, D. and Olson, L. (2001) 'Schools, achievement, and inequality: a seasonal perspective', *Educational Evaluation and Policy Analysis*, vol 23, no 2, pp 171-91.

Allen, J. and Catts, R. (2012) *Social capital, children and young people: Implications for practice, policy and research*, Bristol: The Policy Press.

Altman, B. (2002) 'Working with play', *CYC-Online*, issue 36, www.cyc-net.org/cyc-online/cycol-0102-altman.html

Andersen, L. (2009) 'On the practice of working as a milieu-therapist with children', in H. Kornerup (ed) *Milieu-therapy with children: Planned environmental therapy in Scandinavia*, Perikon, distributed London: Karnac Books, pp 67-92.

Anglin, J. (1999) 'The uniqueness of child and youth care: a personal perspective', *Child and Youth Care Forum*, vol 28, no 2, pp 143-50.

Anglin, J. (2002) *Pain, normality and the struggle for congruence: Reinterpreting residential care for children and youth*, New York: The Haworth Press.

Antonovsky, A. (1996) 'The salutogenic model as a theory to guide health promotion', *Health Promotion International*, vol 11, no 1, pp 11-18.

Arnstein, S. (1969) 'A ladder of citizen participation', *Journal of the American Institute of Planners*, vol 35, pp 216-24.

Ballard, R. (1979) 'Ethnic minorities and the social services: what type of service?', in V. S. Khan (ed) *Minority families in Britain*, London: Macmillan, pp 146-64.

Bandura, A. (1977) *Social learning theory*, New York: General Learning Press. (＝原野広太郎訳（1979）『社会的学習理論——人間理解と教育の基礎』金子書房)

Baron-Cohen, S. (2008) *Autism and Asperger syndrome: The facts*, Oxford: Oxford University Press. (＝水野 薫・鳥居 深雪・岡田 智訳（2011）『自閉症スペクトラム入門——脳・心理から教育・治療までの最新知識』中央法規出版)

Bauman, Z. (1993) *Postmodern ethics*, Oxford: Blackwell.

Bauman, Z. (1998) *Work, consumerism and the new poor*, Buckingham: Open University Press. (＝伊藤茂訳（2008）『新しい貧困──労働消費主義ニュープア』青土社）

Bauman, Z. (2000) 'Special essay: am I my brother's keeper?', *European Journal of Social Work*, vol 3, no 1, pp 5–11.

Bebbington, A. and Miles, J. (1989) 'The background of children who enter local authority care', *British Journal of Social Work*, vol 19, no 1, pp 349–68.

Beedell, C. (1970) *Residential Life with Children*. London: Routledge and Kegan Paul.

Benenson, J. F. (2005) 'Sex differences', in B. Hopkins, R. Barr, G. Michel and P. Rochat (eds) *The Cambridge encyclopedia of child development*, Cambridge: Cambridge University Press.

Bengtsson, E., Chamberlain, C., Crimmens, D. and Stanley, J. (2008) *Introducing social pedagogy into residential child care in England: An evaluation of a project commissioned by the Social Education Trust (SET) in September 2006 and managed by the National Centre for Excellence in Residential Child Care (NCERCC)*, London: SET and NCERCC.

Berridge, D. (2006) 'Theory and explanation in child welfare: education and looked-after children', *Child and Family Social Work*, vol 12, pp 1–10.

Berridge, D. and Brodie, I. (1998) *Children's homes revisited*, London: Jessica Kingsley Publishers.

Biddulph, S. (2003) *Raising boys: why boys are different – and how to help them become happy and well-balanced men*, London: Harper Thorsons.

Bion, W. R. (1962) *Learning from experience*, London: Karnac. (＝福本修訳（1999）『精神分析の方法〈1〉セブン・サーヴァンツ』法政大学出版局）

Bloomer, K. (2008) Working it out: *Developing the children's sector workforce*, Edinburgh: Children in Scotland.

Boddy, J. (2011) 'The supportive relationship in public care: the relevance of social pedagogy', in C. Cameron and P. Moss (eds) *Social pedagogy and working with children and young people: Where care and education meet*, London: Jessica Kingsley Publishers, pp 105–24.

Bondi, L., Carr, D., Clark, C. and Clegg, C. (2011) *Towards professional wisdom: Practical deliberation in the people professions*, Farnham: Ashgate.

Boud, D. and Falchikov, N. (2007) *Rethinking assessment for higher education: Learning for the longer term*, Routledge: London.

Bourdieu, P. (1984) *Distinction: A social critique of the judgement of taste*, London, Routledge.

Bourdieu, P. (1986) 'The forms of capital'. In J G. Richardson (ed.) *Handbook of theory and research for the sociology of education*, New York: Greenwood Press pp 241-58.

Bowlby, J. (1951) *Maternal care and mental health*, Geneva: World Health Organization. (＝黒田実郎訳（1967）『乳幼児の精神衛生』岩崎学術出版社）

Bowlby, J. (1988) *A secure base: Clinical applications of attachment theory*, London: Routledge. (＝二木武監訳（1993）『母と子のアタッチメント ―― 心の安全基地』医歯薬出版）

Brannen, J. and Moss, P. (eds) (2003) *Rethinking children's care*, Buckingham: Open University Press.

Brendtro, L. and du Toit, L. (2005) *Response ability pathways: Restoring bonds of respect*, Cape Town: PreText Publishers.

Brendtro, L., Brokenleg, M. and Van Bockern, S. (2002) *Reclaiming youth at risk: Our hope for the future*, Bloomington, IN: Solution Tree.

Brokenleg, M (1999) *Native American perspectives on generosity*, www.altruists. org/ f164

Bronfenbrenner, U. (1979) *The ecology of human development*, Cambridge, MA: Harvard University Press. (＝磯貝芳郎・福富護訳（1996）『人間発達の生態学 ―― 発達心理学への挑戦』川島書店）

Burford, G. and Casson, S. (1989) 'Including families in residential work: educational and agency tasks', *British Journal of Social Work*, vol 19, no 1, pp 19-37.

Burford, G. and Hudson, J. (eds) (2000) *Family group conferences: New directions in community-centered child and family practice*, New York: Aldine de Gruyter.

Burmeister, E. (1960) *The professional houseparent*, New York: Columbia University Press,

Butler, I. and Drakeford, M. (2005) *Scandal, social policy and social welfare*, Bristol: BASW/The Policy Press.

Cameron, C. (2003) 'An historical perspective on changing child care policy', in J. Brannan and P. Moss (eds) *Rethinking children's care*, Buckingham: Open University Press, pp 80-95.

Cameron, C. and Moss, P. (eds) (2011) *Social pedagogy and working with children and young people: Where care and education meet*, London: Jessica Kingsley Publishers.

Cameron, R.J. and Maginn, C. (2008) 'The authentic warmth dimension of professional childcare', *British Journal of Social Work*, 8(6): 1151-72.

Catts, R. and Ozga, J. (2005) *What is social capital and how might it be used in Scotland's schools?* Briefing paper, www.ces.ed.ac.uk/PDF%20Files/Brief036.pdf

Centre for Social Justice (2008) *Breakthrough Glasgow: Ending the costs of social breakdown*, www.centreforsocialjustice.org.uk/client/downloads/Breakthrough Glasgow.pdf

CELCIS (Centre for Excellence for Looked After Children in Scotland) (2010) 'Go outdoors: guidance and good practice on encouraging outdoor activities in residential care', www.celcis.org/resources/entry/go_outdoors_guidance_and_good_practice_on_encouraging_outdoor_activities

Certeau, Michel de. (1984) *The Practice of Everyday Life*. Berkeley: University of California Press. (＝山田登世子訳 (1987)『日常的実践のポイエティーク』国文社)

Children in Scotland (2008) *Making the gender equality duty real for children, young people and their fathers*, Edinburgh: Children in Scotland.

Clarke, J. and Newman, J. (1997) *The managerial state: power, politics and ideology in the remaking of social welfare*, London: Sage Publications.

Clough, P. and Nutbrown, C. (2005) 'Inclusion and development in the early years: making inclusion conventional?', *Child Care in Practice*, vol 11, no 2, pp 99-102.

Clough, R., Bullock, R. and Ward, A. (2006) *What works in residential child care? A review of research evidence and the practical considerations*, London: National Children's Bureau.

Cockburn, T. (2005) 'Children and the feminist ethic of care', *Childhood*, vol 12, pp 71-89.

Coleman, J. (1988) 'Social capital in the creation of human capital', *American Journal of Sociology*, supplement 94, pp 95-120.

Connelly, G., McKay, E., and O'Hagan, P. (2003) *Learning with care: information for carers, social workers and teachers concerning the education of looked after children and young people*, Glasgow: University of Strathclyde/HMIE/SWSI.

Corby, B., Doig, A. and Roberts, V. (2001) *Public inquiries into abuse of children in residential care*, London: Jessica Kingsley Publishers.

Costa, M. and Walter, C. (2006) 'Care: the art of living', in R. Jackson (ed) *Holistic special education: Camphill principles and practice*, Edinburgh: Floris Books.

Courtney, M. E. and Iwaniec, D. (2009) *Residential care of children: comparative perspectives*, New York: Oxford University Press.

Cree, V. and Davis, A. (2007) *Social work: voices from the inside*, Abingdon: Routledge.

Cree, V.E. and Wallace, S.J. (2005) 'Risk and protection' in Adams, R., Payne, M. and Dominelli, (eds) *Social work futures*, Basingstoke: Palgrave Macmillan: 115-127.

Cross, C. (2008) 'Resolutions', *Goodenoughcaring e-journal*, www.goodenoughcaring.com/JournalArticle.aspx?cpid=73

Daniel, B., Featherstone, B., Hooper, C. A. and Scourfield, J. (2005) 'Why gender matters for Every Child Matters', *British Journal of Social Work*, vol 35, no 8, pp 1343-55.

Davidson, J., McCullough, D., Steckley, L. and Warren, T. (2005) *Holding safely*, Glasgow: Scottish Institute for Residential Child Care.

Davies, M. (ed) (2012) *Social work with children and families*, Basingstoke: Palgrave Macmillan.

DCSF (Department for Children, Schools and Families) (2009) *Lookedafter children: Children, Schools and Families Committee*, www.publications.parliament.uk/pa/cm200809/cmselect/cmchilsch/111/11107.htm

Department for Education and Skills (DfES), (2003) *Every Child Matters – the Green Paper* Norwich, The Stationery Office.

de Certeau, M. (1984) *The practice of everyday life* (trans S Rendall), Berkeley, CA: University of California Press.

De Jong, P. and Kim Berg, I. (2002) *Interviewing for solutions* (2nd edn), Pacific Grove, CA: Brooks Cole Publishers.

Delano, F. and Shah, J. C. (2011) 'Games played in the supervisory relationship: the modern version', *Relational Child and Youth Care Practice*, vol 24, no 1/2, pp 177–85.

DES (Department of Education and Skills) (2006) *Care matters: Transforming the lives of children and young people in care*, Norwich: The Stationery Office.

Digney, J. (2005) 'Towards a comprehension of the roles of humour in child and youth care', *Relational Child and Youth Care Practice*, vol 18, no 4, pp 9–18.

Dimigen, G., Del Priore, C., Butler, S., Evans, S., Ferguson, L. and Swan, M. (1999) 'Psychiatric disorder among children at time of entering local authority care', *British Medical Journal*, vol 319, no 7211, p 675.

Douglas, R. and Payne, C. (1981) 'Alarm bells for the clock-on philosophy', *Social Work Today*, vol 12, no 23, pp 110-11.

Dunne, J. (1993) *Back to the rough ground: 'phronesis' and 'techne' in modern philosophy and in Aristotle*, Notre Dame, IN: Notre Dame University Press.

Eichsteller, G. and Holthoff, S. (2010) *Social pedagogy training pack*, ThemPra Social Pedagogy Community Interest Company.

Ely, P. and Denney, D. (1987) *Social work in a multi-racial society*, Aldershot, Hants: Gower.

Emond, R. (2000) 'Survival of the skilful: an ethnographic study of two groups of young people in residential care', unpublished PhD thesis, University of Stirling.

Emond, R. (2004) 'Rethinking our understanding of the resident group in group care', *Child and Youth Care Forum*, vol 33, no 3, pp 193–208.

Emond, R. (2008) 'Children's voices, children's rights', in A. Kendrick (ed) *Residential child care: prospects and challenges*, London: Jessica Kingsley Publishers, pp 183–96.

Emond, R. (2010) 'Caring as a moral, practical and powerful endeavour: peer care in a Cambodian orphanage', *British Journal of Social Work*, vol 40, no 1, pp 63–81.

Entwistle, H. (1979) *Antonio Gramsci: conservative schooling for radical politics*, London: Routledge and Kegan Paul.

Fanshel, D., Finch, S. J. and Grundy, J. F. (1990) *Foster children in life course perspective*, New York: Colombia University Press.

Ferguson, I. (2008) 'Neoliberalism, happiness and well-being', *International Socialism*, vol 117, pp 87–121.

Fewster, G. (1991) 'Editorial: the selfless professional', *Journal of Child and Youth Care*, vol 6, no 4, pp 69–72.

Field, J. (2003) *Social capital*, London: Routledge.

Fielding, M. and Moss, P. (2011) *Radical education and the common school*, Abingdon: Routledge.

Fisher, B. and Tronto, J. (1990) 'Toward a feminist theory of caring', in F. Abel and M. Nelson (eds) *Circles of care*, Albany: State University of New York, pp 35–62.

Forrester, D. (2008) 'Is the care system failing children?', *The Political Quarterly*, vol 79, no 2, pp 206–11.

Forrester, D., Goodman, K., Cocker, C., Binnie, C. and Jensch, G. (2009) 'What is the impact of public care on children's welfare? A review of research findings from England and Wales and their policy implications', *Journal of Social Policy*, vol 38, no 3, pp 439–56.

Frampton, P. (2004) *The golly in the cupboard*, Manchester: Tamic Publications.

Francis, J. (2006) 'Could do better! Supporting the education of looked-after children', in A. Kendrick (ed) *Residential child care: prospects and challenges*, London: Jessica Kingsley Publishers.

Freire, P. (1972) *Pedagogy of the oppressed*, Harmondsworth: Penguin.

Fulcher, L. C. (1993) 'Yes Henry, the space we create does indeed control us!', *Journal of Child and Youth Care*, vol 8, no 2, pp 91 100.

Fulcher, L. C. (1997) 'Changing care in a changing world: the old and new worlds', *Social Work Review*, vol 9, no 1/2, pp 20–6.

Fulcher, L. C. (1998) 'Acknowledging culture in child and youth care practice', *Social Work Education*, vol 17, no 3, pp 321–38.

Fulcher, L. C. (2001) 'Differential assessment of residential group care for children and young people', *The British Journal of Social Work*, vol 31, no 3, pp 415–34.

Fulcher, L. C. (2002) 'Cultural safety and the duty of care', *Child Welfare*, vol 81, no 5, pp 689–708.

Fulcher, L. C. (2003) 'Rituals of encounter that guarantee cultural safety', *Journal of Relational Child and Youth Care Practice*, vol 16, no 3, pp 20–7, www.cyc-net.org/lz/a-3-2.html

Fulcher, L. C. (2005) 'The soul, rhythms and blues of responsive child and youth care at home or away from home', *Child and Youth Care*, vol 27, no 1/2, pp 27–50.

Fulcher, L. C. and Ainsworth, F. (eds) (2006) *Group care practice with children and young people revisited*, New York: The Haworth Press.

Fulcher, L. C. and Garfat, T. (2008) *Quality care in a family setting: a practical guide for foster carers*, Cape Town: Pretext.

Furedi, F. (2003) *Therapy culture: cultivating vulnerability in an uncertain age*, London: Routledge.

Furedi, F. (2009) *Wasted: Why education isn't educating*, London: Continuum Press.

Gallagher, B. (2000) 'The extent and nature of known cases of institutional child sex abuse', *British Journal of Social Work*, vol 30, pp 795–817.

Gallagher, M (2010) 'Literature review 2: children and families', Engaging with Involuntary Service Users in Social Work, www.socialwork.ed.ac.uk/esla/resources/publications

Garfat, T. (1998) 'The effective child and youth care intervention: a phenomenological inquiry', *Journal of Child and Youth Care*, special edition, vol 12, no 1/2.

Garfat, T. (1999) 'Editorial: hanging-in', *CYC-Online*, issue 9, www.cyc-net.org/cyc-online/cycol-1099-editor.html

Garfat, T. (2001) 'Developmental stages of child and youth care workers: an interactional perspective', *The International Child and Youth Care Network*, issue 24, www.cyc-net.org/cyc-online/cycol-0101-garfat.html

Garfat, T. (2002) *The use of everyday events in child and youth care work*, www.cyc-net.org/cyc-online/cycol-0402-garfat.html

Garfat, T. (2007) 'The supervision connection', *CYC-Online*, issue 96, www.cyc-net.org/cyc-online/cycol-0107-supervision.html

Garfat, T. and Fulcher, L. C. (2011) 'Characteristics of a child and youth care approach', *Journal of Relational Child and Youth Care Practice*, vol 24, no 1/2, p 7.

Gharabaghi, K. (2008) 'Contemplations about the imagination and complacency in child and youth care practice', *Relational Child and Youth Care Practice*, vol 21, no 4, pp 30–42.

Gharabaghi, K. (2011) 'A culture of education: enhancing school performance of youth living in residential group care in Ontario', *Child Welfare*, vol 90, no 1, pp 75-91.

Gharabaghi, K. (2012) 'Translating evidence into practice: supporting the school performance of young people living in residential group care in Ontario', *Children and Youth Services Review*, doi:10.1016/j.childyouth.2012.01.038.

Gibson, D. (2011) 'Plenary presentation' to *Celebrating Success in Residential Child Care conference*, Scottish Government, Glasgow, 22nd March.

Gill, T. (2007) *No fear: growing up in a risk averse society*, London: Calouste Gulbenkian Foundation.

Gill, T. (2010) *Nothing ventured... balancing risks and benefits in the outdoors*, English Outdoor Council, www.englishoutdoorcouncil.org/wp-content/uploads/Nothing-Ventured.pdf.

Gilligan, C. (1993) *In a different voice: Psychological theory and women's development*, Cambridge, MA: Harvard University Press. (＝岩男寿美子訳（1986）『もうひとつの声――男女の道徳観のちがいと女性のアイデンティティ』川島書店)

Glasser, W. (1969) Schools without failure, New York : Harper and Row. (＝佐野雅子訳（1977）『落伍者なき学校――〈落ちこぼれ〉は救えるか』サイマル出版会)

Glasser, W. D. (1998) *Choice theory: A new psychology of personal freedom*, New York: HarperCollins. (＝柿谷正期訳（2003）『グラッサー博士の選択理論――幸せな人間関係を築くために』アチーブメント出版)

Goffman, E. (1968) *Asylums*, Harmondsworth: Penguin. (＝石黒毅訳（1984）『アサイラム――施設被収容者の日常世界』（ゴッフマンの社会学3）誠信書房)

Goldson, B. (2002) 'New Labour, social justice and children: political calculation and the deserving-undeserving schism', *British Journal of Social Work*, vol 32, pp 683-95.

Grant, A., Ennis, J. and Stuart, F. (2002) 'Looking after health: a joint working approach to improving the health outcomes of looked after and accommodated children and young people', *Scottish Journal of Residential Child Care*, vol 1, no 1, pp 23-30.

Green, L. and Masson, H. (2002) 'Adolescents who sexually abuse and residential accommodation: issues of risk and vulnerability', *British Journal of Social Work*, vol 32, no 2, pp 149-68.

Gunn, R. (2008) The power to shape decisions? An exploration of young people's power in participation', *Health and Social Care in the Community*, 16(3), 253-261

Halvorsen, A. (2009) 'What counts in child protection and welfare?', *Qualitative Social Work*, vol 8, no 1, pp 65-82.

Hanlon, P. and Carlisle, S. (2010) 'Dis-ease, the modern epidemic: 2.2 depression – a rising tide?', www.afternow.co.uk/images/downloads/pdfs/2.2%20Depression%20-%20a%20rising%20tide.pdf

Hanlon, P., Carlisle, S. and Henderson, G. (2011) 'Consumerism, dissatisfaction guaranteed: 3.6 influences on well-being', www.phru.net/mhin/childandyouth/Lists/Announcements/Attachments/65/Influences%20on%20well-being.pdf

Hanlon, P., Carlisle, S., Lyon, A., Hannah, M. and Reilly, D. (2011) 'Dis-ease, the modern epidemic: 2.4 drugs, addiction and the ingenuity gap', www.afternow.co.uk/images/downloads/pdfs/2.4%20Drugs,%20addiction%20and%20the%20ingenuity%20gap.pdf

Harvey, D. (2005) *A brief history of neoliberalism*, Oxford: Oxford University Press. (＝渡辺治監訳（2007）『新自由主義——その歴史的展開と現在』作品社）

Head, J. (1999) *Understanding the boys: Issues of behaviour and achievement*, London: Psychology Press.

Heimler, E. (1975) *Survival in society*, London: Weidenfeld and Nicholson.

Held, V. (2006) *The ethics of care: Personal, political and global*, Oxford: Oxford University Press.

Hennessey, R. (2011) *Relationship skills in social work*, London: Sage.

Heron, G. and Chakrabarti, M. (2002) 'Examining the perceptions and attitudes of staff working in community based children's homes', *Qualitative Social Work*, vol 1, no 3, pp 341–58.

Hewitt, P. (2003) *The looked-after kid: Memoirs from the children's home*, Edinburgh: Mainstream Publishing.

Hill, M.,Walker, M., Moodie, K., Wallace, B., Bannister, J., Khan, F., McIvor, G. and Kendrick, A. (2005) *Fast track children's hearings pilot: Final report of the evaluation of the pilot*, Edinburgh: University of Strathclyde/University of Glasgow/University of Stirling/Scottish Executive.

Hoffman, M. (2000) *Empathy and moral development*, Cambridge: Cambridge University Press. (＝菊池章夫・二宮克美訳（2001）『共感と道徳性の発達心理学——思いやりと正義とのかかわりで』川島書店）

Holland, S. (2009) 'Looked after children and the ethic of care', *British Journal of Social Work*, vol 40, no 6, pp 1664–80.

Holman, B. (1998) *Child care revisited: The children's departments 1948-1971*, London: ICSE.

Horwath, J. (2000) 'Childcare with gloves on: protecting children and young people in residential care', *British Journal of Social Work*, vol 30, pp 179–91.

Howe, D. (1995) *Attachment theory for social work practice*, Basingstoke: Macmillan.

（＝平田美智子・向田久美子訳（2001）『ソーシャルワーカーのためのアタッチメント理論——対人関係理解の「カギ」』筒井書房）

Howe, D. (2005) *Child abuse and neglect: Attachment, development and intervention*, Basingstoke: Palgrave Macmillan.

Hughes, D. (2006) *Building the bonds of attachment: Awakening love in deeply troubled children*, Lanham, MD: Jason Aronson Inc.

Iacoboni, M. (2008) *Mirroring people: The new science of how we connect with others*, New York: Farrar, Straus and Giroux.

Jack, G. (2010) 'Place matters: the significance of place attachments for children's well-being', *British Journal of Social Work*, 40(3): 755-71.

Jack, G. and Jordan, B. (1999) 'Social capital and child welfare', *Children and Society*, vol 13, no 4, pp 242-56.

Jackson, P. (2004) 'Rights and representation in the Scottish children's hearings system', in *Meeting needs, addressing deeds: working with young people who offend*, Glasgow: NCH, pp 71-9.

Jackson, R. (2011) 'Challenges of residential and community care: "the times they are a-changin'", *Journal of Intellectual Disability Research*, vol 55, no 9, pp 933-44.

Jackson, S. (1987) *The education of children in care*, Bristol: School of Applied Social Studies, University of Bristol.

Jackson, S. (2006) 'Looking after children away from home: past and present', in E. Chase, A. Simon and S. Jackson, *In care and after: A positive perspective*, London: Routledge, pp 9-25.

Jackson, S. and Martin, P. Y. (1998) 'Surviving the care system: education and resilience', *Journal of Adolescence*, vol 21, pp 569-83.

Jackson, S. and Simon, A. (2006) The costs and benefits of educating children in care,in E. Chase, A. Simon and S. Jackson (eds) *In care and after: A positive perspective*, London: Routledge. pp.44-62.

Jackson, S., Ajayi, S. and Quigley, M. (2005) *Going to university from care*, London: Institute of Education.

Jones, J. (2010) 'Raising children: a character-based approach to residential child care', *Scottish Journal of Residential Child Care*, vol 9, no 2, pp 22-7.

Jones, R. (2009) 'In our constipated care culture, thank heavens for the rule benders', *The Guardian*, 10 February, www.guardian.co.uk/commentisfree/2009/feb/10/care-society-culture-fearwww.guardian.co.uk/commentisfree/2009/feb/10/care-society-culture-fear

Jordan, B. (2010) *Why the Third Way failed*, Bristol: The Policy Press.

Kellmer-Pringle, M. K. (1975) *The needs of children*, London: Hutchinson.

Kendrick, A. (2012) 'What research tells us about residential child care', in M. Davies (ed) *Social work with children and families*, Basingstoke: Palgrave Macmillan.

Kent, R. (1997) *Children's safeguards review*, Edinburgh: Stationery Office.

Khan, V. S. (1982) 'The role of the culture of dominance in structuring the experience of ethnic minorities', in C. Husband (ed) *Race in Britain*, London: Hutchison.

Kilbrandon, L. (1964) *The Kilbrandon Report: Children and young persons Scotland*, Edinburgh: Scottish Home and Health Department/Scottish Education Department.

Kleipoedszus, S. (2011) 'Communication and conflict: an important part of social pedagogic relationships', in C. Cameron and P. Moss (eds) *Social pedagogy and working with children and young people: Where care and education meet*, London: Jessica Kingsley Publishers, pp 125–40.

Knapp, M. (2006) 'The economics of group care practice: a re-appraisal', in L. C. Fulcher and F. Ainsworth (eds) *Group care practice with children and young people revisited*, New York: The Haworth Press, pp 259-84.

Kornerup, H. (ed) (2009) *Milieu-therapy with children: Planned environmental therapy in Scandinavia*, Perikon, distributed London: Karnac Books.

Lane, K. (2008) *Hey, Minister, leave our schools alone*, www.childrenwebmag.com/ articles/education/hey-minister-leave-our-schools-alone

Lane, R. E. (2001) *The loss of happiness in market democracies*, New Haven, CT: Yale University Press.

Laursen, E. K. (2005) The seven habits of culture building. Unpublished manuscript.

Layard, R. (2006) *Happiness: Lessons from a new science* (2nd edn), London: Penguin.

Leeson, C. (2007) 'My life in care: experiences of non-participation in decision-making processes', *Child and Family Social Work*, vol 12, pp 268-77.

Leigh, J. W. (1998) *Communication for cultural competence*, Sydney: Allyn and Bacon.

Levitas, R. A. (1998) *The Inclusive society? Social exclusion and New Labour*, Basingstoke: Macmillan.

Lewin, K. (1951) *Field theory in social science: Selected theoretical papers*, ed. D. Cartwright, New York: Harper and Row.（＝猪股佐登留訳（1979）『社会科学における場の理論』誠信書房）

Lickona, T. (1983) *Raising good children: Helping your child through the stages of moral development*, Toronto: Bantam Books. (＝三浦正訳（1988）『リコーナ博士の子育て入門——道徳的自立をめざして』慶応通信）

Linnane, C. (2008) 'Encouraging reading among children in care: the Edinburgh Reading Champion project', *Scottish Journal of Residential Child Care*, Special edition: Education, vol 7, no 2, pp 25-7.

Lister, R. (2003) 'Investing in the citizen-workers of the future: transformations in citizenship and the state under New Labour', *Social Policy and Administration*, vol 37, no 5, pp 427-43.

Long, N. (2007) 'The therapeutic power of kindness', *Cyc-Online*, issue 98, www.cyc-net.org/cyc-online/cycol-0307-long.html

Loughmiller, C. (1979) *Kids in trouble: An adventure in education*, Texas: Wildwood Books.

Lynch, K., Baker, J. and Lyons, M. (2009) *Affective equality: Love, care and injustice*, Basingstoke: Palgrave Macmillan.

McGhee, J., Mellon, M. and Whyte, B. (eds) (2004) *Meeting needs, addressing deeds: Working with young people who offend*, Glasgow: NCH.

McLaughlin K. (2010) 'The social worker versus the general social care council: an analysis of Care Standards tribunal hearings and decisions', *British Journal of Social Work*, vol.40 no.1, pp.311-327

MacLean, K. (2003) 'Resilience - what it is and how children and young people can be helped to develop it', In *Residence*, no 1, Glasgow: Scottish Institute for Residential Child Care.

McLeod, A. (2006) 'Respect or empowerment? Alternative understandings of "listening" in childcare social work', *Adoption and Fostering*, 30(4), 43-52

McLeod, A. (2007) 'Whose agenda? Issues of power and relationship when listening to looked-after young people', *Child and Family Social Work*, 12, 278-86

McLeod, A. (2010) 'A friend and an equal: do young people in care seek the impossible from their social workers?', *British Journal of Social Work*, vol 40, pp 772-88.

MacMurray, J. (2004) *Selected philosophical writings*, ed E. McIntosh, Exeter: Imprint.

McWilliam, F. (2000) 'Foreword', in R. T. Johnson *Hands off! The disappearance of touch in the care of children*, New York: Peter Lang.

Magnuson, D. (2003) 'Preface', in T. Garfat (ed) *A child and youth care approach to working with families*, New York: The Haworth Press Inc, pp xxi-xxiii.

Maier, H. W. (1979. 'The core of care: essential ingredients for the development of children at home and away from home', *Child Care Quarterly*, vol 8, pp 161-73.

Maier, H. W. (1981) 'Essential components in care and treatment environments for children', in F. Ainsworth and L.C. Fulcher (eds) *Group care for children: Concept and issues*, London: Tavistock, pp. 19-70.

Maier, H. W. (1982) 'The space we create controls us', *Residential Group Care and Treatment*, vol 1, no1, pp 51-9.

Maier, H.W. (1985) 'Primary care in secondary settings: inherent strains', in L.C. Fulcher and F. Ainsworth (eds) *Group care practice with children*, London: Tavistock.

Maier, H.W. (1987) *Developmental group care of children and youth: Concepts and practice*, New York: Haworth Press.

Maier, H.W. (1992) 'Rhythmicity: a powerful force for experiencing unity and personal connections', *Journal of Child and Youth Care Work*, vol 8, www. cyc-net. org/cyc-online/cycol-0704-rhythmicity.htm

Maier, H.W. (2000) *Establishing meaningful contacts with children and youth*, www. cyc-net.org/maier-contacts.htm

Maslow, A.H. (1943) 'Theory of human motivation', *Psychological Review*, vol 50, pp 370-96.

May, V. (2011) 'Self, belonging and social change', *Sociology*, vol 45, no 3, pp 363-78.

Meagher, G. and Parton, N. (2004) 'Modernising social work and the ethics of care', *Social Work and Society*, vol 2, no 1, pp 10-27.

Melton, G. (2008) 'Beyond balancing: toward an integrated approach to children's rights', *Journal of Social Issues*, vol 64, no 4.

Meltzer, H. (2000) *The mental health of children and adolescents in Great Britain*, London: Office of National Statistics.

Meltzer, H., Lader, D., Corbin, T., Goodman, R. and Ford, T. (2004) *The mental health of young people looked after by local authorities in Scotland*, London: The Stationery Office.

Menzies Lyth, I. (1960) 'A case-study in the functioning of social systems as a defence against anxiety', *Human Relations*, vol 13, no 2, pp 95–121, http://hum. sagepub.com/content/13/2/95.extract

Milligan, I. (1998) 'Residential child care is not social work!', *Social Work Education*, vol 17, no 3, pp 275-85.

Milligan, I. (2005) Mental health', in M. Smith (ed) *Secure in the knowledge: Perspectives on practice in secure accommodation*, Glasgow: Scottish Institute for Residential Child Care

Mitchell, R.C. (2005) 'Children's rights', in M. Smith (ed.) *Secure in the knowledge: Perspectives on practice in secure accommodation*, pp 246-51, Glasgow: Scottish Institute for Residential Child Care.

Moffitt, T.E., Caspi, A., Rutter, M., and Silva, P. A. (2001) *Sex differences in antisocial behaviour*, Cambridge: Cambridge University Press.

Moos, R.H. (1976) *The human context: Environmental determinants of behavior*, New York: John Wiley.

Morgan, R. (2006) 'Teachers "have lost courage to tackle bad behaviour"', *The Times*, 21 August.

Moss, P. and Petrie, P. (2002) *From children's services to children's spaces*, London: Routledge/Falmer.

Mullin, A. (2011) 'Gratitude and caring labor.' *Ethics and Social Welfare*, 5(2).

Munro, E. (2011) *The Munro review of child protection:Final report: A child-centred system*, London: Department of Education.

Neill, A.S. (1966) *Summerhill*, Harmondsworth: Penguin. (= 堀真一郎訳 (2009)『新版ニイル選集①〜⑤』黎明書房)

Nettle, D. (2005. *Happiness: The science behind your smile*, Oxford: Oxford University Press. (=山岡万里子訳 (2007)『目からウロコの幸福学』オープンナレッジ)

NICE/SCIE (2010) 'Promoting the quality of life of looked after children and young people', http://publications.nice.org.uk/looked-after-childrenand-young-people-ph28/foreword

Nicholson, D. and Artz, S. (2003) 'Preventing youthful offending: Where do we go from here?, *Relational Child and Youth Care Practice*, 16 (4): 32-46.

Niss, M. (1999) 'Achievement behaviour', *Readings in Child and Youth Care for South African Students: 2*, Cape Town: NACCW, pp 95-96, www.cycnet.org/cyc-online.cycol-1105-niss.html

Noddings, N. (1984) *Caring: A feminine approach to ethics and moral education*, Berkeley, CA: University of California Press. (=立山善康・清水重樹・新茂之・林泰成・宮崎宏志訳 (1997)『ケアリング——倫理と道徳の教育 女性の観点から』晃洋書房)

Noddings, N. (1992) *The challenge to care in schools: an alternative approach to education*, New York: Teachers College Press. (=佐藤学監訳 (2007)『学校におけるケアの挑戦——もう一つの教育を求めて』ゆみる出版)

Noddings, N. (2002a) *Starting at home: Caring and social policy*, Berkeley, CA: University of California Press.

Noddings, N. (2002b) *Educating moral people: A caring alternative to moral education*, New York: Teachers' College Press.

Noddings, N. (2003) *Happiness and education*, New York: Cambridge University Press. (＝山崎洋子・菱刈晃夫監訳（2008）『幸せのための教育』知泉書館)

Owen, C. (2003) 'Men in the nursery', in J. Brannen and P. Moss (eds) *Rethinking children's care*, Buckingham: Open University Press.

Palmer, P. J. (1998) *The courage to teach: Exploring the inner landscape of a teacher's life*, San Francisco: Jossey-Bass.

Parton, N. (1985) *The politics of child abuse*, Basingstoke: Macmillan

Payne, S. (1999) 'Poverty, social exclusion and mental health', working paper 15, *Poverty and Social Exclusion Survey of Britain*, Bristol: University of Bristol.

Perry, B and Szalavitz (2010) *Born for love: Why empathy is essential – and endangered*, New York: HarperCollins. (＝戸根由紀恵訳（2012）『子どもの共感力を育てる』紀伊國屋書店)

Petrie, P. (2011) in Cameron, C. and Moss, P. (eds) (2011) *Social pedagogy and working with children and young people: Where care and education meet*, London: Jessica Kingsley Publishers.

Petrie, P. and Chambers, H. (2009) *Richer lives: Creative activities in the education and practice of Danish pedagogues. A preliminary study: Report to Arts Council England*, London: Thomas Coram Research Unit, Institute of Education, University of London.

Petrie, P., Boddy, J., Cameron, C., Wigfall, V. and Simon, A. (2006) *Working with children in care: European perspectives*, London: Open University Press.

Phelan, J. (1999) 'Experiments with experience', *Journal of Child and Youth Care Work*, vol 14, pp 25-8.

Phelan, J. (2001a) 'Another look at activities', *Journal of Child and Youth Care*, vol 14, no 2, pp 1-7, www.cyc-net.org/cyc-online/cycol-0107-phelan.html.

Phelan, J. (2001b) 'Experiential counselling and the CYC practitioner', *Journal of Child and Youth Care Work*, vols 15 and 16, special edition, pp 256-63.

Pinkney, S. (2011) 'Discourses of children's participation: professionals, policies and practices', *Social Policy and Society*, 10(03), pp 271-283.

Piper, H. and Stronach, I. (2008) *Don't touch! The educational story of a panic*, London: Routledge.

Pollitt, C. (1993) *Managerialism and the public services* (2nd edn), Oxford: Blackwell.

Powis, P., Allsopp, M. and Gannon, B. (1989) 'So the treatment plan', *The Child Care Worker*, vol 5, no 5, pp 3-4.

Punch, S., Dorrer, N., Emond, R. and McIntosh, I. (2009) *Food practices in residential children's homes: The views and experiences of staff and children*, Stirling: University of Stirling.

Putnam, R. (1995) 'Bowling alone: America's declining social capital'. *Journal of Democracy*, vol. 6 (1), 64-78. (＝柴内康文訳 (2006)『孤独なボウリング——米国コミュニティの崩壊と再生』柏書房)

Ramsden, I. (1997) 'Cultural safety: implementing the concept', in P. Te Whaiti, M. McCarthy and A. Durie (eds) *Mai i rangiatea: Maori wellbeing and development*, Auckland: Auckland University Press, pp 113-25.

Reclaiming Youth International (2012) www.reclaiming.com/content/about-circle-of-courage

Redl, F. (1966) *When we deal with children*, New York: The Free Press.

Redl, F. and Wineman, D. (1957) *The aggressive child*, New York: The Free Press. (＝大野愛子・田中幸子訳 (1975)『憎しみの子ら——行動統制機能の障害』全国社会福祉協議会)

Reeves, C. (ed) (2012) *Broken bounds: Contemporary reflections on the antisocial tendency*, London: Karnac.

Ricks, F. (1992) 'A feminist's view of caring', *Journal of Child and Youth Care*, vol 7, no 2, pp 49-57.

Ricks, F. and Bellefeuille, G. (2003) 'Knowing: the critical error of ethics in family work', in *A child and youth care approach to working with families*, ed. T. Garfat, Haworth: New York, pp 117-130.

Roosevelt, E. (1958) Presentation to the United Nations Commission on Human Rights, United Nations, New York, www.udhr.org/history/Biographies/bioer.htm

Rose, J. (2010) *How nurture protects children*, London: Responsive Solutions.

Rowe, J. and Lambert, L. (1973) *Children who wait: A study of children needing substitute families*, London: British Association for Adoption and Fostering.

Ruch G., Turney D. and Ward, A. (eds) (2010) *Relationship based social work: Getting to the heart of practice*, London: Jessica Kingsley Publishers.

Scottish Executive (2005) 'Getting it right for every child – proposals for action', Edinburgh: Scottish Executive

Scottish Executive (2006) *Changing lives: Report of the 21st Century Social Work Review*, Edinburgh: Scottish Executive.

Scottish Government (2007) *Looked after children and young people: We can and must do better*, www.scotland.gov.uk/Publications/2007/01/15084446/0

Scottish Government (2008) *These are our bairns: A guide for community planning partnerships on being a good corporate parent*, www.scotland.gov.uk/Publications/2008/08/29115839/0

SCRA (Scottish Children's Reporter Administration) (2004) *Social backgrounds of children referred to the reporter: A pilot study*, Stirling: SCRA.

Seligman, M.E.P. (1992) *Helplessness: On depression, development, and death*, New York: Freeman. (＝平井久・木村駿監訳（1985）『うつ病の行動学——学習性絶望感とは何か』誠信書房)

Seligman, M.E.P. (2002) *Authentic happiness: Using the new positive psychology to realize your potential for lasting fulfillment*, New York: Free Press.（＝小林裕子訳（2004）『世界でひとつだけの幸せ——ポジティブ心理学が教えてくれる満ち足りた人生』アスペクト)

Sen, R., Kendrick, A., Milligan, I. and Hawthorn, M. (2008) 'Lessons learnt? Abuse in residential child care in Scotland', *Child and Family Social Work*, vol 13, no 4, pp 411-22.

Sevenhuijsen, S. (1998) *Citizenship and the ethics of care: Feminist considerations on justice, morality, and politics*, London: Routledge.

Sharpe, C. (2006) 'Residential child care and the psychodynamic approach: is it time to try again?', *Scottish Journal of Residential Child Care*, vol 5, no 1, pp 46–56.

Sikes, P. and Piper, H. (2010) *Researching sex and lies in the classroom: Allegations of sexual misconduct in schools*, London: Routledge.

Simon, J. and Smith, L.T. (2001) *A civilising mission? Perceptions and representations of the New Zealand native schools system*, Auckland: Auckland University Press.

Smart, M. (2010) Generosity, learning and residential child care, Goodenoughcaring.com/Journal/Article139.htm

Smith, D. J. and McAra, L. (2004) 'Gender and youth offending', *Edinburgh study of youth transitions and crime research*, digest no 2.

Smith, H. and Smith, M.K. (2008) *The art of helping others: Being around, being there, being wise*, London: Jessica Kingsley Publishers.

Smith, M. (2008) 'The other side of the story', *CYC-Online*, issue 114, www.cyc-net. org/cyc-online/cyconline-aug2008-smith.html

Smith, M. (2009) *Re-thinking residential child care: Positive perspectives*, Bristol: The Policy Press.

Smith, M. (2010a) 'Victim narratives of historical abuse in residential child care: do we really know what we think we know?', *Qualitative Social Work*, vol 9, no 3, pp 303-20.

Smith, M. (2010b) 'Gender in residential child care', in B. Featherstone, C.-A. Hooper, J. Scourfield and J. Taylor (eds) *Gender and child welfare in society*, Oxford: Wiley-Blackwell.

Smith, M. (2011a) 'Love and the child and youth care relationship', *Relational Child and Youth Care Practice*, vol 24, no 1/2, pp 189–93.

Smith, M. (2011b) 'Reading Bauman for social work', *Ethics and Social Welfare*, vol 5, no 1, pp 2–17.

Smith, M. (2012) 'Theory in residential child care work', in M. Davies (ed) *Social work with children and families*, Basingstoke: Palgrave Macmillan.

Smith, M., Cree, V. and Clapton, G. (2012) 'Time to be heard: interrogating the Scottish Government's response to historical child abuse', *Scottish Affairs*, Winter 2012.

Smith, M., McKay, E. and Chakrabarti, M. (2004) 'What works for us – boys' views of their experiences in a former list D school', *British Journal of Special Education*, vol 31, no 2, pp 89–94.

Steckley, L. (2005) 'Just a game? The therapeutic potential of football', in D. Crimmens and I. Milligan, *Facing the future: Residential child care in the 21st century*, Lyme Regis: Russell House Publishing.

Steckley, L. (2009) 'Don't touch', *CYC-Online*, issue 130, www.cyc-net.org/cyc-online/cyconline-dec2009-steckley.html

Steckley, L. (2010) 'Containment and holding environments: understanding and reducing physical restraint in residential child care', *Children and Youth Services Review*, vol 32, no 1, pp 120–8.

Steckley, L. (2012) 'Touch, physical restraint and therapeutic containment in residential child care', *British Journal of Social Work*, advance online access published July 7, 2011.

Steckley, L. and Kendrick, A. (2005) 'Physical restraint in residential child care: the experiences of young people and residential workers', Children and Youth in Emerging and Transforming Societies International Conference, Oslo, 29 June–3 July.

Steckley, L. and Smith, M. (2011) 'Care ethics in residential child care: a different voice' *Ethics and Social Welfare*, vol 5, no 2, pp 181–95.

Stevens, I. Kirkpatrick, R. and McNicol, C. (2008) 'Improving literacy though storytelling in residential care', *Scottish Journal of Residential Child Care*, special edition: education, vol 7, no 2, pp 28–40.

Stewart, T. (1997) 'Historical interfaces between Maori and psychology', in P. Te Whaiti, M. McCarthy and A. Durie (eds) *Mai i rangiatea: Maori wellbeing and development*, Auckland: Auckland University Press, pp 75–95.

Stremmel, A. J. (1993) 'Introduction: implications of Vygotsky's sociocultural theory for child and youth care practice', *Child and Youth Care Forum*, vol 22, no 5, pp

333–5.

Sutton Trust (2010) *Education mobility in England: The link between the education levels of parents and the educational outcomes of teenagers*, www.suttontrust.com/research/education-mobility-in-england/

Swinton, J. (2005) *Why psychiatry needs spirituality*, www.rcpsych.ac.uk/pdf/ATT89153.ATT.pdf

Tavecchio, L. (2003) Presentation at the 'Men in Childcare' conference, Belfry, Ghent, November

Taylor, C. (2006) *Young people in care and criminal behaviour*, London: Jessica Kingsley Publishers.

Te Whaiti, P., McCarthy, M. and Durie A. (eds) (1997) *Mai i rangiatea: Maori well-being and development*, Auckland: Auckland University Press.

Thin, N. (2009) *Schoolchildren's wellbeing and life prospects: Justifying the universal tax on childhood (WeD Working Paper 09/46)*, Bath: University of Bath.

Trieschman, A. (1982) 'The anger within' [videotape interview], Washington, DC: NAK Productions.

Trieschman, A., Whittaker, J.K. and Brendtro, L. K. (1969) *The other 23 hours: Child-care work with emotionally disturbed children in a therapeutic milieu*, New York: Aldine De Gruiter. (＝西澤哲訳（1992）『生活の中の治療』中央法規出版)

Tritter, J.Q. and McCallum, A. (2006) 'The snakes and ladders of user involvement: moving beyond Arnstein', *Health Policy*, vol 76, pp 156–168.

Tronto, J. (1994) *Moral boundaries: A political argument for an ethic of care*, London: Routledge.

Tutu, D (n/d) 'Ubuntu', www.catholicsocialteaching.org.uk/themes/human-dignity/

Trotter, C. (1999) *Working with involuntary clients: A guide to practice*, London: Sage Publications.

UNICEF (2007) *An overview of child well-being in rich countries*, Florence: UNICEF

VanderVen, K. (1999) 'You are what you do and become what you've done: the role of activity in development of self', *Journal of Child and Youth Care*, vol 13 no 2, pp 133–47.

VanderVen, K. (2003) 'Bedtime story, a wake up call – and serve it with a cup of cocoa', *International Child and Youth Care Network*, no 51, www.cyc-net.org/cyc-online/cycol-0403-karen.html

VanderVen, K. (2005) 'Transforming the milieu and lives through the power of activity: theory and practice', *Cyc-online*, no 82, www.cyc-net.org/cyconline/cycol-1105-vanderven.html

Vanier, J. (2001) *Made for happiness: Discovering the meaning of life with Aristotle*,

London: Dartman, Longman, Todd.

Ward, A. (1993) *Working in group care*, Birmingham:Venture Press.

Ward, A. (1995) 'The impact of parental suicide on children and staff in residential care: a case study in the function of containment', *Journal of Social Work Practice*, vol 9, no 1, pp 23-32.

Ward, A. (2007) *Working in Group Care: Social Work and Social Care in Residential and Day Care Settings* (Revised Second Edition). Bristol: BASW/Policy Press.

Waterhouse, R. (2000) *Lost in care*, London: The Stationery Office.

Webb, D. (2010) 'A certain moment: some personal reflections on aspects of residential childcare in the 1950s', *British Journal of Social Work*, vol 40, no 5, pp 1387-401.

Webb, S. (2006) *Social work in a risk society: Social and political perspectives*, Basingstoke: Palgrave.

Webster, R. (2005) *The secret of Bryn Estyn: The making of a modern witch hunt*, Oxford: The Orwell Press.

Whan, M. (1986) 'On the nature of practice', *British Journal of Social Work*, vol 16, no 2, pp 243-50.

White, K. J. (2008) *The growth of love: Understanding the five essential elements of child development*, Abingdon: The Bible Reading Fellowship.

Whittaker, J.K. (1979) *Caring for troubled children*, San Francisco: Jossey-Bass.

Whyte, B. (2009) *Youth justice in practice: Making a difference*, Bristol: The Policy Press.

Wilkinson, R. and Pickett, K. (2009) *The spirit level: Why more equal societies almost always do better*, London: Allen Lane. (＝酒井泰介訳（2010）『平等社会——経済成長に代わる、次の目標』東洋経済新報社）

Winnicott, D.W. (1965) *Maturational processes and the facilitating environment*, London: Hogarth Press（＝牛島定信訳（1977）『情緒発達の精神分析理論』岩崎学術出版社）

Wolfensberger, W. (1980) The definition of normalisation: update, problems, disagreements and misunderstandings. In R.J. Flynn and K.E. Nitsch (eds) *Normalization, social integration and human services*, Baltimore: University Park Press.

Wright, P., Turner, C., Clay, D. and Mills, H. (2006) *The participation of children and young people in developing social care*, London: Social Care Institute for Excellence.

監訳者あとがきと解説

　本書は、イギリスの施設養育の理論と実践が描かれている。本文中の（　）は著者によるもので、〔　〕は訳者によるものである。

　本書を最初に手に取ったのは、2017年の資生堂児童福祉海外研修でドイツとルーマニアに渡航する前のことだった。ソーシャルペダゴジーの実践を知るために購入した数冊のなかで、一番興味深く心を惹かれたのが本書であり、往復の機内で夢中で読みふけった。帰国後、本書の訳出を思い立ち、明石書店の深澤孝之氏に相談したところ、社内での協議を経て承諾をいただいた。出版までの過程を支えてくださった深澤氏と、翻訳チェックと校正を担当して下さった岡留洋文氏には、あらためて感謝申し上げたい。また、本書の翻訳作業に協力してくださり、有意義な議論の時間を与えてくれた、益田啓裕氏、永野咲氏、徳永祥子氏、丹羽健太郎氏と、翻訳に際し有益な助言をいただいた益田克法氏にはお礼を申し上げる。著者のマーク・スミス氏には疑問点について、丁寧な回答をいただいた。そして、翻訳にかかわる膨大な時間や労力を考えると、この本をどうしても翻訳したい！という"パッション"は、共に異国を旅した仲間たちとの出会いや、かの地で1989年以降の革命の歴史を皆で辿った貴重な経験なしには生まれなかっただろうと思う。

　本書に心惹かれた理由は、子どもたちの成長や回復を支える日々の営みを、"子育て"や"子どもの幸福"といったより大きな枠組みのなかで捉えようとするときに、従来の心理学やソーシャルワークを超えた視点の必要性を感じていたからである。何よりも、これまで「治療的養育」や「生活臨床」という概念を手がかりに考察してきたものの（楢原, 2015）、子どもたちの生きる姿や彼らを支える施設職員の日々の営み、この仕事の意義や楽しみや魅力を描ききれていないという忸怩たる思いがあった。

表1 イングランドの社会的養護児童（looked after children）の内訳 2017年

種　別	児童数	%
●里親（Foster placements）	53,420	74%
●養子縁組（Placed for adoption）	2,520	3%
●両親と一緒の措置（Placement with parents）	4,370	6%
●他のコミュニティ内の措置（Other placement in the community）	3,090	4%
・自立生活（Living independently）	3,090	
・住みこみ就労（Residential employment）	—	
●閉鎖施設（セキュア・ユニット）[1]、児童養護施設、準自立型住宅（Secure units, children's homes and semi-independent living accommodation）	7,890[2]	11%
・地方自治体が運営する閉鎖施設（Secure unit inside Council boundary）	10	
・民営の閉鎖施設（Secure unit outside Council boundary）	160	
・児童福祉施設規定で定められた児童養護施設（Children's homes subject to Children's Homes regulations）	6,070	8%
・児童福祉施設規定で定められていない準自立型住宅（Semi-independent living accommodation not subject to Children's Homes regulations）	1,640	2%
●その他の居住型環境（Other residential settings）	1,080	1%
・レジデンシャルケアホーム[3]（Residential care homes）	490	
・国民保健サービスが提供する医療・看護ケア（NHS Trust providing medical/nursing care）	180	
・家族センターまたは母子ユニット（Family centre or mother and baby unit）	160	
・少年院または刑務所（Young offenders institution or prison）	250	
●レジデンシャル・スクール[4]（Residential schools）	130	
●その他の措置：24時間以上措置先から行方不明になっている者等（Other placement）	160	
合　計	72,670	100%

出典）Children looked after in England (including adoption) year ending 31 March 2017（イギリス教育省より）

1) 閉鎖施設はThe Children (Secure Accommodation) Regulations 1991に規定されており、裁判所の命令によって入所し、自由は制限される。有罪判決を受けたが少年院への入所が彼らの福祉に不適切または有害であると判断されたり、自傷・他害の恐れがある10〜18歳の子ども・若者が対象となる。医師や心理職や看護職なども含めた多職種で構成される職員チームによって、集中的な治療が行われる。secure unit、secure accommodation、secure treatment centreなどが原語である。
2) 下記の数字の総計は7,880となるため数が合わないが、そのまま記載している。
3) レジデンシャルケアホームは、家庭的な環境で、食事や入浴の介助なども含めた個別的な介護・看護ケアを提供する施設である。
4) イギリスにおける児童福祉施設やフォスタリング機関などの基準を示したCare Standards Act 2000によれば、1年間に295日以上子どもたちが生活する寄宿制の学校は、児童福祉施設としての適用も受ける。このなかには通常の学校の他、特別な教育ニーズを持つ子どもを対象にした公営・民営のレジデンシャル・スペシャル・スクールも存在する。

監訳者あとがきと解説

イングランドのレジデンシャルケアの現状

　表1に示したのはイングランドの社会的養護児童の内訳である。事例のなかで描かれるさまざまな施設種別についても、簡単な注釈を付けたので参考にされたい。

　表1を見ると、児童人口が日本より少ないイギリスにおいて、イングランドだけでも社会的養護児童の数が日本よりもかなり多いことがわかる。そのなかで本書の主題となっている施設で暮らす子ども・若者はイングランド全体の1割強、8,000人程度に過ぎない（ここでいう"施設"とは、大規模施設（institutions）ではなく、小舎もしくはグループホームを指す）。1960年以降、家庭養育の推進およびそれに伴う脱施設化を進めてきたイギリスにおいて、施設養育に向けられる視線はきわめて厳しい。子どもが生活するには望ましくない環境とされ、施設職員の専門性は疑問視され、高いコストが投入されているにもかかわらず、その成果は不十分であると見なされている。イギリスの福祉をめぐる制度・政策の変遷については津崎（2013）などに詳しい解説がなされているが、こうした行政の立場とは異なる、現場の職員側から見た制度や政策に対する評価が本書のなかでなされている点は興味深い。いずれにせよ、このような状況下において施設養育に携わる関係者の問題意識が、ソーシャルペダゴジーへの導入につながっている。

ソーシャルペダゴジー

　イギリスにおいて、施設養育の意義や専門性を見直し追求しようとする動向のなかで理論的な柱になっているのが、ソーシャルペダゴジーの考え方である。ソーシャルペダゴジーの伝統は、施設養育も含め子どもの成長や発達を社会の多くの大人が担う意義と必要性を教えてくれるとともに、子ども・若者の発達や成長にかかわる全ての大人たちに「子どもたちの成長・発達を支える」という共通のアイデンティティを付与するものである。

　ペダゴジーは、ギリシア語で「子ども」を意味するpaidosと「導く」を意味するagoを組みあわせたpaidagogikeに由来する。教育と福祉（あるいは子育て）を包含し、非英語圏の大陸ヨーロッパで伝統的に育まれて

259

きた学問および実践体系である。ヨーロッパにおいては、施設職員も含めて子育てにかかわるさまざまな現場で、ソーシャルペダゴジーを学んだソーシャルペダゴーグが活躍している。その養成課程は国によっても異なるが、多くは3～4年である。

わが国において、ソーシャルペダゴジーは「社会的教育学」や「社会教育学」と訳され、これまで主に（幼児）教育分野で中心的に導入されてきたが、社会的養育の分野でも、論文（細井, 2016）、関連書籍（森, 2016）、機関誌（二ツ山, 2017）などで取りあげられるなど、急速に関心が高まっている。特に二ツ山氏の論説は、本書の内容にも大きく関連している。私たちの仕事の本質に関する魅力的な論考が展開されており、ぜひ一読をお勧めしたい。

ソーシャルペダゴジーの特徴として、ペトリーら（Petrie et al, 2006）は、以下の9点を挙げている。

- 子どもをひとりの全人的存在として捉え、子どもの総合的発達を支援する。
- 実践者は、子ども・若者との関係性において、自らをひとりの人間として捉える。
- 子どもと職員は同じ生活空間を共有していると捉える。両者は階層的に区分された領域に存在していると捉えない。
- ペダゴーグは専門家として、ときに直面する挑戦しがいのある要請に対して、自らの実践を振り返り、理論的認識と自己認識の両方を応用できるよう奨励され続ける。
- ペダゴーグはまた実践的であるため、その養成課程では、日常生活のさまざまな局面やアクティビティを子どもと分かちあうための教育がなされる。
- 子どもたちの集団生活を重要な資源と捉え、職員は集団を育み活用する。
- ペダゴジーは、手続き的な事柄や法制度的な要請に制限されることなく、子どもの権利の理解に基づく。

- 子どもの養育においては、チームワークおよび、家族やコミュニティの成員や他の専門職への貢献に価値を置くことが強調される。
- 中核となるのは関係性であり、それに関連した傾聴とコミュニケーションを重視する。

　本書のなかには、ソーシャルペダゴジー以外にも、哲学、倫理、医療、看護、教育、芸術教育など多領域の概念が紹介されており、子ども・若者に対する学際的な支援の展開を目の当たりにすることができる。ソーシャルワークや心理学の知見も頻繁に用いられる一方で、施設養育のなかで理論的基盤となってきたこれらの学問に対しては、批判的な言説も多い。これは、ソーシャルペダゴジーの方が優れているという優劣の話というよりも、従来のソーシャルワークや心理学のあり方に変化を求めているようにも受けとれよう。

子どもを "教え育む"

　ソーシャルペダゴジーにおける "教育" の概念は子どもを教え育む全人的な営み全てを含むものであり、わが国の施設で暮らす子どもたちに対する "教育" のあり方に見直しを迫るものである。ソーシャルペダゴーグの養成課程においては、（保育士がピアノや歌や手遊びを学ぶように）スポーツや音楽や芸術といったアクティビティを習得し、仕事に応用するスキルがカリキュラムのなかに組みこまれている。子どもたちは成長するなかでさまざまな物事を身につけていく。その過程において先を歩く仲間や大人の存在は大きい。とりわけ、狭義の学校教育を苦手とする子どもたちが、興味や関心の幅を広げ、色々な特技や技能を獲得することは非常に大切である。今後施設職員養成のカリキュラムのなかにも、こうしたアクティビティに関する科目を設けることが望ましいといえよう。

　"教える" ことには上下関係が付きまとい、対等な関係性に馴染まないようにも見なされがちであるが、決してそうではない。たとえば子育てのなかで、養育者は乳幼児に対して、自然なかかわりのなかで身の回りの事

物の名称や社会的規範を教え、この世界のありようを子どもに示し、導いている。それは、箸の使い方やトイレ・トレーニング、挨拶の仕方、体の洗い方や自転車の乗り方など、社会とつながり生きていく上でのあらゆる場面に及んでいる。そして、子どもが長じれば、「子どもに対して（to children)」というよりも、「子どもと共に（with children)」という姿勢がより鮮明になるだろう。

　私たちの養育において"教える"ことの意義はこれまで一面的な理解に留まっていたように思える。しかし、教え育むという営みを広義に捉えたときに、ケアワーカーであっても、教師であっても、心理職であっても、子どもの成長を支え社会への一員として迎え入れるという意味では等しく大切な役割を担っているのである。そうして伝えられたものは、次の世代へと受け継がれていく。

チャイルドアンドユースケア

　本書のもうひとつの理論的支柱が、チャイルドアンドユースケアである。チャイルドアンドユースケア（CYC）は、主に北米で発展を遂げてきており、カナダ、アメリカ、南アフリカ、スコットランドなど、世界中の国々に広まっている。「子どもが大人に最も近い国」といわれるカナダでは、過去にはネイティブ・アメリカンの子どもたちを同化政策の一部としてレジデンシャル・スクールに強制的に入所させた負の歴史も一方で存在するものの、子どもの権利を尊重する姿勢を大切にし、子どもや若者の意向を積極的に施策に取り入れていくシステムも整備されつつある。こうした子どもの権利に対する意識の高さは、本書のいたるところに散見される。

　チャイルドアンドユースケアは、日々の生活場面のなかで、子どもやその家族のストレングスや成長へのニーズを重視し、発達促進的にかかわるアプローチである。そのルーツは必ずしも明確ではないが、孤児院やレジデンシャル・スクールにおける支援、非行少年の処遇、移民への支援、コミュニティにおけるレクリエーション活動などの北米のさまざまな伝統を起源としている。アングリン（Anglin, 2001）によれば、チャイルドアンドユースケアの特徴としては、次のような点が挙げられており、多様な領

域における子ども・若者に直接かかわる支援者の共通基盤を成している。

- 主に子ども・若者の成長や発達に焦点を当てる。
- 子どもの（いずれかの側面ではなく）全体性に関心を払う。
- 子どもの発達に関して、病理的な考え方に依拠するのではなく、社会的コンピテンスのモデルを発展させることを重視する。
- 子ども・若者との直接的で日常的なかかわりに基づく（ただし、これに限定されるものではない）。
- 子どもとその家族および他のインフォーマル／フォーマルな支援者との、治療的な関係性の発展を目指す。

　さらに、ソーシャルワークとの力点の相違については、次のような点が挙げられる。

- ソーシャルワークはより社会やコミュニティとのつながりに焦点を当て、CYCはより個人および個人間の力動に焦点を当てる。
- ソーシャルワークはより社会問題に焦点を当て、CYCはより人間の発達に焦点を当てる。
- ソーシャルワークはより組織や政策に焦点を当て、CYCはより人間および人と人との関係性に焦点を当てる。
- ソーシャルワークはより子どもや家族を知ることに焦点を当て、CYCはより彼らと生活することやかかわることに焦点を当てる。
- ソーシャルワークはよりさまざまな社会的集団や問題に焦点を当て、CYCはより子ども・若者のニーズに焦点を当てる。
- ソーシャルワークはより問題解決に焦点を当て、CYCはより支援や成長のプロセスに焦点を当てる。
- ソーシャルワークはより力や社会的影響力を得ることに焦点を当て、CYCはより自分への気づきや個人的な成長を得ることに焦点を当てる。

現在、チャイルドアンドユースケアを基盤にした、社会的養育関係者の国際的ネットワークであるCYC-Net（International Child and Youth Care Network）には、4000人にも及ぶメンバーが参加しており、国際学会であるCYC World Conferenceも開催されている。2016年にウィーンで開かれた、第2回目のCYC World Conferenceは、同じく施設関係者の国際学会であるFICE CONGRESSと合同で開催されている。レジデンシャルケアのあり方を考えていこうとする世界中の実践者や研究者は、密接につながりあっているのである。

　本書はこのような国際的な潮流のなかで、ソーシャルペダゴジーやチャイルドアンドユースケアをイギリスの現状に合わせて再構成し、さまざまな諸理論との融合を図る過程のなかで生まれている。今後、日本の関係者もこうした輪のなかで学びを深め、施設養育のあり方を考えていくことが必要になってくるだろう。

支援者の専門性と人間性

　本書のなかで、たびたび強調されているのは、マニュアルの支配や施設の慣習を超えた子ども・若者との双方向的な関係性の大切さである。さらには、子どもの成長や発達や幸福に対する示唆や、ケアするひとが大切にすべき基本姿勢や倫理観を、「ケアの倫理」や哲学を手がかりに示そうと試みている。そして、従来の"プロフェッショナル"とは異なる支援者像を描きだそうとしている。これは行きすぎたマニュアルの重視やエビデンスベースド・アプローチへのバックラッシュという面もあるようだ。

　ケア論あるいはケアリング論は、本書でも紹介されているギリガンやノディングスらによって発展を遂げてきた概念であり、看護分野を中心に医療・看護・介護・福祉・教育・養育といったさまざまな分野に広がりを見せている。ケアリングとは、ケアをするひとと受けるひとの双方向性と相互成長、ケアするひとの気遣いや倫理姿勢などを強調した用語である。曖昧さや多義性を多分に含んだ概念であるもの、直接的・身体的な世話の意義や専門性が低く見なされがちな傾向や、一方的な支援のあり方に警鐘を鳴らすとともに、専門職／非専門職の区分を超えた他者へのケア・ケアリ

ングという営みの根幹をあらためて問い直すものである。なお、家族や親族ではない直接的なケアの担い手は、ヨーロッパでは「ケアラー（carer）」の語が、北米では、「ケアギバー（care giver）」の語が用いられることが多いようである。訳語に迷ったが、本書では多くを「ケアするひと」と訳した。

　"哲学する力"は、ヨーロッパにおいて文系・理系にかかわらず、身につけておくべき教養の基礎、複雑な問題に対して回答する力として重視される。フランス革命後のスイスにおいて、孤児院や小学校で教育に従事したペスタロッチの業績は、ソーシャルペダゴジーの源流を成している。彼は、『隠者の夕暮』の冒頭において「玉座の上にあっても木の葉の屋根の蔭に住まっても同じ人間、その本質から見た人間、いったい彼は何であるか」と問うている。こうした倫理や哲学を基盤に据えた、人間に対する深い思索はこの仕事においてまず考えるべき大切な要素である。しかし、これまでわが国の施設養育では、こうした倫理や哲学をあまりサイエンスと同等に位置づけようとしてこなかった。従来の経験主義や熱意・根性の強調に留まるか、反対に特定の理論やスキルの導入に偏る傾向が強かったように思われる。本書のなかには「社会科学もしくは自然科学のどちらか一方だけが人間の福祉や幸福を決定できるのか」との一文がある。特定の理論や技法やエビデンスを適切に取り入れるとともに、バランスを欠いた適用の弊害が繰り返し説かれている。

　興味深いことに、このようなアートとサイエンスの相克のなかで、サイエンスのみを重視することによる問題については、ビジネスの世界でも同様の指摘がなされている。たとえば、山口（2017）は、不安定で不確実で複雑で曖昧な今日の世界において、論理的で理性的判断のみには限界があり、多くの企業人が感性や美意識を鍛えている現状とその必然性を描写している。こうした知見は、施設職員の経験知や凄みや瞬間的な判断の正確さに光を当てるとともに、子ども・若者への支援や施設養育のあり方に、深い示唆を与えてくれる。

わが国の社会的養育への示唆

　翻って、わが国の社会的養育の現状に目を向けてみると、「新しい社会的養育ビジョン」が提示されたことによって、業界内に大きな議論が巻き起こっている。国際的な動向に沿って、かつての諸外国と同じく、家庭養護の推進や施設の高機能化・多機能化に向けて舵を切ろうとする流れのなかで、今後の社会的養育のあり方について一致した方向性を見出せていない。施設養育が否定されたかのように感じている関係者も少なくない。そのなかで、これまで施設養育が果たしてきた役割や、施設職員の専門性（あるいは人間性）について胸を張って提示することができないままにいるように思える。

　施設養育にはこれまで多くの課題が存在してきたし、現在も十分に改善がなされているとはいい難い。私自身も施設で暮らす子どもたちや支援に携わる職員の方々に敬意を抱く一方で、今までの仕事を振り返ると、多くの困難を抱え苦境に立たされている子どもたちに対して、できたことはあまりに不十分であり、自分自身の無力さや制度の限界を痛感するばかりであった。だからこそ、もっと学びを深めたいと思ってきたし、施設のあり方やそれを取り巻く周囲の環境を変えたいと考えてきた。今後の施設に求められる役割や形態は少しずつ変わっていくだろうが、それでも私はやはり施設という場の可能性を提示したいと思う。そして、それは、里親養育や養子縁組などの多様な選択肢を否定するものではない。

　現在の施設の現場に目を向けると、虐待を受けた子どもや発達障害を抱える子ども、高齢児の増加につれて、対応困難な場面は以前よりも確実に増えている。こうした閉塞感を打開するために、特定のペアレンティングスキルや治療技法などに代表されるケアの“技法”やマニュアルを過度に重視することによって、子どもたちの思いや彼らとの関係性が軽視されがちな場面も生じている。さまざまな記録・基準や自立支援計画書などを整えることを重視するあまりに子どもとの直接的なかかわりの機会が失われる状況、治療モデルおよびエビデンスベースド・アプローチへの傾倒、性的接触と見なされることを恐れて子どもとの身体的なふれあいを避けようとする傾向、子どもの間違った行動を適切に指摘することができない養育

のあり方など、著者らが指摘する事態は、すでにわが国でも生じている。

　こうした状況下において、本書は施設養育の意義や方向性、職員に求められる資質や姿勢を見つめ、養育における倫理や哲学を見つめ直すとともに、施設養育を含め社会の一員として市井の一人ひとりが協働して子どもの育ちを支えていくという視点についても示唆を与えてくれるものである。何気ない日常のなかにある多様な可能性に目を向け、生活そのものを子どもたちの貴重な学びの場と捉え、大人が意識的に子どもたちに多くの機会を投げかけていこうとする本書のありようは、これまで十分に言語化されてこなかったこの仕事の奥深さや魅力や可能性をあらためて提示してくれる。ケアに携わる全ての人を勇気づけ、今後のわが国の社会的養育のあり方を考えていくために重要な指針を示してくれる書である。

　2018 年 8 月 6 日　　　　　　　　　　　　　　　　楢　原　　真　也

文　献

Anglin, J. (2001) Child and youth care: A unique profession. *CYC-Online*, 35. Retrieved June 12, 2018 from http://www.cyc-net.org/cyc-online/cycol-1201-anglin.html.

二ツ山亮（2017）「私たちの施設養育を見つめ直す①〜④」季刊児童養護 48 No.1 〜 4.

GOV.UK（2017）Children looked after in England including adoption: 2016 to 2017. Retrieved June 12, 2018 from https://www.gov.uk/government/statistics/children-looked-after-in-england-including-adoption-2016-to-2017

細井勇（2016）「ソーシャル・ペタゴジーと児童養護施設」福岡県立大学人間社会学部紀要 24(2).

森茂起（2016）『「社会による子育て」実践ハンドブック ── 教育・福祉・地域で支える子どもの育ち』岩崎学術出版社

楢原真也（2015）『子ども虐待と治療的養育』金剛出版

Petrie, P., Boddy, J., Cameron, C., Wigfall, V. & Simon, A.（2006）*Working with Children in Care: European Perspectives*, Buckingham: Open University Press.

津崎哲雄（2013）『英国の社会的養護の歴史 ── 子どもの最善の利益を保障する理念・施策の現代化のために』明石書店

山口周（2017）『世界のエリートはなぜ「美意識」を鍛えるのか』光文社

著者紹介

マーク・スミス（Mark Smith）

エジンバラ大学のソーシャルワーク上級講師。それ以前は、ストラスクライド大学でレジデンシャル・チャイルドケアの大学院コースを創設し、ソーシャルワークを教えていた。アカデミックな世界に移る前は、レジデンシャルケアの実践者、主任として20年以上の経歴を持つ。レジデンシャル・チャイルドケアに関するさまざまな文献を発表しており、特にケアの本質と養育の概念に関心を持っている。

レオン・フルチャー（Leon Fulcher）

子ども・若者を対象としたレジデンシャルケアやフォスターケアで40年以上ソーシャルワーカーとして働き、いくつかの国で大学講師としても勤務している。文化や国を超えて仕事をすること、チームワーク、ケアをするひとのケアなどが専門であり、スーパービジョンや研修にも携わっている。

ピーター・ドラン（Peter Doran）

ソーシャルワークに34年間従事し、レジデンシャルケアや教育サービスでの実務や運営に携わってきた。現在は非常勤として、地方自治体のフォスタリングやパーマネンス関連の仕事を引き受けている。また、スコットランド政府による子ども・若者に対する複合的で特別な支援ニーズに関する検討会議の議長を務めている。

著者・監訳者・訳者紹介

監訳者紹介

楢原真也（ならはら・しんや）
[序文、第1章、第2章、第3章、第4章後半、第9章、第10章　翻訳担当]

児童養護施設子供の家、治療指導担当職員。日本ソーシャルペダゴジー学会理事。大学院卒業後、児童養護施設で児童指導員や心理職として勤務。子どもの虹情報研修センター主任を経て、2015年より現職。臨床心理士、人間学博士。著書に『子ども虐待と治療的養育――児童養護施設におけるライフストーリーワークの展開』（金剛出版）、『ライフストーリーワーク入門』（編著）（明石書店、2015）など。

訳者紹介 [五十音順]

徳永祥子（とくなが・しょうこ）　　　　　　　　　　[第7章　翻訳担当]

日本財団研究員。大阪市阿武山学園、国立武蔵野児童学院にて児童自立専門員として勤務後、2016年より現職。日本ソーシャルペダゴジー学会理事、福祉社会学博士。

永野咲（ながの・さき）　　　　　　　　　　　　　[第8章　翻訳担当]

昭和女子大学人間社会学部助教。2016年東洋大学大学院福祉社会デザイン研究科社会福祉学専攻博士後期課程修了。2018年より現職。International Fostercare alliance理事、博士（福祉社会学）。

丹羽健太郎（にわ・けんたろう）　　　　　　　　　[第4章前半　翻訳担当]

川口短期大学こども学科専任講師。児童心理治療施設那須こどもの家にて心理療法担当職員として勤務後、2015年より現職。日本ソーシャルペダゴジー学会理事、博士（学術）。

益田啓裕（ますだ・けいすけ）　　　　　　　　　[第5章、第6章　翻訳担当]

児童心理治療施設あゆみの丘主任セラピスト。2004年より現職、博士（小児発達学）。

ソーシャルペダゴジーから考える
施設養育の新たな挑戦

2018 年 11 月 30 日　初版第 1 刷発行

著　者	マーク・スミス
	レオン・フルチャー
	ピーター・ドラン
監訳者	楢　原　真　也
訳　者	益　田　啓　裕
	永　野　　　咲
	徳　永　祥　子
	丹　羽　健　太　郎
発行者	大　江　道　雅
発行所	株式会社明石書店

〒 101-0021 東京都千代田区外神田 6-9-5
電　話　03（5818）1171
ＦＡＸ　03（5818）1174
振　替　00100-7-24505
http://www.akashi.co.jp
装丁　　　明石書店デザイン室
印刷・製本　モリモト印刷株式会社

Printed in Japan

ISBN978-4-7503-4755-4
（定価はカバーに表示してあります）

ライフストーリーワーク入門
社会的養護への導入・展開がわかる実践ガイド
山本智佳央、楢原真也、徳永祥子、平田修三編著
◎2200円

社会的養護のもとで育つ若者の「ライフチャンス」
選択肢とつながりの保障「生の不安定さ」からの解放を求めて
永野咲著
◎3700円

子どもの未来をあきらめない　施設で育った子どもの自立支援
高橋亜美、早川悟司、大森信也著
◎1600円

施設で育った子どもたちの語り
『施設で育った子どもたちの語り』編集委員会編
◎1600円

〈施設養護か里親制度か〉の対立軸を超えて
「新しい社会的養育ビジョン」とこれからの社会的養護を展望する
浅井春夫、黒田邦夫編著
◎2400円

国際セクシュアリティ教育ガイダンス
教育・福祉・医療・保健現場で活かすために
ユネスコ編　浅井春夫、艮香織、田代美江子、渡辺大輔訳
◎2500円

子どもの権利ガイドブック【第2版】
日本弁護士連合会子どもの権利委員会編著
◎3600円

子どもの虐待防止・法的実務マニュアル【第6版】
日本弁護士連合会子どもの権利委員会編
◎3000円

子育て困難家庭のための多職種協働ガイド
地域での専門職連携教育（IPE）の進め方
ジュリー・テイラー、ジュン・ソウバーン著　西郷泰之訳
◎2500円

保育政策の国際比較
子どもの貧困・不平等と世界の保育はどう向き合っているか
L・ガンバロ、K・スチュワート、J・ウォルドフォーゲル編
山野良一、中西さやか監訳
◎3200円

3000万語の格差
赤ちゃんの脳をつくる、親と保育者の話しかけ
ダナ・サスキンド著　掛札逸美訳　高山静子解説
◎1800円

児童相談所改革と協働の道のり
子どもの権利を中心とした福岡市モデル
藤林武史編著
◎2400円

児童相談所一時保護所の子どもと支援
子どもへのケアから行政評価まで
和田一郎編著
◎2800円

子どものための里親委託・養子縁組の支援
宮島清、林浩康、米沢普子編著
◎2400円

社会的養護の子どもと措置変更
養育の質とパーマネンシー保障から考える
伊藤嘉余子編著
◎2600円

ワークで学ぶ　子ども家庭支援の包括的アセスメント
要保護・要支援・社会的養護児童の適切な支援のために
増沢高著
◎2400円

〈価格は本体価格です〉